www.ingramcontent.com/pod-product-compliance
Ingram Content Group UK Ltd.
Pitfield, Milton Keynes, MK11 3LW, UK
UKHW012248290726
14090UKWH00013B/529

المذهب الشافعي
في بلاد الصومال

الدكتور محمد حسين معلم علي

LOOH PRESS

2024

LOOH PRESS LTD.

Secod Edition, Second Print January 2024.

PUBLISHED BY:
Looh Press Ltd.
56 Lethbridge Close
Leicester, LE1 2EB
England. UK
www.LoohPress.com
LoohPress@gmail.com

COVER DESIGN: Looh Press تصميم غلاف كتاب:

A catalogue record of this title is available from the British Library.

ISBN:
978-82-693484-1-5 Paperback

كلمة الشكر

بعد شكر الله - سبحانه وتعالى - على نعمه الكثيرة التي لا تحصى ولا تُعدّ، فإنني أشكر كافة الإخوة الذين قدموا لي يد العون والمساعدة في سبيل إنجاز هذا المشروع المبارك - إن شاء الله -، وكان وقوفهم معي سببًا رئيسًا في نجاح إخراج هذا الكتاب، وبناء عليه أتوجه إلى هؤلاء جميعًا -من أعماق قلبي - بالشكر والتقدير والمحبة، وأسأل الله أن يجعل ذلك في ميزان حسناتهم يوم لا ينفع فيه مال ولا بنون إلا من أتى الله بقلب سليم. وأوجه شكري وعرفاني الخاصين إلى الأستاذ محمد آدم بولو في مقديشو - الصومال الذي بذل جهدًا كبيرًا لمساعدتي، وخاصة أنّه أرسل إليّ معلومات مكتوبة ومسموعة حول الحلقات العلمية في القسم الجنوبي من الصومال، كما شارك معي في عدد من الإنتاج الصومالي المتعلق بالفقه وأصوله. وأوجه شكري وعرفاني أيضًا إلى سعادة الدكتور محمد الشيخ عليو محمد في نيروبي - كينيا، وما بذله من عناء في قراءة الكتاب كله، وتصحيحه اللغوي والعلمي، وإرشاداته النافعة، إضافة إلى مساهمته في جمع المادة المتعلقة بالحلقات الفقهية في الصومال الكيني. ولا أنسى مساندة الأخ الأستاذ عبد الرحمن إبراهيم عبدي في أمستردام - هولندا، رئيس مركز مقديشو للدراسات والبحوث حيث تبادل معي معلومات مهمة حول النشاط العلمي والثقافي لمنطقة شبيلي السفلى، وخاصة فيما يتعلق بالجهود الفقهية التي كان يبذلها بعض الأعلام من فقهاء المنطقة. وفي مدينة هرجيسا المحروسة - أرض الصومال لعب الأخ العزيز إبراهيم حاج صالح عبد الله دورًا كبيرًا في إمدادي بمعلومات مهمة لم أكن أصل إليها دونه. وقد فعل مثل ذلك كل من: الدكتور باشنا محمود إبراهيم بوجير - كينيا، والشيخ عبد الله علي جيلي في جيبوتي، والشيخ القاضي محمد أحمد عمر، والشيخ محمد ياسين عبد الواحد، ومعلم مصطفى شيخ إسحاق في مقديشو، والشيخ آدم شيخ سعيد البردالي في بيدوا، والأستاذ آدم شيخ حسن هلولي في أوسلو - النرويج، والأستاذ عبد الله فارح مري في كوالالمبور - ماليزيا، وأقول لهؤلاء ولغيرهم الذين ساهموا في مساعدتي ممن لم أذكر أسماءهم هنا جزاكم الله خير الجزاء وأحسن الله إليكم. وأخيرًا أوجه شكري وتقديري لأهلي وأولادي الذين تحمّلوا فترات انشغالي عنهم، فهم جميعًا شمعة حياتي، وأسأل الله أن لا يحرمني من وجودهم في حياتي.

الملخص

هذا الكتاب يتناول جذور وتطور المذهب الشافعي في بلاد الصومال، كما يتناول جهود بعض العلماء والباحثين من أهل الصومال في خدمتهم للمذهب؛ علمًا بأن دراسة وتدريس علمي الفقه والتصوف من أهمّ العلوم التي اهتمّ بها أهل الصومال، وأكثرها تطورًا، بل وأوسعها قبولًا في أوساط أهل العلم وطلابه في الصومال. ونظرًا لارتباط علم الفقه وعمق اتصاله بالدين الإسلامي ومصادره الأصلية المتمثلة في الكتاب والسنّة النبوية الشريفة - على صاحبها أفضل الصلاة والسلام - فلا يستغرب إذًا أن يبذل أهل الصومال جهودًا لا نظير لها في سبيل تعلُّمه والتعلق به والنيل من مناهله ومنابعه الأصلية. ولا غرو في ذلك فهذا العلم - أي علم الفقه - يُعدّ من أهمّ العلوم الإسلامية التي لها علاقة مباشرة بسلوك المسلم ومعاملاته الدينية والدنيوية، وتنظيم أحواله وعلاقاته المختلفة. ومع أن جميع المذاهب الفقهية الإسلامية كانت معروفة علميًا في الصومال، غير أنّ أهل الصومال اقتصروا على مذهب واحد ساد لديهم، وهو مذهب الإمام محمد بن إدريس الشافعي - رحمه الله -، وكان روّاد هذا المذهب إلى بلاد الصومال من علماء أهل اليمن وفقهائها من الحضارمة وغيرهم، حيث كانت اليمن من أهمّ وأكبر الروافد العلمية والثقافية في الصومال.

المحتويات

الموضوع	الصفحة

الموضوع	الصفحة

المقدمة

بدايات هذه الرسالة كانت سلسلة من المقالات التي نشرتها في موقع "مركز مقديشو للبحوث والدراسات" في أوائل شهر أبريل من عام ٢٠١٧م، وقد استحسن كثير من القراء هذه السلسلة، وبالتالي طلب مني بعض المهتمين بالشأن الصومالي العلمي والثقافي أن أكمل الموضوع ليكون رسالة يستفيد منها طلبة العلم. واستجابة لرغبة هؤلاء الأحبة الذين طلبوا مني أن أكتب شيئًا عن إسهامات أهل الصومال ودورهم في خدمة تراث المذهب الشافعي، قررت أن أتناول في هذه الرسالة بعض جهود أهلنا في خدمة المذهب الشافعي، وكذا جهودهم في الفقه وأصوله. وكان لديّ - خلال السنوات الماضية - بعض المشاريع البحثية التي ركزت فيها على الحديث عن الإنتاج العلمي والثقافي لبلاد الصومال، بل وأشرتُ في كتاب "الثقافة العربية وروادها في الصومال" إلى نماذج بسيطة ممن خدم القرآن وعلومه، والحديث وعلومه، والفقه وأصوله، والسيرة والتاريخ، واللغة وآدابها ضمن الحديث عن الإنتاج العلمي والثقافي الذي حققه أهل الصومال عبر العصور؛ كما تمكنتُ - بفضل الله وتوفيقه – من إنجاز مشروع "معجم المؤلفين الصوماليين بالعربية" بعد عناء طويل. ومع ذلك فالحديث عن مجال الإنتاج المذكور لا ينتهي بل ويتطلب مزيدًا من الدراسة الأكاديمية العميقة. ونحن هنا سوف نركز على دراسة خدمة الفقه الشافعي مفصلًا عما سبقت الإشارة إليه من قبل بالإضافة إلى جذور المذهب ومداخله وتطوره. ولا شك أنّ مثل هذه البحوث وغيرها سوف تشجع الباحثين لا سيما تلك الوجوه الشابة رجالًا ونساءً التي تزدحم اليوم في ميادين البحث العلمي لكنها لم تتمكن ممن يحتضنها ويرعاها أو يوجهها، وهؤلاء بحاجة ماسة إلى الاحتكاك والاستفادة من العلماء والباحثين الكبار لأنهم - أي الباحثين الجدد - لم يلتقوا بتلك القامات من العلماء والباحثين الذين نشاهد اليوم آثارهم العلمية ولكنهم رحلوا عن هذه الدار الفانية إلى دار الخلود، كما أنهم لم يعاصروا المكتبات العلمية العامة والخاصة، والمتحف الوطني، والأكاديمية العلمية، والأندية الثقافية التي كانت منتشرة عبر أرجاء الوطن قبل انهيار الصومال عقب الحرب الأهلية

التي أهلكت البلاد وأنهكت العباد، ومن هنا فما أحوج اليوم أن تنشغل الصروح العلمية والأروقة[1] الثقافية في منطقة القرن الأفريقي - المترامية الأطراف من المحيط الهندي إلى جبال النوبة- في البحث والتنقيب عن الحضارة الإسلامية في المنطقة؛ لتعود لدورها الرياديّ الذي كانت تتمتع به في سابق زمانها حول المشاركة والتفاعل مع ما يجري في واحات العلم والمعرفة سواء في الجزيرة العربية وبلاد الشام ومصر وغيرها؛ كما كان جماعات الزيالعة والجبرتية والحبشية الذين أبرزوا مهاراتهم العلمية والحضارية؛ عندما تربعوا على كراسي العلم وأروقة المعرفة، وسطع نجمهم في سماء الحجاز والشام ومصر عبر الحرمين الشريفين في مكة والمدينة المنورة والجامع الأموي في دمشق والجامع الأزهر الشريف في القاهرة.

مشكلة الدراسة:

لا شك أنّ أي مذهب من المذاهب الإسلامية قد انتشر وتطور من خلال خدمة تلاميذه وأتباعه، وعلى هذا الأساس تلقى المذهب الشافعي رعاية كبيرة من أتباعه علماء الإسلام وفقهائه الذين كانت لهم دراية تامة بالشريعة الإسلامية. وهذه الخدمة لم تكن تتوقف على فترة معينة ولا على مكان معين. لذلك ستسلط هذه الدراسة الضوء على ما إذا كان لأهل الصومال دور في خدمة المذهب الشافعي؟ وفي أي طريقة وقالب ساهم هؤلاء في خدمة المذهب؟ وما إذا كانت هناك نماذج لتلك الجهود؟ إضافة إلى جهودهم في أصول الفقه الذي هو أساس الفقه ومناطه.

أهمية الدراسة:

على الرغم من أنّ العلماء والباحثين في الصومال الكبير أنجزوا بحوثًا كثيرةً تجاه المذهب الشافعي إلا أنّ دراستنا تتميز عن كل ذلك بكونها أول دراسة تحاول تتبع خدمة أهل الصومال للمذهب الشافعي، وإنتاجهم العلمي والثقافي فيه عبر العصور،، بالإضافة إلى أنّها تشير إلى تلك النوافذ العلمية التي استطاع هؤلاء من خلالها تدريس المذهب ونشره، وتحقيق تراثه وشرحه؛ مما يوضح مدى قيمة هذه الدراسة وأهميتها.

---

(١) الأروقة: جمع رواق، وهي بيوت ملحقة بالمساجد والتكايا والزوايا كان طلبة العلم المغتربين يأوون إليها قديما كرواق الأزهر، والجامع الأموي وغيرها. انظر: المعجم الوسيط، مادة (رواق).

الدراسات السابقة:

يوجد بين جموع أهل العلم والفقه في الصومال نخبة من العلماء والمثقفين الذي أنتجوا مساهمات علمية متعددة ونوعية في خدمة تراث الإمام الشافعي رحمه الله ومذهبه. ومن بين تلك الإسهامات ما قام به فضيلة الأستاذ الدكتور علمي طحلو جعل من خلال بحثه: "أسس تغير مذهب الإمام الشافعي بين الحقيقة والادعاء"، وهي دراسة ما زالت مخطوطة غير مطبوعة حتى الآن - حسب علمي -، وقد تناول فضيلته ظاهرة استدلال المعاصرين بتغير المذهب الشافعي من القديم العراقي إلى الجديد المصري ليتوصلوا بذلك إلى أن لكل عصر فقهه وفقهاؤه، ولو كان الجديد خلاف النصوص الشرعية. وجاءت هذه الدراسة لرصد الأسس والأساليب التي أدت إلى تغير مذهب الشافعي؛ لكشف المفارقة الكبيرة بين الوهم الشائع عند المعاصرين حول الجديد والقديم في الفقه الشافعي.

وكذلك ما قام به فضيلة الدكتور عمر إيمان أبو بكر بعنوان: "الأحاديث التي علّق الإمام الشافعي القول بها على صحتها".

وهذه الدراسة لها علاقة بالحديث وعلومه وليس لها صلة مباشرة بتراث الإمام الشافعي. وفضيلة الدكتور عمر له دراسة أخرى أنجزها في سبيل خدمة تراث الإمام الشافعي، وهي دراسته "منهجية الاستدلال بالحديث عند الإمام الشافعي". ويعني طريقة الإمام الشافعي رحمه الله ومنهجه في قبول الحديث حينما يستدل به على الأحكام الفقهية.

وهناك دراسة أخرى أنجزها فضيلة الشيخ الدكتور عبد الله الشيخ نور عبدي محمد، وهي: "رواية الإمام الشافعي عن شيخه إبراهيم بن يحيى في كتابه الأم"، وهي دراسة حول الأحاديث والآثار التي أوردها الإمام الشافعي في كتابه الأم عن طريق شيخه إبراهيم بن أبي يحيى، وهذه الدراسة عبارة عن رسالة علمية تقدم بها الكاتب لنيل درجة الماجستير من جامعة أم درمان الإسلامية في السودان عام ٢٠١١م. والشيخ عبد الله له دراسة أخرى لها صلة أيضًا بالتراث الشافعي وهي دراسته: "الأحاديث المعلقة الواردة في كتاب الأم للإمام الشافعي - وصلًا ودراسةً "، وتعالج الدراسة الأحاديث المعلقة الواردة في كتاب (الأم) للإمام محمد بن إدريس الشافعي - رحمه الله -، جمعًا لها، ثم وصلًا

لأسانيدها من خلال تخريجها من المصادر الحديثية الأخرى، ثم دراستها دراسة فقهية، علاوة على الأسباب التي أدت إلى الإتيان بها معلقة في كتابه (الأم).

وقام فضيلة الدكتور محمد شيخ أحمد شيخ مُحمَّد بدراسة سماها: "المذهب الشافعي في الصومال: معالم وملامح من واقع التفاعل البيئي" وقد نشرت لأول مرة في مجلة الشريعة والدراسات الإسلامية بجامعة أفريقيا العالمية، العدد التاسع، ٢٠٠٧م، ثم طبعت كتابا في القاهرة بمصر. وللدكتور دراسة أخرى بعنوان: "تفاعل المذهب الشافعي مع الواقع الاجتماعي ومستجدات الحياة". وهو بحث له صلة بفقه النوازل والمستجدات في مختلف جوانب الحياة، بل إنّ هدف هذا البحث أساسًا هو إبراز المقومات الرئيسة التي توافرت في المذهب الشافعي في تفاعله مع الظروف والأحوال الاجتماعية ومستجدات الحياة.

وقدم فضيلة الشيخ القاضي محمد عمر أحمد ورقة علمية بعنوان "جهود علماء منطقة القرن الأفريقي في خدمة مذهب الإمام الشافعي"، وهي دراسة علمية شارك بها الشيخ ضمن البحوث العلمية المقدمة في الملتقى الثالث لعلماء شرق أفريقيا المنعقد في جمهورية جيبوتي من الفترة ١٨ –٢١ مايو عام ٢٠١٥م.

وللدكتور عبد الرحمن محمد علي شمس الدين في جيبوتي دراسة قريبة من البحث السابق بعنوان "جهود علماء شرق أفريقيا في خدمة مذهب الإمام الشافعي"، في مجلة العلماء الأفارقة، التابع لمؤسسة محمد السادس للعلماء الأفارقة، السنة الأولى - شهر صفر ١٤٤١هـ الموافق لشهر أكتوبر ٢٠١٩م –العدد الأول.

وكلا البحثين في غاية الأهمية، وتناول القاضي الإسهامات العلمية للعلماء سواء فيما له صلة بالتأليف أو التدريس لخدمة المذهب الشافعي، إلا أنه بحث صغير لا يتجاوز ١٤ صفحة، كما أنّ الدكتور عبد الرحمن محمد علي شمس الدين حاول أن تشتمل دراسته على القوميات العفرية والأورمية الأخرى في منطقة القرن الأفريقي، وبالتالي قل تركيزه على خدمة أهل الصومال للمذهب، بالإضافة إلى عدم تناوله لجذور المذهب في المنطقة وسبل تطورها.

وهناك كتاب (معجم المؤلفين الصوماليين بالعربية قديمًا وحديثًا) بقلم الدكتور محمد حسين معلم علي، وهو –أي المعجم - عبارة عن جميع ما أَلّفه أهل الصومال قديمًا وحديثًا

باللغة العربية فيما يتعلق بجميع الفنون والمعرفة، وبعبارة أخرى فهرست لما ألَّفه أهل الصومال باللغة العربية حسب الحروف الهجائية.

وقد أبدع الدكتور حسن معلم داود حاج محمد في مشروع علمي له علاقة بخدمة تراث الشافعي عبر كتاب "تقريب أصول الشافعي بتهذيب "الرسالة" ومباحث الأصول من "الأم" وغيره. وهذا الكتاب جمعٌ مهذَّبٌ لأصول الإمام الشافعي - رحمه الله - مع ترتيبها على الأبواب الأصولية المألوفة عند المتأخرين، حتى يستوعب القارئ كلام الشافعي ويعرف ارتباط عبارته وتناسقها، ويصحب ذلك شرح ما قد يصعب من ألفاظ الشافعي وجمل كلامه. وذكر المؤلف مسترسلًا في مقدمته بأنّ "..الكتاب بكامله من درر ألفاظ العبقري الشافعي المعروفة بالجزالة والمتانة، ولم أزد عليها شيئًا إلا كلمات يسيرة آتي بها أحيانًا لربط الكلام بعضه ببعض". وكان هدف الكاتب تسهيل أصول الإمام الشافعي وخاصة كتابه "الرسالة" واستيعاب أقواله في هذا العلم.

وعلى الرغم من أنّ كل هذه البحوث تمّت على أيدي علماء أو باحثين من بلاد الصومال، ولكن هذه البحوث والدراسات كلها لا تركز على من خدم المذهب من أهل الصومال أو غيرهم. أما معجم المؤلفين الصوماليين بالعربية قديمًا وحديثًا، فعلى الرغم من أنّ المعجم حوى كمًّا هائلًا من الإنتاج العلمي والثقافي الذي له صلة مباشرة وغير مباشرة بالمذهب الشافعي إلا أنّ هدف المعجم هو جمع ما يمكن جمعه مما ألفه أهل الصومال في مختلف العلوم والمعرفة وليس مخصصًا بجانب معين من العلوم، كما أنّ معلومات المعجم ليست منظمة، وإنّما مادة الفقه وغيرها متناثرة في ثنايا جميع الكتاب[1].

---

(١) استطاع الباحث الأستاذ محمد بري استخراج ما ورد من الكتب والدراسات الفقهية في كتاب (معجم المؤلفين الصوماليين بالعربية) مع ترتيبه وتنسقه وسماها "ببليوغرافيا المؤلفات الصومالية الفقهية".

وصول المذهب الشافعي
إلى منطقة شرق أفريقيا وانتشاره

اليمن بوابة المذهب نحو منطقة شرق أفريقيا

ليس هدفنا هنا أن نستعرض خريطة المذهب الشافعي ومدى انتشاره في أجزاء من مختلف بقاع العالم الإسلامي، أو ذكر المجتمعات الإسلامية المتمذهبة بالمذهب الشافعي، مع أنّ هذه النقطة جديرة بالدراسة المتفردة والبحث العميق الشامل لكل المذاهب والمدارس الفقهية الإسلامية السنية وغيرها والتي كتب لها البقاء والتغلب على غيرها من المذاهب الأخرى، كما فعل ذلك بعض الباحثين[1].

وفيما يخص المذهب الشافعي - الذي نحن في صدد الحديث عنه - فمن المعلوم أنّ الله قد كتب له الانتشار السريع حتى كثر أتباعه في أكثر من مَصْر، وانتشر في أماكن تواجد المذهب الحنفي، بل ووصل الأمر لتقاسم الشافعية مع الحنفية في الفتوى والتدريس في جميع الأمصار، وعظمت مجالس المناظرات بينهم رغم تقدم الحنفية في الزمان[2]. ومن ناحية أخرى فإنّ بعض أصحاب مالك كانوا يبغضون الشافعي ويقولون أخذ العلم عن مالك ثم خالفه[3].

غير أنّ أقدمية المذهبين الحنفي والمالكي على المذهب الشافعي أعطتهما فرصة لانتشارهما في مناطق شاسعة، بحيث اكتسحت الحنفية المشرق الإسلامي بينما انفردت المالكية بالمغرب مما جعلهما متقدمين ليس على المذهب الشافعي فحسب، وإنما على سائر

---

(١) وعلى سبيل المثال لا الحصر كتاب "نظرة تاريخية في حدوث المذاهب الفقهية الأربعة، وانتشارها عند جمهور المسلمين" لأحمد تيمور باشا، دار القادري، ط/١، ١٤١١هـ/ ١٩٩٠م ؛ كتاب " جغرافية المذاهب الفقهية" للدكتور هشام يسري العربي، صدر في ٢٠٠٥م، دار البصائر بالقاهرة ؛ وكذلك المقال المفيد" انتشار المذهب الشافعي في العالم الإسلامي مع خريطة توضيحية" للدكتور محمد بن عمر الكاف، وهو منشور في الموقع الفقهي: http://www.feqhweb.com/vb/t3368.html.

(٢) أحمد تيمور باشا: نظرة تاريخية في حدوث المذاهب الفقهية الأربعة، مرجع سابق، ص٧١.

(٣) المرجع نفسه، ص ٧٩.

المذاهب الإسلامية السنية الأخرى وغيرها، ومن هنا لم يأت من فراغ قول من قال: "كان أبو حنيفة لأهل المشرق، ومالك لأهل المغرب"، بل لم يكن في الأندلس إلا مذهب مالك، وقد وصل بهم الأمر أنهم إذا ظهر مذهب آخر كالشافعي أو غيره مثل الحنفي نفوه[1].

ومن المعلوم أنّ ظهور المذهب الشافعي في اليمن قد تأخر وكان بعد ظهوره في الديار المصرية أولًا ثم بالعراق الكبير وبلاد الشام، بحيث كان الإمام الشافعي يتنقل بين الأمصار الإسلامية، وكلما وصل إلى المنطقة كان ينتشر مذهبه أكثر من غيره. وهذا الانتشار السريع لم يعجب البعض، بل كان بعضهم يحسد عليه، كما صرح بذلك عيسى ابن المنكدر قاضي مصر عندما قام في وجه الإمام الشافعي فقال: " دخلت هذه البلدة - ويقصد مصر - وأمرها واحد، رأيها واحد، ففرقت بينهم " انتهى كلامه.. ويشير إلى مخالفة متبعيه لأصحاب مالك. فإن أهل مصر قبل وجود الشافعي كانوا لا يعرفون إلا رأي مالك[2].

ومهما كان الأمر فقد كتب الله للمذهب الشافعي السبق والانتشار الواسع في مناطق كثيرة من العالم مثل منطقة جنوب شرق آسيا، ومنطقة شرق أفريقيا، وكلا المنطقتين وصل المذهب إليهما عبر اليمن الذي يعتبر من أهم وأقدم مداخل المذهب نحو شرق أفريقيا. وعلى الرغم مما أشرنا إليه من قبل من أنّ الشافعية دخلت في اليمن وانتشرت فيه في وقت متأخر وبالتحديد في القرن الخامس الهجري، فإنه ليس معنى ذلك أنّها كانت آخر بلد وصلت إليه الشافعية، وإنّما كانت اليمن أسبق من كلٍّ من بلاد فارس والحجاز وبعض بلاد الهند، ومنطقة شرق أفريقيا بأكملها، بل كانت اليمن بوابة دخول الشافعية إلى منطقة أفريقيا الشرقية وطريق العبور إليها بواسطة علمائها، وبالتالي لا يوجد حتى اليوم مذهبٌ إسلاميٌّ آخر ينافس الشافعية ليس في منطقة شرق أفريقيا فحسب، وإنما أيضًا في منطقة جنوب شرقي آسيا.

ولا غرابة في أن تكون بلاد اليمن بوابة المذهب إلى شرق أفريقيا لأنّ المذهب انتشر في اليمن انتشارًا واسعًا في فترة مبكرة قبل وصوله إلى الصومال حيث "كان أهل اليمن في

(١) المذاهب الفقهية، ص ٧٩ – ٨٠.

(٢) أحمد تيمور باشا: نظرة تاريخية في حدوث المذاهب الفقهية الأربعة، مرجع سابق، ص ٧١؛ وانظر هامش رقم ٢.

المائة الخامسة وما قبلها، يتفقهون بكتاب المزني، وبأصول الفقه بكتاب الرسالة للشافعي، وبمصنفات القاضي أبي الطيب[1]، والشيخ حامد[2]، وكتب أبي علي الطبري[3]، وكذا ابن القطان[4]، ومصنف المحاملي[5]، وشروح المزني المشهورة، وبالفروع لسليم بن أيوب الرازي...[6][7].

---

(١) هو أبو الطيب طاهر بن عبد الله بن طاهر بن عمر الطبري الشافعي، ولد سنة (٣٤٨هـ) بآمل عاصمة طَبَرِستان. أخذ العلم عن علماء بلده، ثم انتقل إلى نيسابور وتفقَّه على أبي الحسن الماسَرْجِسي، ومنها إلى بغداد، وأخذ عن علمائها، وكان أبو الطيب عالِمًا متبحِّرًا، عارفًا بالأصول والفروع، متمكِّنًا من علوم الوسائل والمقاصد، ديِّنًا وَرِعًا ومحقِّقًا من كبار أئمة المذهب الشافعي في عصره، ولي القضاء بربع الكَرْخ بعد وفاة القاضي الصَّيْمَري. له شرح على «مختصر المزني»، ومؤلفات في الأصول والجدل والخلاف، توفي سنة (٤٥٠هـ).

(٢) أبو حامد أحمد بن محمد بن أحمد الإسفراييني ولد عام ٣٤٤ وتوفي في سنة ٤٠٦ هـ. انظر السبكي، تاج الدين أبو نصر عبدالوهاب بن علي الكافي (ت٧٧١هـ): طبقات الشافعية الكبرى ،الطبعة الثانية، دار المعرفة للطباعة، بيروت – لبنان ٣/ ٢٤ .

(٣) هو أبو علي الحسن بن القاسم الطبري، له مصنفات عديدة مثل: كتاب "الإفصاح" وهو ما اشتهر به كما ذكر ذلك الجعدي ؛ عمر بن علي بن سمرة: طبقات فقهاء اليمن، تحقيق فؤاد سيد، دار الكتب العلمية، بيروت ١٩٥٧هـ، ص ١١١، توفي سنة ٣٥٠هـ ؛ حاجي خليفة، مصطفى بن عبد الله (ت ١٠٧٦هـ): كشف الظنون على أسامي الكتب والفنون، بيروت، دار العلوم الحديثة، وقيل توفي سنة ٣٠٥هـ، وهذا خطأ لأنه تتلمذ على يد علي بن أبي هريرة المتوفى سنة ٣٤٥هـ (على الأرجح) كما ذكره السبكي: طبقات الشافعية الكبرى، مصدر سابق ٢/ ٢١٧؛ وانظر أيضًا محقق كتاب طبقات فقهاء اليمن للجعدي ص ١١١ هامش رقم (٨).

(٤) وهو أبو عبدالله محمد بن أحمد بن شاكر المعروف بابن القطَّان المصري المتوفى عام ٤٠٧هـ وانظر السبكي: المصدر السابق ٣/ ٣٨.

(٥) المحاملي: هو أبو الحسن أحمد بن محمد بن أحمد بن القاسم بن إسماعيل الضبي المعروف بالمحاملي، كان من كبار فقهاء الشافعية في عصره، ومن أشهر مصنفاته: المجموع، والمقنع، واللباب، والمجرد، وغيرها من الكتب، توفي سنة ٤١٥هـ . وانظر السبكي: المصدر السابق ٣/ ٢٠؛ وانظر أيضًا محقق كتاب الطبقات للجعدي ص ١٠٣ هامش رقم (٢) .

(٦) هو الإمام أبو الفتح سُليم بن أيوب بن سليم الرازي، تفقه على الشيخ أبي حامد الإسفراييني، وأخذ مكانه في الدرس بعد وفاته . له مصنفات كثيرة منها: " تقريب الغريبين"، منه نسخة في دار الكتب المصرية، وكتاب" سُليم " بالتصغير كما ضبطها بالعبارة أبو بكر المصنف صاحب طبقات الشافعية . انظر؛ السبكي: المصدر السابق ٣/ ١٩٨.

(٧) الجعدي، المصدر السابق ص ١١٨ – ١١٩.

وهذه المصادر لا شك أنها كتب أصولية وفقهية على المذهب الشافعي مما يدل على مستوى عناية أهل اليمن وحرصهم على هذا المذهب في تلك الفترة[1].

ومهما كان الأمر فقد أثبت الفقه الشافعي وجوده في اليمن بل وبرزت في الساحة اليمنية العلمية شريحة كبيرة من العلماء والفقهاء الذين تخصصوا في الفقه الشافعي ولهم شهرة واسعة في هذا المضمار بل وسطع نجمهم على مستوى العالم الإسلامي.

ومن بين هؤلاء العلماء الأجلاء العلامة الفقيه الحافظ موسى بن عمران المعافريّ الذي يعدّ من أوائل الشيوخ والرواد المتخصصين في الفقه الشافعي في اليمن، والشيخ المعافريّ هو الذي روى كتاب (المنتقى في السنن) عن مؤلفه أبي الوليد موسى بن أبي الجارود المكيّ[2] أحد أصحاب الإمام الشافعي وثقاته ورواته[3].

ومن هؤلاء العلماء الأوائل في اليمن أيضًا الشيخ الفقيه عبد العزيز بن يحيى من حُرازة، سكن المعافر، وكان من طلبة العلم من مجالسي المعافريّ السابق[4].

وأسرد العلامة الجعدي في طبقاته أسماء كثيرة من العلماء والفقهاء الشافعية في اليمن، مما يدل على أن اليمن كان لها نصيب كبير من المذهب الشافعي؛ لكثرة علمائها، ووفرة مدارسها العلمية والفقهية؛ بالإضافة إلى كثرة إنتاجها العلمي من الكتب والرسائل الفقهية النفيسة في الفقه الشافعي.

وقد اشتهر أهل اليمن بنشر دين الإسلام إلى ربوع مختلفة من هذا العالم، حيث دأب بعض علمائها على الشروع في نشر العلم والخروج إلى أماكن بعيدة عن موطنهم الأصلي، وكان لبلاد الصومال حظ كبير من ذلك لقرب موقعها الجغرافي وسهولة الوصول إليها

---

(١) انظر تفصيل ذلك في كتاب: الثقافة العربية وروادها في الصومال –دراسة تاريخية حضارية، دار الفكر العربي، القاهرة، ٢٠١١م، ص٨٤ –٨٦.

(٢) وهو راوي كتاب (الأمالي) عن الإمام الشافعي، وكان أحد أصحابه وثقاته، ولا تعرف سنة وفاته. انظر: الشربجي: عبد الغني غالب قاسم: الإمام الشوكاني حياته وفكره، مؤسسة الرسالة، بيروت ١٩٨٨م.

(٣) حيث روى ابن أبي الجارود عن الإمام الشافعي كتاب الأمالي انظر السبكي: المصدر السابق ١/ ٢٧٤.

(٤) الجعدي: المصدر السابق ص ٨٠ –٨١.

فضلًا عن معرفة أهل اليمن بالمنطقة وعلاقتهم القديمة بها؛ فمن البديهي إذًا أن يصل بعض العلماء إلى بلاد الصومال لغرض نشر الإسلام والعلوم الشرعية. وعلى الرغم من أن الأعلام اليمنيين كانوا موسوعيين - كما كانت عادة العلماء في العصور الذهبية الأولى - غير أن أغلب هؤلاء الذين وصلوا إلى الصومال كانوا بارعين في الفقه والأحكام الشرعية التي كانت الأمة في أمس الحاجة إليها لكي تعرف دينها وسبل تطبيقه في حياتها. وإذا لاحظنا العلماء الذين أتوا إلى الصومال نرى أنهم كانوا متبحرين في الفقه وأصوله ولديهم معرفة قوية بالأحكام الشرعية مثل: الشيخ الفقيه أبو بكر - الذي كان ينحدر من نسل الفقيه إسماعيل وهو جده العاشر - في القرن الخامس الهجري، وكان الفقيه أبو بكر من بلدة تريم بحضرموت وزار الجزء الجنوبي من الصومال وخاصة مدينة مقديشو في ظل حكم دولة حلوان(1).

ومن العلماء الذين زاروا بلاد الصومال الفقيه أبو عبد الرحمن الحسين بن خلف بن حسين المقيبعيّ، أحد فقهاء تهامة في اليمن المشهورين في القرن السادس الهجري(2).

ومن بين الفقهاء اليمنيين الذين كان لهم نشاط علمي في منطقة القرن الأفريقي الفقيه السيد يوسف بن عبد الله المُزكيّ، وكان هذا الفقيه البارع يسكن منطقة شوائط اليمنية وأصله من صنعاء، وقد مكث في منطقة القرن الأفريقي فترة طويلة، وكان له دور كبير في نشر العلم والمعرفة حيث كان مدرسًا في كَلْجور(3)، وقد نفع الله به المسلمين حيث " بصّر الله به العمى وأرشد به عباده إلى التقى "وكل من تحدث عنه أثنى عليه وأشار إلى جهوده العلمية في المنطقة(4).

---

(١) عيدروس بن الشريف علي العيدروس النضيري العلوي: بغية الآمال في تاريخ الصومال، مطبعة الإدارة الوصية علي صوماليا، مقدشو، الطبعة الأولى، سنة ١٣٧٤هـ - ١٩٥٤م، ص ٢٨٤. ودولة حلوان: إحدى الدول والحكومات التي قامت في الصومال، في جنوب البلاد، وكان مقرها مدينة مقديشو.

(٢) با مخرمة، أبو عبد الله الطيب: ثغر عدن، دار التنوير للطباعة، بيروت، الطبعة الثانية، ١٩٨٦م، ص ٩١، والجدير بالذكر أن با مخرمة ذكر أن هذا العالِم سافر إلى بلاد السودان غير محدد لمنطقة بعينها، ولكنه في صفحة ٢٥٨ من المصدر نفسه يحدد بلد السودان بناحية (زيلع).

(٣) كَاجُور: من بلاد الحبشة، كما يذكرها العلامة الجعدي نفسه، غير أنني لم أعثر على المنطقة التي تقع فيها بالضبط.

(٤) انظر الجعدي: مصدر سابق ص ٢٠٩ - ٢١٠.

ومنهم الشيخ أبو بكر بن عبد الله العيدروسي باعلي، الذي زار زيلع عام ٩١٤هـ، وقد تلقى العيدروسي علومًا كثيرة ومتنوعة غير أن أغلب مشائخه كانوا متفوقين في الفقه ومنهم الحافظ السخاوي، والفقيه محمد بن أحمد بافضل، بالإضافة إلى الشيخ الفقيه علي، عم العيدروسي، أما من حيث الإنتاج فكان للعيدروسي مصنفات عديدة مثل كتاب: "الجزء اللطيف في علم التحكيم الشريف"(1).

ولاشك أن وجود مثل هؤلاء على أرض الصومال وترددهم على الساحات العلمية كان له مردوده الإيجابي وأثره الطيب في الحياة العلمية والثقافية بالصومال، وخاصة فيما يتعلق بالنواحي الفقهية والأحكام الشرعية. ومن هنا فلا يستغرب أن يهيمن المذهب الشافعي على بلاد الصومال فحسب وإنما على كافة منطقة القرن الأفريقي سواء الصومال، وجيبوتي، وإريتريا، وكينيا، وأثيوبيا، وكذلك أجزاء كبيرة من منطقة البحيرات الكبرى كأوغندا، ورواندا، وبوروندي وغير ذلك، بل ونستطيع القول إن المذهب الشافعي عمَّ سواحل شرق أفريقيا وما يقابلها من الجزر الواقعة على المحيط الهندي مثل زنجبار، وجزر القمر، ومدغشقر، وغيرها، وكل ذلك تمّ على يد اليمنيين الذين هاجروا إلى هذه المناطق بحكم القرب، وبعدها صار غالبية سكان المنطقة شافعية. واستمر الأمر على هذا المنوال حتى فترة قدوم الرحالة المغربي أبي عبد الله ابن بطوطة اللواتي على المنطقة الذي لاحظ ذلك وقال: " وسافرتُ من مدينة عدن في البحر أربعة أيام، ووصلتُ إلى مدينة زيلع وهي مدينة البرابرة، وهي طائفة من السودان شافعية المذهب، وبلادهم صحراء مسيرة شهرين: أولها زيلع، وآخرها مقديشو"(2).

وإذا كان الفقه المالكي حقق انتشارًا واسعًا في شمال ووسط وغرب أفريقيا بالإضافة إلى بلاد الأندلس، فإنّ الفقه الشافعي هيمن على جميع منطقة شرق أفريقيا، وكانت بلاد الصومال من روافد المذهب الرئيسة عبر المنطقة، فإذا كان علماء أهل اليمن وفقهاؤها

---

(١) العيدروسي، شمس الشموس محي الدين عبد القادر بن شيخ بن عبد الله: تاريخ النور السافر، تحقيق محمد رشيد الصفار، بغداد، ١٩٣٤م، ص ٨١ – ٨٩.

(٢) ابن بطوطة، أبو عبد الله محمد بن عبد الله بن إبراهيم اللواتي الطنجي: رحلة ابن بطوطة المسمّاة تحفة النظار في غرائب الأمصار وعجائب الأسفار، بتحقيق الشيخ محمد عبد المنعم العربي، دار إحياء العلوم، بيروت – لبنان، ١/ ٢٦١.

روّاد المذهب إلى بلاد الصومال وغيرها - كما أشرتُ أكثر من مرة - فقد كانت الصومال منطلقًا لانتشاره عبر ربوع أفريقيا الشرقية، وبالتالي انتشر المذهب انتشارًا واسعًا لا نظير له حتى ساد المنطقة كلها مما سهل أن يكون أغلب النتاج الفكري والثقافي والعلمي المرتبط بالفقه وأحكام الشريعة على المذهب الشافعي؛ لشهرة هذا المذهب في أوساط أهل العلم وغيره من عامة النّاس.

وهذا الأمر ليس خاصًا بأهل الصومال فحسب، وإنما المذهب الشافعي كان منتشرًا - وما زال حتى الآن - في جميع أرجاء منطقة الشرق الأفريقي، كما ذكرنا من قبل. ومن هنا أصبح علم الفقه وأصوله من أكثر فروع العلم تطورًا وأوسعها قبولًا، ليس في أوساط الفقهاء والعلماء فحسب، وإنما في أوساط طلبة العلم وعامة النّاس. وقد اهتم أهل الصومال اهتمامًا شديدًا بالفقه الشافعي رغم توفر مذاهب أخرى في المنطقة بحيث اقتصروا على مذهب واحد، وهو المذهب الشافعي نسبة إلى الإمام محمد بن إدريس الشافعي - رحمه الله -.

ومع أنّ المذهب السائد في المنطقة هو المذهب الشافعي - كما أشرنا إليه - إلا أن هناك بعض أهل العلم من أبناء المنطقة تمذهبوا بمذهب أبي حنيفة النعمان بن بشير - رحمه الله - لا سيما في أوساط أهل الزيلع، بل وصار بعضهم من أعمدة هذا المذهب في العالم حتى وضعوا كتبًا أصبحت فيما بعد عمدة للمذهب ومرجعًا مهمًّا للفقه الحنفي. ومن بين هؤلاء الشيخ العلامة الفقيه الزيلعي فخر الدين أبو عمر عثمان بن علي الزيلعي صاحب كتاب: (تبيين الحقائق شرح كنز الدقائق) وهو من أهمّ كتب الحنفية.

ومن بين هؤلاء الزيالعة من الأحناف الذين تمذهبوا بمذهب أبي حنيفة أيضًا، المحدث الزيلعي جمال الدين أبو محمد عبد الله بن يوسف بن محمد صاحب كتاب (نصب الراية في تخريج أحاديث الهداية)[1].

وإذا وقع اختيار أهل المنطقة على المذهب الشافعي فمن البديهي أن تنصبَّ جميع جهودهم على خدمة هذا المذهب، بل ومن الوفاء والاعتراف بالجميل تقديم دراسات وبحوث تخدم هذا التراث القيم الذي أنتجه مسلمو شرق أفريقيا في خدمة مذهب الإمام

---

(١) محمد حسين معلم: الثقافة العربية وروادها في الصومال، مرجع سابق، ص ٨٨ - ٨٩.

الشافعي. وخدمة هذا التراث تعني نشره وتطويره من خلال الحلقات العلمية والمراكز الثقافية، وكذا الاهتمام بدراسة وتحقيق جميع المصادر والكتب التي تخص المذهب بدءًا بإنتاج الإمام الشافعي ونظرياته الفقهية، ومرورًا بالإنتاج العلمي الذي أبدعه العلماء الشوافع عبر القرون الإسلامية حتى يومنا هذا. وهناك كم هائل من الباحثين والعلماء من أهل الصومال اشتغلوا بخدمة تراث هذه المدرسة الفقهية في أكثر من وجه وحيثية، ومن الصعب حصر كل الجهود المبذولة عبر التاريخ في بحث واحد حتى ولو كان هذا البحث مستقلًا ومستفيضًا فضلًا عن هذه العجالة التي نحن بصددها في ملتقى أهل العلم والفضل من أخيارنا الكرام الذين لهم دراية بالفقه وأصوله. ورغم أنّ بضاعتي مزجاة في هذا الباب، إلا أن هذه الدراسة قد تكون - إن شاء الله- محاولة في تأريخ هذا التراث الثمين من خلال تتبع أقلام كُتابنا الصوماليين حسب المستطاع، علمًا أنّ ذلك مجرد نماذج ليس إلا. والباحث الذكي هو الذي لا يتعامل ولا ينظر القضايا من زاوية ضيقة بل هو الذي يستطيع أن يتناول الموضوع بأكثر من حيثية وبقوالب مختلفة، وخاصة عندما يكون الحديث عن خدمة أهلنا للمذهب الشافعي، وكذا جهودهم في نشر المذهب في ربوع منطقة القرن الأفريقي قاطبةً.

نستطيع القول بأنّ هناك جهودًا جبارة من مساهمات أهل الصومال في خدمة المذهب الشافعي من حيث الإنتاج العلمي والتدريس ومتعلقاتهما، ولكننا نقسم تلك الجهود إلى قمسين: قسم مباشر لخدمة تراث الإمام الشافعي نفسه، وقسم آخر عبارة عن جهود أهل الصومال في عموم المذهب الشافعي.

أولاً: خدمة تراث الإمام الشافعي مباشرة:

وتكون هذه الخدمة عن طريق خدمة تراث الإمام الشافعي -رحمه الله- نفسه مباشرة، بحيث قدم أهل العلم في بلاد الصومال خدمات علمية نحو تراث الإمام الشافعي.

وقد وجد من بين جهود أهل العلم في الصومال محاولات علمية قام بها نخبة من كبار العلماء والمشائخ مساهمة منه لخدمة تراث الإمام الشافعي رغم البعد الزمني.

ومن الجهود العلمية في هذا المضمار تلك الدراسات والبحوث التي أنجزها فضيلة الدكتور علمي طحلو جعل علسو مالن، كخدمة للتراث الشافعي، بحيث وضع فضيلته رسالة نفيسة أسماها "أسس تغير مذهب الإمام الشافعي بين الحقيقة والادِّعاء"، وهو بحث في غاية الأهمية يعالج المؤلف فيه ظاهرة استدلال المعاصرين بتغير المذهب الشافعي من القديم العراقي إلى الجديد المصري ليعبروا بذلك إلى أن لكل عصر فقهه وفقهاءه، ولو كان الجديد خلاف النصوص الشرعي. ومن هنا جاءت هذه الدراسة لرصد الأسس والأساليب التي أدت إلى تغير مذهب الشافعي لكشف المفارقة الكبيرة بين الوهم الشائع عند المعاصرين حول الجديد والقديم الفقه الشافعي .. بغية حماية الفكر الإسلامي من الاغتيال، ورغم أن هذه الدراسة التي انتهى منها الدكتور منذ شهر رجب عام ١٤٢٢هـ الموافق ٢٠٠١م إلا أنّه ما زال مخطوطًا غير مطبوع، وهو بحدود ١٣٠ صفحة.

وقد سلك فضيلة الدكتور عمر إيمان أبو بكر نفس مسلك زميله في الدرب الدكتور علمي طحلو في خدمة التراث الشافعي، فقام بدراسة لها علاقة بالحديث وعلومه ولكن لها صلة مباشرة بتراث الإمام الشافعي، وهي دراسته "الأحاديث التي علّق الإمام الشافعي القول بها على صحتها".

وهذا الكتاب لا يزال مخطوطًا حسب علمي وكما أخبرني المؤلف نفسه في بدايات عام ٢٠٠٦م قبل أن ينضم المؤلف إلى السلك السياسي والأحزاب الدينية السياسية في الصومال. وعلى العموم فالكتاب يتعلق بالأحاديث التي يقول الإمام الشافعي فيها إن صح هذا الحديث قلت به، فيتم دراسة ذلك الحديث ليعرف هل هو صحيح أم لا. وفضيلة الدكتور عمر له دراسة أخرى أنجزها في سبيل خدمة تراث الإمام الشافعي، وهي "الشافعي ومنهجية استدلاله بالحديث". ويعني به طريقة الإمام الشافعي - رحمه الله - حينما يستدل بالحديث على الأحكام الفقهية؛ وما يشترط لقبول الحديث، وغير ذلك من الأمور، الكتاب طُبع في دار الفكر العربي ٢٠١٧م.

ثم جاء أحد الفضلاء المتواضعين في بلادنا، وهو فضيلة الشيخ الدكتور عبد الله الشيخ نور عبدي محمد، واستطاع إنجاز دراسة أكاديمية لها صلة بتراث الشافعي عندما وضع كتابه "رواية الإمام الشافعي عن شيخه إبراهيم بن يحيى في كتابه الأم"، وقام بدراسة الأحاديث والآثار التي أوردها الإمام الشافعي في كتابه (الأم) عن طريق شيخه إبراهيم بن أبي يحيى، وهذه الأحاديث تصل إلى قرابة ٢٠٠ حديث. وخلال البحث والدراسة في هذا الأمر اتضح لدى فضيلة الدكتور الشيخ عبد الله الشيخ نور بأن أغلب الأحاديث والآثار سليمة من حيث السند أو بالمتابعة، ما عدا أقل من عشرين حديثا، تعتبر ضعيفة. وهذا الكتاب عبارة عن رسالة علمية تقدم بها الكاتب لنيل درجة الماجستير من جامعة أم درمان الإسلامية في السودان عام ٢٠١١م.

وللشيخ دراسة أخرى لها صلة أيضًا بالتراث الشافعي وهي: "الأحاديث المعلقة الواردة في كتاب الأم للإمام الشافعي – وصلًا ودراسة"، واختار المؤلف هذا العنوان ليعالج الأحاديث المعلقة الواردة في كتاب (الأم) للإمام محمد بن إدريس الشافعي - رحمه الله -. وتدور هذه الدراسة حول جمع وتتبع تلك الأحاديث المعلقة ثم دراستها وتلمس الأسباب التي أدت إلى التعليق. وقد توصل المؤلف خلال بحثه النفيس إلى عدة نتائج من بينها: أن الشافعي أول من دوّن علوم الحديث وأنه كان من حفاظ الحديث، وأما الأحاديث المعلقة الموجودة في كتابه (الأم) فهي إما أن تكون في الصحيحين أو يكون لها شاهد في كلا الصحيحين أو أحدهما. ويرى المؤلف بأن هناك أسبابًا أدت إلى أن يعلق الإمام الشافعي هذه الأحاديث مثل كون الإمام أراد الاختصار وعدم التطويل، وكذلك

لأسباب تتعلق بالمناظرة بحيث إن المناظَرين يعرفون سلسلة الأحاديث وليس من الضرورة سرد كل ما يتعلق بالأحاديث. وعلل المؤلف أيضًا بكون الأحاديث مشهورة بين المحدثين. وذكر المؤلف سببًا آخر وهو رواية الحديث بالمعنى، فعلق حتى لا يظن القارئ بأن الشافعي نقل هذه الألفاظ بهذا السند أو الأسانيد. وجزم المؤلف بأن هذه المعلقات من الأحاديث لا تُنزِل من مستوى كتاب الأم وقيمته العلمية؛ فالأحاديث المعلقة التي لم توجد لها المتابعة أو الشاهد هي أربعة أحاديث فقط من بين ٨٦٩ حديثا معلقًا، علما بأن كتاب (الأم) يحوي قرابة ٤٦٠٠ رواية تقريبا، مما يدل على براعة الشافعي وتفوقه في فن علم الحديث. وعموم البحث الذي أنجزه فضيلة الشيخ الدكتور عبد الله الشيخ نور يصل إلى حوالى ٨٣٥ صفحة وما زال مخطوطًا غير مطبوع.

ومن المؤلفات الواردة في هذا الصدد "نظم اللوامع مما انفرد به الشافعي" المسمى "تبصرة الطلاب بما انفرد الشافعي عن الثلاثة أصحاب المذاهب"، للكاتب عبد القادر آدم عبد إبراهيم. وهذه الرسالة الصغيرة جاءت على قالب نظم يبين فيه المؤلف المسائل الفقهية التي انفرد الإمام الشافعي عن المذاهب الأخرى مثل مذهب أبي حنيفة ومالك وابن حنبل. وقد بدأ بمقدمة وجيزة ثم شرع يعدد أقسام كتابه مستهلًا بكتاب الطهارة ثم كتاب الصلاة وكتاب الجنازة وكتاب الزكاة وكتاب الصيام وكتاب الحج وكتاب الصيد والنذور والذبائح والأطعمة. ورغم أنّ الناظم اختصر رسالته في عدة أوراق إلا أنّها حوت أغلب الأبواب الفقهية، ولكنّ هذه الرسالة تحتاج إلى شرح وتعليق وتوضيح لطلبة العلم حتى تتم الفائدة. وطبعت الرسالة في طبعتها الأولى عام ١٤٤١هـ/ ٢٠٢٠م.

وهذه الرسالة الصغيرة التي جاءت على شكل نظم تشبه ما كتبه بعض علماء الشافعية نثرًا مثل كتاب "المسائل الفقهية التي انفرد بها الإمام الشافعي من دون إخوانه من الأئمة" للعلامة عماد الدين أبو الفداء إسماعيل بن عمر بن كثير الشافعي (ت ٧٧٤هـ). وابن كثير جمع هذه المسائل وأفرد لها بابًا في كتابه "مناقب الإمام الشافعي" فبلغت هذه المسائل ما يربو على ثمانين ومائتي مسألة، شملت جميع أبواب الفقه.

هذا وقد قام الدكتور إبراهيم بن علي صديقي بتحقيق ودراسة هذه المسائل الفقهية التي تبرز مكانة الإمام الشافعي الفقهية وتفرده من بين أضرابه من الأئمة بمسائل خاصة

به لما في تقديم هذه النوادر الفقهية مدروسة محققة من قيمة علمية يعرف قدرها أهل الاختصاص ويتذوقها أهل الفن من الفقهاء المتفقهين[1].

وفي الإطار نفسه وضع الشيخ عبد القادر آدم عبد إبراهيم رسالة أخرى أيضًا وهي "تنبيه المرام على مستثنيات الجديد للقديم"، بحيث قام الشيخ من خلال رسالته هذه بالتوضيح والتنبيه على مستثنيات المذهب الجديد للقديم، وقد فند الشيخ أيضًا في رسالته بعض المسائل الفقهية التي صدرت من الإمام الشافعي عندما كان في العراق، وأخرى عندما عاش في مصر[2].

ومن هذا الباب أيضًا "التجانس بين الناسخ والمنسوخ عند الإمام الشافعي"، للشيخ عبد الرزاق أحمد عبدله، وعلى الرغم من أنّ المؤلف لا يناقش هنا مطلق مسألة الناسخ والمنسوخ، وإنّما يبحث عن مسألة من أشكل مسائل الأصول، وهي هل الإمام الشافعي يقول بنسخ القرآن الكريم بالسنة المطهرة، والعكس.. أي نسخ السنة للقرآن الكريم، أم لا بد من التجانس بين الناسخ والمنسوخ عنده. ومهما كان، فقد بدأ الباحث رسالته الفقهية الأصولية بدراسة مفهوم النسخ عند السلف المتقدمين، ومقارنته بمفهومه عند المتأخرين. وجمع الكاتب أقوال العلماء حول مسألة الناسخ والمنسوخ وتحريرها، ثم شرع في المقارنة بين ما دوّنه الإمام الشافعي في رسالته، وبين ما هو موجود في كتبه الأخرى. كما ناقش الكاتب مفهوم النسخ عند الإمام الشافعي، وأقسام النسخ عند الإمام الشافعي، وهذه الدراسة منشورة في الخزانة الصومالية.

وفي هذا الاتجاه أيضًا "الاجتهاد الترجيحي وتطبيقاته في الفقه الشافعي"، للشيخ عبد الرزاق أحمد عبدله، وهذه الرسالة أُعدّت استكمالًا لمتطلبات درجة الماجستير في الفقه وأصوله من كلية الدراسات العليا في جامعة الأحقاف. والرسالة تدور حول مرتبة (الاجتهاد الترجيحي)، باعتبارها آخر مراتب الاجتهاد الأربعة المعروفة، وهي من أهم تلك المراتب؛ إذ عن طريقها يُعرف ما يصح وما لا يصح من المذهب، وهي مرتبة مُحرّري المذهب الشافعي: الرافعي والنووي، وغيرهما. ويتكون هذا البحث من ثلاثة

---

(١) كتاب "المسائل الفقهية التي انفرد بها الإمام الشافعي من دون إخوانه من الأئمة"، للعلامة عماد الدين أبو الفداء إسماعيل بن عمر بن كثير الشافعي (ت ٧٧٤هـ). دراسة وتحقيق، الدكتور إبراهيم ابن علي صديقي، وانظر مقدمة المحقق، ص ٦.

(٢) وطبع الكتاب في طبعته الأولى مقديشو –الصومال في عام ١٤٣٨هـ/ ٢٠١٧م.

فصول، وتحت كل فصل مباحث متعددة. أما الفصل الأول: فيتكلم عن حقيقة الاجتهاد الترجيحي وأركانه ومراحله. وأما الفصل الثاني: فيتكلم عن قواعد الاجتهاد الترجيحي، ومحتواه: ما هي القواعد التي كان يستخدمها الشيخان (الرافعي والنووي) في الترجيح المذهبي، ومتى نشأت هذه القواعد، وكيف تطورت عبر الزمان. وأما الفصل الثالث: فيبحث في تطبيقات قواعد الاجتهاد الترجيحي، من خلال كتب الشيخين، وذكر لكل قاعدة ثلاثة أمثلة فرعية على الأقل.

وللدكتور محمد شيخ أحمد شيخ محمَّد عمر متان المشهور بشيخ محمد حاج بحوث مماثلة نحو تراث الإمام الشافعي ككل مثل دراسته المسماة "المذهب الشافعي في الصومال: معالم وملامح من واقع التفاعل البيئي"، وهو عبارة عن بحث مقدم لمؤتمر الإسلام في أفريقيا والذي انعقد في الخرطوم عام ٢٠٠٦م، ثم نشر في مجلة الشريعة والدراسات الإسلامية، جامعة أفريقيا العالمية، العدد التاسع، ٢٠٠٧م، ثم طبع الكتاب في القاهرة بواسطة دار الزيلع للنشر والتوزيع بعد تطويره. وهناك بحث آخر أنجره فضيلته على المنوال نفسه، وهو بحثه "تفاعل المذهب الشافعي مع الواقع الاجتماعي ومستجدات الحياة". وهذا البحث كان ضمن الأوراق البحثية التي قدمت في مؤتمر الملتقى الثالث لعلماء شرق أفريقيا عام ٢٠١٥م والذي نظمته جمهورية جيبوتي تحت عنوان: "دور الإمام الشافعي في إثراء الفقه الإسلامي" وهو بحث له صلة بفقه النوازل والمستجدات في مختلف جوانب الحياة. ويهدف هذا البحث أساسًا إلى إبراز المقومات الرئيسة التي توافرت في المذهب الشافعي للتعامل مع الواقع الاجتماعي ومستجدات الحياة في القطر الصومالي.

كما قدم فضيلة الشيخ القاضي محمد عمر أحمد ورقة علمية وهي "جهود علماء منطقة القرن الأفريقي في خدمة مذهب الإمام الشافعي"، وهي دراسة علمية شارك الشيخ بها ضمن البحوث العلمية في ملتقى المؤتمر الثالث لعلماء شرق أفريقيا المشار إليه سابقًا المنعقد في جمهورية جيبوتي من الفترة ١٨ -٢١ مايو عام ٢٠١٥هـ.

وما أشرنا إليه في السطور الماضية جزء من إسهامات أهل الصومال في سبيل خدمة تراث الإمام الشافعي، ونستشف من ذلك بأنّ أهل العلم في بلاد الصومال أثبتوا حبهم وتقديرهم للإمام الشافعي حيث تمخضت إنجازاتهم العلمية والثقافية عما يخدم تراث الشافعي وآثاره العلمية، ولم يغب الإمام وآثاره عن بالهم تقديرًا له ولمذهبه الذي تتمذهب

به الأمة ليس على مستوى القطر الصومالي فقط وإنما على مستوى منطقة شرق أفريقيا قاطبة. ومما سبق كله فلا يستغرب إذا وصلت خدمة أهل الصومال العلمية إلى كل ما له صلة بالإمام الشافعي رائد المدرسة، وإلى إنتاجه العلمي مثل كتابه (الأم) الذي يعتبر الأم في مجال الفقه وأحكام الشريعة المستنبطة من الكتاب والسنة أو كتابه "الرسالة" التي تتناول قضايا لها علاقة بعلم أصول الفقه.

ثانيا: جهود أهل الصومال في خدمة عموم المذهب:

وهذا القسم يخص خدمة عموم الفقه الشافعي، من حيث الدراسة والتأليف وتخريج النصوص وتحقيقها، وشرح المتون والتعليق عليها، وجمع القواعد والأقوال وتهذيبها ولملمتها، ثم عرضها على القراء متناسقة كدراسة مستقلة، كل ذلك على إطار المذهب الشافعي، وسنتعرض له من خلال النقاط الآتية كالتالي:

التأليف وإنتاج الكتب والرسائل الفقهية:

أما إذا رجعنا إلى جهود أهل العلم في الصومال تجاه المذهب الشافعي من حيث الإنتاج العلمي والثقافي بما له علاقة بالمذهب الشافعي فلا شك أنّها كثيرة ومن الصعب حصرها لازديادها يومًا بعد يوم.

وأود أن أشير هنا إلى بعض هذه الجهود التي بذلها علماء الصومال في هذا المجال فيما يلي:

- حاشية الشاشي للشيخ أحمد بن عثمان محمد الشاشي المقدشي المعروف (بأحمد منير) وهي حاشية وضعها الشيخ أحمد لتكون هوامش أو حاشيةً على كتاب (إعانة الطالب النَّاوي في شرح إرشاد الغاوي) لابن عبد الله الحسين بن أبي بكر النزيلي، وكانت هذه الحاشية مخطوطة عندما وقفتُ عليها، وقد بلغني قبل مدة بأنها نشرت في القاهرة والله أعلم. وأشار المؤلف إلى هذه الحاشية في مقدمة كتاب (إعانة الطالب الناوي) عند تحقيقه ودراسته له قائلًا: لي حاشية سميتها "حاشية الشاشي". وفضيلة الشيخ أحمد عثمان الشاشي له أيضًا إسهام آخر في مجال فقه المذهب الشافعي ككتاب: (الاعتماد في حلّ ألفاظ الإرشاد)، وهذا الكتاب يفسر ويبسط بعض الألفاظ الصعبة والغامضة في كتاب (إرشاد الغاوي إلى مسالك الحاوي) للإمام العلامة الفقيه شرف الدين أبي محمد إسماعيل بن أبي بكر ابن المقري الشافعي

الزبيدي اليمني المتوفى عام (٨٣٧ هـ) مع شرح لطيف، ويعتمد أهل الشافعية في الصومال غالبًا عليه، لكونه من أهم المختصرات في الفقه الشافعي.

- هداية المسترشد في نظم بداية المجتهد، للشيخ خضر السعدي، وهي منظومة في الخلاف العالي، نظم بها المؤلف كتاب بداية المجتهد لابن رشد، وتقع في ٢٤٤١ بيتًا، وطبع الكتاب بالقاهرة، دار الذخائر.
- فقه النوازل والمستجدات في المذهب الشافعي (تفاعل المذهب الشافعي مع الواقع الاجتماعي ومستجدات الحياة)، لفضيلة الدكتور محمد شيخ أحمد، مقديشو - الصومال، رجب عام ١٤٣٦هـ/ ٢٠١٥م.
- المصطلحات الفقهية في مذهب الشافعية، جمع وإعداد الشيخ عبدالله عبدالعزيز شري الصومالي. وهذا البحث يحاول الإسهام في كشف معاني المصطلحات والرموز الفقهية في مذهب الشافعي، ومن هنا تتبع الكاتب كتب المصطلحات الفقهية في داخل المذهب الشافعي وخارجه حتى اجتمعت عنده مادة لا بأس بها. ويصل هذا البحث قرابة سبعين صفحة، والبحث غير منشور.
- الفروع الفقهية المبنية على القياس في المذهب الشافعي - دراسة تطبيقية على كتاب المنهاج في باب المعاملات، لمختار نور عبده، رسالة ماجستير في أصول الفقه من شعبة أصول الفقه بكلية الشريعة والقانون بجامعة أفريقيا العالمية في السودان.
- الملخص المفيد فيما يحتاج إليه طلبة المذهب الشافعي، ألفه الشيخ محمد علي جامع من أهالي هرغيسا[1].
- الفوائد الرضية على الأرجوزة الميئية في نظم القواعد الفقهية على مذهب السادة الشافعية، لخضر حسن أحمد الإسحاقي الصومالي الشافعي، من منشورات مركز القرن للبحوث والدراسات والاستشارات الشرعية[2].
- الأوليات في المذهب الشافعي، وهو بحث صغير للأستاذ محمد بري علي، وهو منشور في الخزانة الصومالية التي أسسها الأستاذ نفسه عام ١٤٤١هـ.

---

(1) https://www.facebook.com/424557660984188/posts/424661687640452/

(٢) حقوق الطبع والنشر: مكتب الكرم للخدمات المتنوعة، هرغيسا -أرض الصومال.

مجال مختصرات الشافعية

وهي كثيرة جدا، ومن أهمها ما يلي:

١- كتاب "السَّفينة":

لا شك أنّ كتاب "سفينة النجاة" للشيخ الإمام سالم بن سمير الحضرمي المتوف عام (١٢٦٨ هـ) و"سفينة الصلاة " للشيخ الإمام عبد الله بن عمر بن يحيى الحضرمي المتوفى عام (١٢٦٥ هـ) من أكثر مختصرات الشافعية تداولًا في منطقة القرن الأفريقي، ومن هنا كان لأقلام أهل الصومال حضور كبير في خدمة كتاب السفينة بشقيه " النجاة " و"الصلاة ".

ولفقهاء الشافعية في القطر الصومالي جهود عظيمة في خدمة هذين الكتابين نذكر منها ما يلي:

- بشائر العلماء بدلائل الفقهاء على متن سفينة الصلاة وعلى متن سفينة النجاة للشخ الفقيه الشريف إبراهيم عبد الله علي السرماني الذي أنجز في الفترة الأخيرة عددًا من الكتب والرسائل العلمية وأغلبها فقهية، حيث قام بتحقيق كلا الكتابين وعلق عليهما، وبيّن أدلتهما من الكتاب والسنة والقياس والإجماع الوارد على مذهب الشافعي. ويقع هذا الكتاب في ١٢٨ صفحة، وطبع بمقديشو - الصومال، عام ١٤٢٨هـ/ ٢٠٠٠م، ويحتوي الكتاب على جزءين، وأضاف المؤلف في ذيل الكتاب خمس فوائد مهمة، ثم طبعته مكتبة السنة الإسلامية بمقديشو عام ٢٠١٨م في ١٧٥ صفحة تشتمل في ذيلها على تسع فوائد على (سفينة الصلاة) إضافة إلى فهرس المصادر والمراجع وترجمة المؤلف.

- ومن الدراسات العلمية الأخرى حول كتابي سفينة النجاة وسفينة الصلاة كتاب (ثمرات النجاة بتقريب فهم سفينة النجاة وسفينة الصلاة)، للشيخ أبي محمد محيي الدين بن أحمد بن علي المعروف بـ "معلم فارح"، وقد قدم الكاتب رسالته هذه على طريق السؤال والجواب مع تعليق وجيز موضح لبعض ما خفي معناه. وقد راجع

هذا الكتاب فضيلة الشيخ الشريف عبد الرحمن محمد إبراهيم، وطبع الطبعة الأولى عام ١٤٤١هـ الموافق ٢٠١٩م.

- كما اهتم فضيلة الدكتور أبو عبد الباري محمود محمد الشبلي بشرح كتاب السفينة حيث قام بشرحها في كتابه (الجواهر الثمينة في أدلة السفينة). ويمتاز كتاب الدكتور بمقدمة ضافية تحدث فيها عن ترجمة المؤلفين وخدمات العلماء لكتاب السفينة. ويُعدُّ كتاب الجواهر الثمينة باكورة من سلسلة المدرسة الشافعية التي يزمع فضيلته تحريرها، والكتاب من مطبوعات دار الجيل.

وما فعله أهل الصومال لم يكن بدعًا، بل هو اقتفاء لآثار من كان قبلهم من العلماء في العالم الإسلامي، مثل:

- كاشفة السجا شرح سفينة النجا، للعلامة محمد بن عمر بن نواوي الجاوي الشافعي (ت ١٣١٦هـ).

- نيل الرجاء بشرح سفينة النجاء، للشيخ الفقيه السيد أحمد بن عمر الشاطري الشافعي (ت ١٣٦٠هـ).

- نسيم الحياة على سفينة النجاة، للشيخ الفقيه عبد الله عوض بن مبارك بكير الشافعي (ت ١٣٩٩هـ).

- وسيلة الرجا بشرح سفينة النجا، لفضيلة الشيخ عثمان بن محمد بن سعيد تنكل الشافعي (ت ١٣٢٠هـ).

- غاية المنى شرح سفينة النجا، للشيخ الفقيه محمد بن علي بن محمد باعطية الدوعني الشافعي (ما زال حيًا).

- الدرة الثمينة حاشية على السفينة، للشيخ الفقيه أحمد بن محمد الحضراوي المكي الشافعي (ت ١٣٢٧هـ).

- تنوير الحجا نظم سفينة النجا، للشيخ العلامة أحمد بن صديق بن عبد الله اللاسمي الفاسورواني.

- ثم جاء العلامة محمد علي بن حسين بن إبراهيم المالكي (ت ١٣٦٨هـ)، فقام بشرح تنوير الحجا على كتابه "إنارة الدُّجَى على تنوير الحجا نظم سفينة النجا". ط/ ٢، ١٩٥٩م، ١٣٧٩هـ.
- وسيلة الرجاء شرح سفينة النجا، للشيخ حسن عمير الشيرازي، أحد العلماء في زنجبار (ت ١٣٩٩هـ).
- السبحة الثمينة في نظم السفينة، للشيخ أحمد مشهور طه (ت ١٤١٦هـ). وقام بشرحها الشيخ محمد باعطية الدوعني في كتابه الدرة اليتيمة في شرح السبحة الثمينة.

وكثرة اهتمام الفقهاء الشوافع بهذا الكتاب يدل على قيمة الكتاب العلمية، فمن العلماء من قام بشرح السفينة، فيما بعضهم كتب عليه حواشي، ومنهم من نَظَمَهُ شعرا كما سبق ذكره. ومما يلفت الانتباه أن هذه الخدمة قام بها علماء من بلاد متعددة ومن فقهاء ليسوا جميعا على المذهب الشافعي، كما ذكر ذلك صاحب كتاب "الدرة اليتيمة شرح السبحة الثمينة نظم السفينة"[1].

٢- كتاب "متن أبي شجاع":

متن أبي شجاح المعروف بـ (الغاية والتقريب) من أشهر المختصرات في الفقه الشافعي، وقد ألفه العلامة القاضي أبو شجاع أحمد بن الحسين بن أحمد الأصفهاني (ت ٥٩٣هـ) على مذهب الإمام الشافعي - رحمة الله عليه ورضوانه - في غاية الاختصار ونهاية الإيجاز؛ ليقرب على المتعلم درسه، ويسهل على المبتدئ حفظه؛ مع كثرة التقسيمات وحصر الخصال. ولعلماء القطر الصومالي جهود جبارة في حفظ هذا الكتاب وتدريسه والاعتناء به وبشروحه.

ومن ذلك ما وضعه الدكتور حسن معلم داود حاج محمد في شرح هذا الكتاب حيث سمّاه " الضوء اللماع على متن أبي شجاع "، وطبع في ١٤٣٣هـ، من مطبوعات دار الحديث والسنة، مقديشو –الصومال.

---

(١) الشيخ محمد بن علي بن محمد باعطية الدوعني: الدرة اليتيمة شرح السبحة الثمينة نظم السفينة،، ط/ ٣، عام ١٤٣٥هـ/ ٢٠١٤هـ، ص ٢١.

والمعلوم أن أغلب المذاهب الفقهية الكبيرة لها مختصرات معتبرة من الكتب، وكان للحنفية (مختصر القدوري)، وللمالكية (مختصر سيدي خليل)، وللحنابلة (مختصر الخرقي)، وللشافعية (سفينة النجاة)، و(سفينة الصلاة) و(متن أبي شجاع) المتقدمة أسماؤهم.

٣- كتاب "المنهاج" للنووي:

لا جدال بين أهل العلم في الصومال أن كتاب "منهاج الطالبين وعمدة المفتين"، للعلامة يحيى بن شرف محي الدين أبو زكريا النووي المتوفى عام ٦٧٦هـ/ ١٢٧٧م، هو أشهر كتاب في الفقه الشافعي قاطبة، ولما عرف الفقهاء بالصومال أهمية الكتاب، حتى انكبوا عليه، وحرصوا على تعلّمه وتدريسه، بحيث لا يفارقهم في حلقاتهم الفقهية، بل لا تجد زاوية أو رواقًا من أروقة العلم في بلاد الصومال إلا وكان يدرس في جنباته كتاب المنهاج بأقسامه الأربعة.. وكيف لا، والكتاب يُعدّ من أجل مصنفات الإمام النووي، بل وعُصارة سلسلة من المصنفات والمختصرات والمحرَّرات والشروح في الفقه الشافعي، بدءًا بكتاب (الأم) للإمام أبي عبد الله محمد بن إدريس الشافعيّ المطَّلِبيّ القرشيّ المتوفى عام ٢٠٤هـ/ ٨٢٠م، وذلك بعد ما اختصره أحد طلابه وهو العلامة أبو إبراهيم إسماعيل بن يحيى بن إسماعيل المزني المتوفى عام ٢٦٤هـ/ ٨٧٨م في كتابه المشتهر بـ" مختصر المزني". وجاء فيما بعد إمام الحرمين أبو المعالي عبد الملك بن عبد الله بن يوسف الجويني المتوفى عام ٤٧٨هـ/ ١١٨٥م فاختصر كتاب المزني في كتاب سماه "نهاية المطلب في دراية المذهب"، وهو كتاب كبير الحجم في أكثر من عشرين جزءًا. وبعد إمام الحرمين الجويني جاء العلامة أبو حامد محمد الغزّالي الطوسي النيسابوري المتوفى عام ٥٠٥هـ/ ١١١١م. واختصر الكتاب في كتاب سماه "البسيط"، ثم اختصر البسيط بكتاب آخر أطلق عليه: "الوسيط"؛ كما قام الإمام الغزالي باختصار كتابه "الوسيط" إلى كتاب "الوجيز". ولما جاء الإمام أبو القاسم عبد الكريم ابن أبي الفضل القزويني الرافعي المتوفى عام ٦٢٣هـ/ ١٢٢٦م وضع شرحين لكتاب "الوجيز" الأول: سماه "الشرح الكبير في فروع المذهب"، أو "فتح العزيز شرح الوجيز"، ويسمى أيضًا "الفتح العزيز". والثاني: سماه "الشرح

الصغير". ثم شرع الإمام الرافعي في اختصار كتاب "الوجيز" فأطلق عليه "المحَرَّر في فقه الإمام الشافعي"[1].

وقد اختصر الإمام النووي بدروه كتاب الرافعي " المحرر " في كتابه " منهاج الطالبين وعمدة المفتين " الذي جاء في غاية الحسن والبيان، والتحرير والإتقان.

وكتاب "المنهاج" يُعدُّ من أجل كتب الفقه، وفي طليعة كتب الشافعية التي تدرس في الحلقات العلمية في الصومال حتى يومنا هذا. وقد اعتنى العلماء والفقهاء به ليس في تعلّمه وتدريسه فحسب، وإنّما في خدمته وشرح ألفاظه ومعانيه، وكل ما له علاقة في خدمة المصنفات الفقهية.

وعلى درب الشافعية في العالم الإسلامي سار أهل العلم في الصومال حيث ألفوا رسائل علمية في مجال الفقه وخاصة حول كتاب المنهاج ليستفيد منها طلبة العلم، ومن ذلك ما يلي:

- غاية المرام في حل ألفاظ مقدمة المنهاج للشيخ علي سمنتر بن حسن الشافعي الأشعري القادري؛ حيث حاول الشيخ تفسير وتبسيط بعض الألفاظ الواردة في كتاب المنهاج في المذهب الشافعي المشهور في القطر الصومالي، وطبع بمقديشو على نفقة الشيخ أحمد بن الشيخ علي سمنتر.
- الإبهاج بشرح مقدمة المنهاج للشيخ أحمد عبدل عمر المشهور بـ "شوباي الشافعي" وطبع بمكتبة دار الحنين للطباعة والنشر في مقديشو – الصومال، عام ١٤٤٠هـ /٢٠١٨م.
- نور الابتهاج في بعض قواعد المنهاج، للشيخ أحمد عبدل عمر المشهور بـ "شوباي الشافعي"، وهذه الرسالة ملحقة بكتاب الإبهاج بشرح مقدمة المنهاج للمؤلف والسابق ذكره.

---

(١) مقدمة كتاب (منهاج الطالبين وعمدة المفتين)، للمحقق محمدمحمد طاهرشعبان، ص ١٥، دار المنهاج ، ط/ ١، ١٤٢٦/ ٢٠٠٥م، بيروت - لبنان.

- فتح الرّتاج في شرح مقدمة المنهاج، للباحث الشيخ عبد الله علي برخدلي، وطبع الكتاب مقديشو –الصومال، ط/٦، شهر صفر عام ١٤٣٩هـ/ شهر أكتوبر عام ٢٠١٧م.

- معين المحتاج إلى قواعد المنهاج، للشيخ إبراهيم بن عبد الله بن إبراهيم الشافعي الأشعري الصالحي الصومالي، وحقق هذا الكتاب مصطفى الشيخ حسن الشيخ يوسف، وقد اعتنى بتصحيحه الشيخ أبيكر بن علي، وهو من مطبوعات دار الحسين للطباعة والنشر في مقديشو–الصومال، ط/ ٢ عام ٢٠١٩م.

- كفاية المحتاج إلى فوائد المنهاج، للشيخ عيسى صبري جيدي الملقب بـ "شيخ عيسى أنوار". وكتاب كفاية المحتاج إلى فوائد المنهاج هو من نكت وفوائد الشيخ محمود بن علي وعيس المستخرجة عن دروسه خاصة عند دراسته للمنهاج فجمعه الأخ الشيخ عيسى أنوار الذي هو أحد تلاميذ الشيخ وجعله كتابًا كاملًا مرتبًا بترتيب المنهاج من تقديم العبادة وما يتعلق بها من القواعد والضروب والصور، ثم أبواب الفقه الأخرى كالبيع والنكاح والجراحة وغير ذلك. ويمتاز الكتاب عن غيره من الكتب أنه يداوي الاعتراضات الواردة في الكتاب معتمدًا على حاشيتي (التحفة) للهيتمي و(النهاية) للرملي. ومن خدمات الشيخ عيسى صبري في كتاب المنهاج أيضًا، أنه بيَّن أوجه الإعراب إن كان في نسخة المنهاج لفظ له إعراب. وعلى كل حال، فما كتبه الجامع –وهو الشيخ عيسى –ما هي إلا أنّه نقل من شيخه، كما قال ذلك نفسه: "وما لي إلا النقل من شيخنا العلامة، والبحر الفهامة، فريد عصره، ووحيد دهره شيخ الشيوخ والتدريس، الشيخ محمود بن علي بن وعيس، طول الله عمره بجوده، وأنجح في الدارين مقصوده، ونفعنا بعلومه وأمداده، آمين وبالله التوفيق، عليه توكلت وإليه أنيب ولا حول ولا قوة إلا بالله العلي العظيم". وقد طبع الكتاب طبعته الأولى، في مقديشو، عام ١٤٤٠/٢٠١٨م.

- النجم الوهاج بشرح خطبة المنهاج، ويليه عون المحتاج للمريد بفرائض المنهاج وكلاهما لإبراهيم بن عبد الله بن معلم إبراهيم الشافعي الصالحي القوليدي، من

تلاميذ الشيخ الكبير العارف أبيكر بن علي رحمه الله تعالى، وطبع الكتاب في شهر شعبان عام ١٤٢٩هـ الموافق شهر أغسطس عام ٢٠٠٨م. وقد قام الشيخ أبيكر بن علي بتصحيح الكتاب قبل وفاته.

- القواعد الأصولية من خلال كتاب حاشية الجمل على شرح المنهاج للعجيلي الشافعي لفضيلة الشيخ عبد الرزاق حسين عيسى، وهو بحث تقدم به الشيخ لنيل درجة الماجستير في الفقه وأصوله من جامعة أم درمان الإسلامية بالسودان، وكانت دراسة الشيخ دراسة تطبيقية أصولية في كتابي الطهارة والصلاة من الكتاب السابق المذكور.

أهمية كتاب المنهاج وعناية العلماء به

ولا يستغرب ما سبق ذكره من فقهاء وعلماء بلاد الصومال لأنّ كتاب (منهاج الطالبين وعمدة المفتين) هو كتاب من أجل مصنفات الإمام أبو زكريا يحيى بن الشرف النووي، والحرص عليه والعناية به لا يقتصر فقط على أهل الصومال، وإنّما قبل ذلك اعتنى عليه جماعة من كبار الشافعية ما بين شارح ومختصر، ومن شروحه.

اعتنى الفقهاء وخاصة الشافعية بخدمة كتاب منهاج الطالبين للنووي في قوالب مختلفة، سواء في تحقيق الكتاب وشرحه، أو في تهذيبه وتذييله؛ فالعلماء والفقهاء لم يقتصروا على شرح المنهاج فحسب، بل إنّ منهم من وضع للكتاب الحواشي، كما أنّ هناك من نظَّم الكتاب، وغير ذلك، وكل ذلك تمَّ لتبيان ما يحتويه كتاب المنهاج من مسائل فقهية. وإذا كان الإمام النووي قد استخلص كتابه "المنهاج" من كتاب "المحرر" للإمام الرافعي، فإنّ عمله لم يتوقف على ذلك، بل إنّ النووي نفسه أول من خدم كتابه المنهاج عندما صنف كتاب "دقائق المنهاج"، وهو شرح لألفاظ مُصَنَّفِه (المنهاج)، محللًا دقائقه ومبينًا الفرق بين ألفاظه وألفاظ أصله المسمى بالمحرر للإمام أبي القاسم الرافعي، الذي أشرنا إليه من قبل. ولم يكتف النووي بذلك وإنّما أيضًا وضع شرحًا لدقائق المنهاج، فسماه "السِّراج الوهاج في إيضاح المنهاج". ثم جاء بعد النووي عدد كبير من الفقهاء الذين قاموا بخدمة الكتاب، ومن هؤلاء:

- تحفة المحتاج شرح المنهاج للإمام ابن حجر الهيتمي (ت ٩٧٣هـ).
- نهاية المحتاج شرح المنهاج للإمام الشمس الرملي (ت ١٠٠٤هـ).

- مغني المحتاج إلى معرفة ألفاظ المنهاج للإمام الخطيب الشربيني (ت ٩٧٧هـ).
- كنز الراغبين شرح منهاج الطالبين للإمام جلال الدين المحلي (ت ٨٦٤هـ).
- النجم الوهاج في شرح المنهاج للإمام كمال الدين الدميري (ت ٨٠٨هـ).
- عجالة المحتاج إلى توجيه المنهاج للإمام ابن الملقن (ت ٨٠٤هـ).
- زاد المحتاج إلى فهم مقاصد المنهاج للشيخ عبد الله بن الشيخ حسن الكهوجي (وفي عام ١٣٥٨هـ كان ينشر العلم مع بذل الجهد في تأليف الكتب).
- السراج الوهَّاج على متن المنهاج للشيخ محمد الزهري الغمراوي (ت ١٣٣٧هـ).
- دليل المحتاج شرح المنهاج للشيخ رجب نوري مشوح.
- إفادة الراغبين شرح وأدلة منهاج الطالبين للدكتور مصطفى البغا.
- السراج الوهاج في إيضاح المنهاج، للشيخ بهاء الدين أبي العباس أحمد بن أبي بكر السَّكَندري (ت ٧٢٠ هـ).
- التوشيح على التنبيه والتصحيح والمنهاج، للإمام تاج الدين السبكي (ت ٧٧٠هـ).
- غاية اللهاج في شرح المنهاج، للشيخ ابن الموصلي (ت ٧٧٤هـ).
- غنية المحتاج إلى شرح المنهاج، للموصلي أيضًا.
- قوت المحتاج في شرح المنهاج، للإمام شهاب الدين الأذرعي (ت ٧٨٣هـ).
- الديباج في توضيح المنهاج، للإمام بدر الدين الزركشي (ت ٧٩٤هـ).
- المعتبر في تخريج أحاديث المنهاج، للزركشي أيضًا.

وهذا الحرص الكبير على كتاب المنهاج يدل على أهميته وقيمته العلمية، وهو السر الذي جعل أهل الصومال يتعلقون به بحيث لا يوجد عالمًا من العلماء إلا وقد درسه، بل لا يخلو كتاب المنهاج من حلقة علمية يدرس فيها الفقه الشافعي في عموم بلاد الصومال.

وقد وصلت الجهود العلمية التي بذلها – وما زال يبذلها - أهل العلم في بلاد الصومال تجاه خدمة المذهب الشافعي إلى مجال تحقيق التراث، وتقديم الدراسات العلمية الوافية للمصادر الفقهية التي لها علاقة بالمذهب الشافعي وما أكثر ذلك وليس فقط فيما يتعلق بعلم الفرائض والمواريث كما سيأتي فيما بعد لاحقًا، ولكن في البداية ينبغي أن نشير إلى حرص بعض الكتاب والباحثين من أهل الصومال على إخراج مصنفات أحد أكابر شيوخ الشافعية المرموقين وتحقيق تراثه، بحيث ركز هؤلاء على تحقيق ما أنتج شيخ الشافعية في زمانه العلامة الفقيه عمر بن علي بن أحمد الأنصاري الشافعي سراج الدين، أبو حفص ابن النحوي، المعروف بابن الملقن (ت ٨٠٤هـ)، صاحب التصانيف العديدة حتى قيل إنّ له نحو ثلاثمائة مصنف، فشرح كثيرًا من الكتب المشهورة كـ(المنهاج) و(التنبيه) و(الحاوي) وغيرها، كما شرح البخاري وغيره. وابن الملقن هو الذي تتلمذت عليه جهابذة الشافعية أمثال العلامة إبراهيم بن إسحاق ابن شرف الدين المناوي أحد فضلاء الشافعية كما ذكر ذلك المحدث العراقي، وأحمد بن علي العسقلاني الشهير بابن حجر وغيره. ولا شك أنّه استحق أن تتجه إليه أنظار بعض الباحثين إلى إنتاجه العلمي.

- ومن هؤلاء الذين ألقوا على عاتقهم خدمة تراث العلامة ابن الملقن، فضيلة الدكتور المحدث الشيخ الراحل أحمد حاج عبد الرحمن محمد حرسي - رحمه الله - بحيث قام فضيلته بتحقيق ودراسة كتابه (الإعلام بفوائد عمدة الأحكام)، وخلالها شرع فضيلته في تحقيق الكتاب بدءًا من باب الوتر إلى كتاب الجنائز، مع دراسة علمية حول الكتاب وترجمة مؤلف الأصل المشروح وهو الشيخ عبد الغني المقدسي صاحب كتاب" عمدة الأحكام"، ثم ترجم فضيلة الدكتور لابن الملقن شارح العمدة . كما قام المؤلف قام بدراسة وافية حول شروح العمدة وبيان المطبوع منها والمخطوط، وبالأخصّ شرح ابن الملقن الذي نحن بصدد الحديث عنه. والكتاب عبارة عن رسالة علمية نال المرحوم بها درجة الماجستير في علوم الحديث من قسم الكتاب والسنة بكلية الدعوة وأصول الدين بجامعة أم القرى في المملكة العربية السعودية.

- ومنهم فضيلة الدكتور عمر علي عبد الله محمد الذي أنجز بحثًا علميًّا فريدًا وهو عبارة عن دراسة وتحقيق لكتاب (البدر المنير في تخريج الأحاديث والآثار الواقعة في الشرح الكبير، لابن الملقن، من باب سجود السّهو وقبل صلاة الخوف، دراسة وتحقيق)، وهو بحث نال فضيلته من خلاله درجة الدكتوراه من الجامعة الإسلامية بالمدينة المنورة في المملكة العربية السعودية. وقد قام فضيلته فيه بتعريف كلٍّ من الإمامين الرافعي وكتابه الشرح الكبير، والإمام ابن الملقن وكتابه البدر المنير. وقد اشتمل الكتاب على تحقيق الكتب والأبواب التالية: سجود السهو، سجود التلاوة والشكر، كتاب صلاة الجماعة، صلاة المسافرين، الجمعة، وكل هذه الأبواب في مجال الفقه وأحكام الإسلام، والجدير بالذكر أنّ كتاب صلاة الخوف غير داخل في التحقيق.

- وإذا كان كتاب (الإعلام بفوائد عمدة الأحكام) وكتاب (البدر المنير في تخريج الأحاديث والآثار الواقعة في الشرح الكبير) عبارة عن كتابين منفصلين ولكنهما لمؤلف واحد وهو العلامة الفقيه ابن الملقن، فإنّ هناك مصنفًا واحدًا للمؤلف نفسه اتجهت إليه أنظار لفيف من الباحثين الصوماليين لخدمته وإظهار كنوزه، ولعل ذلك يكون من باب الصدفة ولكنه ليس من الغرابة أن تتجه أقلام الباحثين إلى مصنف واحد لغرض تحقيقه وإخراج مكنونه العلمي إلى النور مثل كتاب (التوضيح شرح الجامع الصحيح) لابن الملقن؛ وذلك لكبر حجمه وكثرة أوراقه ولوحاته المخطوطة. ومن هؤلاء الباحثين من أهل الصومال فضيلة الدكتور الشريف عثمان أحمد السقاف حيث قام بتحقيق ودراسة كتاب (التوضيح شرح الجامع الصحيح لابن الملقن - دراسة وتحقيق كتاب المغازي)، وعبر هذا العلم الجليل ومؤلفه القيم نال فضيلته درجة الدكتوراه في علوم الحديث من قسم الكتاب والسنة بكلية الدعوة وأصول الدين بجامعة أم القرى في المملكة العربية السعودية.

- وكذلك عمل فضيلة الدكتور يوسف محمد علمي على تحقيق علمي ودراسة وافية لكتاب (التوضيح شرح الجامع الصحيح) لابن الملقن المتوفى سنة ٨٠٤ هـ دراسة وتحقيق كتاب الإيمان، وكما ذكرنا من قبل فالكتاب شرح لصحيح

البخاري لاسيما كتاب الإيمان الذي يضم ٥٢ بابًا من الإيمان، ويورد المؤلف أقوالًا كثيرةً في مذهب أهل السنة والجماعة. ويمتاز الكتاب بأنه يتعرض إلى أشياء كثيرة مهمة مثل الرجال وتراجمهم وتاريخهم جرحًا وتعديلًا، ثم يتناول الحديث وموارده في صحيح البخاري ومسلم، وغيرهما. ثم يتعرض لألفاظ الحديث من حيث اللغة ويقوم بشرحها ويورد أغلب أقوال أهل اللغة. كما يورد الأحكام والفوائد التي تؤخذ من الأحاديث، علمًا بأن المؤلف نال من خلال هذا البحث درجة الماجستير في العقيدة من كلية الدعوة وأصول الدين بجامعة أم القرى بمكة المكرمة، ويقع الكتاب في حوالي ٧٠٠ صفحة تقريبًا.

- ومن الباحثين الصوماليين الذين شرعوا في تحقيق كتاب ابن الملقن المشار إليه آنفًا الباحث الأستاذ جامع فارح جاس حيث قام بتحقيق جزء من كتاب (التوضيح شرح الجامع الصحيح) لابن الملقن، ولكن من باب الصبر عند الصدمة الأولى من كتاب الجنائز إلى آخر باب صدقة السر في ٨٤ لوحة. وعلى كل حال فالكتاب جهد علمي قام به الباحث بعد تحقيق جزء كبير من الكتاب المذكور آنفًا تحقيقًا علميًّا، ودراسة علمية، ونال من خلال هذا البحث درجة الماجستير في الحديث بقسم الكتاب والسنة بكلية الدعوة وأصول الدين بجامعة أم القرى في مكة المكرمة.

- وليس معنى ذلك بأنّ عملية التحقيق اقتصرت على مصنفات الفقيه ابن الملقن، ولكن هدفنا كان أن نشير إلى تلك الجهود من الباحثين وأهل العلم الصوماليين في خدمة تراث أئمة الشافعية وأعلامهم المرموقين كابن الملقن وغيره، لا سيما وأن لدينا نماذج كثيرة تبرهن على ذلك بحيث نجد أيضًا جهودًا علميةً قام بها الباحثون، مثل ذلك الجهد العلمي الرصين الذي قام به الباحث القدير الأستاذ أحمد عبد حيفو حيث قام بدراسة عميقة لكتاب (إحكام الأحكام شرح عمدة الأحكام) لأحد الفقهاء الشافعية المشهورين وهو الحافظ تقي الدين محمد بن علي القشيري المعروف بابن دقيق العيد (ت ٧٠٢هـ) من بداية كتاب النكاح إلى نهاية الكتاب، وأصل هذه الدراسة رسالة علمية قدمها الأستاذ أحمد إلى قسم فقه السنة بكلية الحديث والدراسات الإسلامية بالجامعة الإسلامية في المدينة المنورة

بالمملكة العربية السعودية لنيل الدرجة العالمية الماجستير. ومما يرفع دراسة هذا الكتاب بأنّ مؤلفه كان مالكيًا قبل أن يكون شافعي المذهب والمشرب.

- وفيما مضى ذكرنا بعض الجهود العلمية التي قام بها فضيلة الشيخ أحمد عثمان محمد الشاشي المقدشي المعروف بأحمد منير، وفي حينها أشرنا إلى ما قام به فضيلته من خدماته العلمية الجليلة للمذهب الشافعي عبر كتاباته وإبداعاته الفقهية، ولكننا نشير هنا فقط إلى جهده في مجال التحقيق ودراسة المصنفات في المذهب الشافعي الذي خلفه علماؤنا وأئمتنا في المذهب المذكور، ومن ذلك قيام فضيلته - حفظه الله - بتحقيق كتاب (إعانة الطالب النَّاوي شرح إرشاد الغاوي في مسالك الحاوي)، لأبي عبد الله الحسين بن أبي بكر بن إبراهيم النزيلي. وهذا الكتاب حققه فضيلة الشيخ أحمد بن عثمان بن محمد الشاشي المقدشي بالاشتراك مع فضيلة الشيخ محمود عبد المتجلي خليفة - عضو لجنة الفتوى بالأزهر الشريف، ومبعوث الأزهر إلى الصومال سابقًا - وقام فضيلته خلال تحقيقه بتوضيح بعض المعاني والألفاظ، ومعالجة الإشكال ... ولا شك أننا بحاجة ماسة إلى مثل هذا الشرح الثمين، إذ يستعين به كل من صعب عليه فهم المتن. وقد اعتمد الشيخ أحمد بن عثمان بن محمد الشاشي المقدشي خلال تحقيقه لهذا الشرح النفيس على ثلاث نسخ ليقابل بعضها على بعض، وبذل جهدًا كبيرًا في سبيل مراجعة الكتاب وتحقيقه وتصحيحه، ولكنه لم يكمل تحقيق كل الكتاب الذي بدأ أيام إقامته في مصر، حيث أحال ذلك على أحد الأعلام المصريين وزميله السابق فضيلة الدكتور الشيخ محمود عبد المتجلي خليفة ليكمل ما بقي من الكتاب، وأن يعيد النظرة فيما حققه، وهو أهل لذلك، حيث حقق - بدوره - أصول الكتاب وحرر ألفاظه، واجتهد في إخراج الكتاب على الصورة التي أرادها مؤلفه، وكلا المحققين كلفهما فضيلة الشيخ محمد أحمد محمود المشهور بالشيخ أبا - رحمه الله - ليقوما بتحقيق الكتاب. ولا شك أن الشيخ أحمد بن عثمان قد قام بعمل جليل ووضع مقدمة مفيدة أعطى فيها نبذة عن الكتاب ومؤلفه ونُسخِه، والمنهج الذي اتبعه خلال تحقيقه وتصحيحه، كما قدم ترجمة ضافيةً للمؤلف، وتعريفًا لمؤلف متن الإرشاد، والكتاب يتكون من مجلدين ضخمين كبيرين وطبع بالقاهرة في مصر سنة ١٤١٥هـ الموافق سنة ١٩٩٥م.

- ومن هذه الجهود العلمية التي بذلها أهل الصومال في هذا المضمار ما قام به الشيخ إبراهيم شيخ إسحاق في تحقيق كتاب: (مختصر قواعد الزركشى) لعبد الوهاب أحمد بن على الشعرانى (٩٧٣هـ). واستطاع الشيخ إبراهيم أن يخرج هذا الكتاب إخراجًا علميًا، مع التحقيق والتدقيق والدراسة حول المؤلف وكتابه.

- واستطاع فضيلة الدكتور الشيخ الأصولي أحمد حاج محمد شيخ ماحي، إنجاز مشروع علمي متعلق بكتاب (الفرائض والوصايا) من (الحاوي الكبير) للإمام الماوردي أبي الحسن على بن محمد الماوردي (٣٦٤ - ٤٥٠هـ)، وقد استطاع فضيلة الدكتور تحقيق الكتاب ودراسته، علمًا بأنّ الكتاب ينقسم إلى قسمين: القسم الأول قام الباحث فيه بدراسة حول الكتاب ومؤلفه من ذكر اسمه وكنيته ولقبه ونشأته وحياته وشيوخه وتلاميذه، ومنزلته العلمية وآثاره العلمية، مع دراسة حول (كتاب الحاوي الكبير) لا سيما كتابي الفرائض والوصايا، مبينًا منهجه في كتابه، ومصادره، والنسخ الخطية التي اعتمد عليها أثناء تحقيق جزء من كتاب (الحاوي الكبير)، وخاصة كتابي (الفرائض والوصايا). كما تطرق المؤلف إلى كتاب الوصايا من الكتاب نفسه، فتناول كتاب الوصايا وما يتعلق به من الوصية للقرابة، وما يكون رجوعًا في الوصية، والمرض الذي تجوز فيه الوصية، وما لا يجوز في الوصية. ويقع هذا الكتاب في ثلاثة مجلدات كبيرة. واستطاع فضيلة الدكتور الشيخ أحمد ماح محمد شيخ كما ذكرنا سابقا إخراج هذا الكتاب وتحقيقه مع مجموعة من الباحثين مثل: محمود مطرجي، ياسين ناصر محمود، عبد الرحمن عبد الرحمن با شميلة الأهدل. وبعد طبع الكتاب أصبح عبارة عن عدة مجلدات وفي ١١٣٣٢ صفحة، وقد نشر بدار الفكر في دمشق بسوريا. والكتاب الذي أخرجه الشيخ أحمد ماح وزملاؤه يتناول الفقه الإسلامي وأصوله.

- وفي مجال الدراسة وتحقيق تراث الشافعية أيضًا قام فضيلة الدكتور أحمد حاج محمد عثمان جوليد المشهور بالشيخ "أحمد إمام" بدراسة وتحقيق كتاب (زهر الرياض في رد ما شنَّعه القاضي عياض على من أوجب الصلاة على البشير النذير في التشهد الأخير) للعلامة محمد بن محمد بن خيضر قطب الدين الخيضري

الشافعي المتوفى سنة ٨٩٤هـ. وكان دور الشيخ أحمد إمام دراسة هذا الكتاب وتحقيقه وتصحيحه بل وإخراجه كما أراد المؤلف، بالإضافة إلى أنّه قام بترجمة وافية للمؤلف، غير أنه قبل أن يقوم بهذا الدور العلمي كتب مقدمة نفيسة تعطى القارئ فكرة جيدة عن المسألة التي تناولها الكتاب أو يدور محور الكتاب في معالجته. والحقيقة إنّ هذه المقدمة التي وضعها فضيلة الدكتور مفيدةٌ جدًا، وقد بلور فيها ما قام به الإمام الشافعي في المسألة التي يناقشها الكتاب وهي الصلاة على النبي في التشهد الأخير؛ حكمها الفقهي والآراء التي وردت فيها، لاسيما الرد الشنيع الذي قام به العلامة القاضي عياض على الإمام الشافعي. وكذلك قام فضيلة الدكتور بدراسة مستفيضة حول المؤلف وكتابه بعد هذه المقدمة القيمة، حيث قدم ترجمة ضافية للعلامة الشيخ محمد بن محمد بن خيضر قطب الدين الخيضري الشافعي المتوفى عام (٨٩٤ هـ)، وجعل مبحثًا خاصًا بها. كما قدم مبحثًا مستقلًا حول الخلاف في المسألة التي يدور الكتاب حولها. وفي المبحث الأخير قام المحقق بوصف النسخ الخطية للكتاب، مما يبرهن خبرة الشيخ أحمد بهذا المجال وعلمه الغزير في تحقيق المخطوطات. وأماكن وجودها ومستواها العلمي، وكذلك الخطوط وما يتعلق بها. وعند تحقيق نص الكتاب أبدع فضيلة الدكتور في أن يبرز الكتاب كما أراده المؤلف، كما علق على كل ما يحتاج لتعليق، وتحقيق ما يلزم تحقيقه من الأعلام، والأماكن، وتفسير المبهمات. والكتاب يقع في ١٦٧ صفحة، وطبع بمطابع أضواء السلف بالرياض عام ١٤٢٥هـ - ٢٠٠٥م الطبعة الأولى.

وهذا النوع من الدراسات والبحوث العلمية التي أنجزها أهل الصومال إن دلّت على شيء فإنّما تدل على مدى اهتمامهم بالمذهب وبراعتهم في مجال تحقيق التراث الإسلامي المتعلق بالفقه وأصوله، لاسيما فيما يخصّ المذهب الشافعي، وأنّ لهم حظًا كبيرًا في ذلك.

مجال الفتوى والاستفتاء

يتمتع الفقه الإسلامي بمسائل كثيرة ومتنوعة مما له علاقة بجميع ميادين الحياة، بل ويندرج تحت علم الفقه وأصوله أمورًا منها الفتوى والإفتاء، والتي تعدّ من القنوات الفقهية المعروفة بحيث كانت مزدهرة في الأروقة والمراكز العلمية في بلاد الصومال

كغيرها من البلدان الإسلامية الأخرى، بل لم يكن هذا النشاط العلمي يخلو من الحلقات والاجتماعات الثقافية والعلمية التي كانت تعقد في البلاد، وخاصة أنّ الأمة لم تكن تستغني عن هذا المجال لحاجتها إليه في ممارساتها اليومية لتستنير الطريق به حتى البلوغ إلى المراتب العليا ويزيد الإيمان ولا ينقص. وإنّ أهل العلم والاجتهاد في الصومال تطرقوا إلى هذا الباب الواسع للحاجة إليه - كما أشرنا من قبل - ولم يكونوا عاكفين على التدريس وإلقاء الدروس فحسب، وإنما كانوا يدلون بدلوهم في هذا الميدان متقيدين في فتاويهم على الأغلب بالمذهب الشافعي، كما سنرى في السطور القادمة.

والفتوى هي بيان حكم الله تعالى بمقتضى الأدلة، ومن هنا لم يكن غريبًا قول الإمام النووي "إنّ الإفتاء عظيم الخطر، كبير الموقع، كثير الفضل، لأنّ المفتي وارث الأنبياء صلوات الله وسلامه عليهم .." [1].

وعلى هذا التعريف لم تكن مسألة الإفتاء هينة بل هي عظيمة الخطر، كبيرة الموقع، رغم أنّها كثيرة الفضل إذا وفق الله عبده فيها، لأنّ المفتي وارث الأنبياء صلوات الله وسلامه عليهم، كما ورد ذلك في مقدمة الإمام النووي رحمه الله في كتابه (المجموع شرح المهذب) [2].

وكان سلفنا الصالح من الصحابة والتابعين وأئمة الدين يكرهون التَّسَرُّع في الفتوى، ويود كل واحد منهم أن يكفيه إياها غيرُه، فإذا رأى أنها قد تعينت عليه بذل اجتهاده في معرفة حكمها من الكتاب والسنة وأقوال الخلفاء الراشدين وغيرهم من الصحابة والتابعين ثم أفتى، والحق أنّهم كانوا – أي السلف الصالح رضي الله عنهم - يتهيَّبونها، ويودّون أن لو كفوا مؤونتها، ويقول أحدهم وهو عبدالرحمن بن أبي ليلى: "أدركت عشرين ومائة من أصحاب رسول الله ﷺ ما منهم من محدث إلاّ ودّ أن أخاه كفاه الحديث، ولا مفتٍ إلا ودّ أن أخاه كفاه الفتوى" [3].

---

(١) النووي، أبو زكريا يحيى بن شرف الدمشقي (ت ٦٧٦هـ): آداب الفتوى والمفتي والمستفتي، عناية بسام الوهاب الجابي، ط/ ١، عام ١٤٠٨هـ/ ١٩٨٨م.دار الفكر، دمشق – سوريا ص ١٣.

(٢) النووي، أبو زكريا يحيى بن شرف الدمشقي (ت ٦٧٦هـ): المجموع في شرح المهذب للشيرازي، حققه محمد نجيب المطيعي، مكتبة الإرشاد، جدة، الجزء الأول، ص٧٢.

(٣) أخرجه الدارمي في سننه في باب "من هاب الفتيا وكره التنطع والتبدع".

وهكذا كان يرى العلماء حتى وصل الأمر إلى أن اعتبر أحدهم وهو الإمام الجليل ابن القيم الجوزية أبو عبد الله شمس الدين محمد بن أبي بكر المفتي مُوَقِّعًا عن الله سبحانه وتعالى فيما يفتي به، وألف في ذلك كتابه القيم " إعلام الـمُـوَقِّعِين عن رب العالمين".

ومن هنا لم يأت من فراغ عندما تحاشى العلماء في الصومال وغيرهم عن مزاولة الفتوى والإسراع إليها إلا لضرورة قاسية، بل كان بعضهم يتوقف عنها فلا يجيب بل يحيل إلى غيره أو يقول: لا أدري - خلافًا لما نشهده اليوم من التسرع وعدم الانضباط في مسائل الفتوى. أما العلماء الربانيون فكيف لا يتهيَّبون في ذلك وأمامهم قول إمامهم في المذهب، وهو الإمام الشافعي - رحمه الله - الذي قال: "لا يحل لأحد يفتي في دين الله إلا رجلًا عارفًا بكتاب الله: بناسخه ومنسوخه، وبمحكمه ومتشابهه، وتأويله وتنزيله، ومَكِيِّه ومَدَنِيِّه، وما أريد به، وفيما أنزل، ثم يكون بعد ذلك بصيرًا بحديث رسول الله ﷺ، وبالناسخ والمنسوخ، ويعرف من الحديث مثل ما عرف من القرآن، ويكون بصيرًا باللغة، بصيرًا بالشعر، وما يحتاج إليه للعلم والقرآن، ويستعمل مع هذا الإنصاف، وقلة الكلام، ويكون بعد هذا مشرفًا على اختلاف أهل الأمصار، وتكون له قريحة بعد هذا، فإذا كان هذا هكذا فله أن يتكلم ويفتي في الحلال والحرام، وإذا لم يكن هكذا فله أن يتكلم في العلم ولا يفتي"(1).

ومن الأهمية بمكان معرفة حقّ هذا المنصب العظيم، وأدب هذا المقام الرّفيع؛ حتّى تحفظ له حرمته، ويراعى حقّ أهله والقائمين به، وكان العالم يلجأ إليها إذا أحسّ بأنّ زهده عنها بمثابة كتمان العلم والحقيقة مع عدم نسيانهم أنّ أمرها خطير؛ وخاصة إذا عرفنا أنّ الله سبحانه وتعالى تولى أمرها كما قال تعالى: ﴿ وَيَسْتَفْتُونَكَ فِي ٱلنِّسَآءِ ۖ قُلِ ٱللَّهُ يُفْتِيكُمْ فِيهِنَّ ...﴿١٢٧﴾ ﴾ [النساء] .

أما الاستفتاء فهي عبارة عن طلب الفتوى التي هي من أهم سبل التعلم، إذ إن جميع فئات المجتمع المسلم قديمًا وحديثًا تشترك في اتخاذها سبيلًا له، ولهذه الحاجة والمكانة التي تبوأتها الفتوى عُنيَ بها العلماء عناية عظيمة، فبحثوا مسائلها في أبواب أصول الفقه، كما

---

(١) البغدادي، أبو بكر أحمد بن علي بن ثابت المعروف بالخطيب البغدادي: صحيح الفقيه والمتفقه، دار الوطن، الرياض، ط/ ١، عام ١٤١٨هـ/ ١٩٩٧م. ص٣٩٠.

صنفوا فيها التصانيف المختلفة؛ المطولة منها والمختصرة، وما ذلك إلا لأهمية موضوع الفتيا وحاجة الأمة إليه، بالإضافة إلى خطورتها، لذلك وضع عدد كبير من العلماء قديمًا وحديثًا مصنفات تتناول مسألة الفتوى وآداب المفتي والمستفتي. وليست من الغرابة إذا صنَّف أهل العلم عمومًا في أمر الفتوى والمفتي والمستفتي لأنّ الأمر يتعلق بالدين الإسلامي وأحكام الشريعة.

ومن هؤلاء العلماء العلامة أبو القاسم عبد الواحد بن الحسين بن محمد الصَّيمري صاحب كتاب (أدب المفتي والمستفتي)، والحافظ أحمد بن علي بن ثابت أبو بكر الخطيب البغدادي الذي وضع كتابه (الفَقِيه والمتفقِّه). ثم جاء العلامة يحيى بن شرف النووي أبو زكريا الشافعي الدمشقي، وقد استفاد من المصنفات الثلاثة السابقة بعد مطالعته إياها ثم قام بتلخيص ما رود فيهم مستوعبًا لخلاصة كل ما ذكروه مع الإضافة إليها نفائس من متفرقات كلام الأصحاب -كما ذكر نفسه - في كتابه (آداب الفتوى والمفتي والمستفتي)[1].

ولأهمية مسألة الفتوى لم تتوقف مواهب العلماء في تصنيف المصنفات عنها بحيث شرع أغلب علماء الإسلام - قديمًا وحديثًا - في تأليف الرسائل والكتب عنها موضحين خطر شأنها وعظيم غررها، غير أننا نشير هنا إلى أحدهم الذي صنف في هذا المجال وهو العلامة عثمان بن عبد الرحمن بن عثمان أبو عمرو الشهرزوي المشهور بابن الصَّلاح صاحب كتاب (أدب المفتي والمستفتي) والذي بيّن في مقدمة كتابه سبب تأليف الكتاب قائلًا: "رأيتُ أن أستخير الله تبارك وتعالى، وأستعينه، وأستهديه، وأستوفقه، وأتبرأ من الحول والقوة إلا به في تأليف كتاب في الفتوى لائق بالوقت، أفصح فيه إن شاء الله العظيم عن شروط المفتي، وأوصافه، وأحكامه، وعن صفة المستفتي وأحكامه، وعن كيفية الفتوى والاستفتاء وآدابها جامعًا فيه شمل نفائس التقطتها من خبايا الروايات، وخفايا الزوايا، ومهمات تقر بها أعين أعيان الفقهاء، ويرفع من قدرها من كثرت مطالعاته من الفهماء، ويبادر إلى تحصيلها كل من ارتفع عن حضيض الضعفاء، مقدمًا في أوله بيان شرف مرتبة الفتوى وخطرها، والتنبيه على آفاتها وعظيم غررها؛ ليعلم المقصر عن شأوها المتجاسر عليها أنه على النار يسجر، وليعرف متعاطيها المضيع شرطها أنه لنفسه يضيع ويخسر، وليتقاصر عنها القاصرون الذين إذا انتزوا[2] على منصب تدريس

(١) النووي: آداب الفتوى والمفتي والمستفتي، مصدر سابق، ص ١٣.

(٢) نزا: أي وثب.

واختلسوا ذروا من تقديم وترئيس وجانبوا جانب المحترس ووثبوا على الفتيا وثبة المفترس، اللهم فعافنا واعف عنا وأحلنا منها بالمحل المغبوط، ولا تحلنا منها بالمحل المغموط، واجعل ما نُعانيه منها على وفق هداك وسببًا واصلًا بيننا وبين رضاك، إنك الله لا إله إلا أنت، أنت حسبنا ونعم الوكيل"[1].

ولا شك أنّ هدف علمائنا الأجلاء في تأليف تلك الرسائل والكتب إنّما كان تبيين أمرها وعدم التسرع إليها والتخفيف عن شأنها، مذكرين بأنّ هذا مقام الأنبياء حتى هاب أمرها من هابها من أكابر العلماء العاملين.

وفي هذا الشأن يقول أستاذنا الجليل فضيلة الأستاذ الدكتور موفق بن عبد الله بن عبد القادر العراقي: "حتى لا يتجرأ على" الفتيا "أنصاف المتعلّمين .. ولحفظ هذا الدين من يد العابثين والمبتدعين... صنّف علماء المسلمين في "أدب المفتي والمستفتي"... ليعرف العالِمُ منزلته قبل أن يصدر "الفتيا" وليعلم المستفتي أدب الاستفتاء ولمن يستفتي"[2].

أما أهل العلم والدراية في بلاد الصومال فلم يكونوا شاذين عن إخوانهم في العالم الإسلامي قديمًا وحديثًا، ولذلك بحثوا فيها وكتبوا عنها بعض الرسائل والتي سوف نشير هنا فيما بعد.

ويعتبر فضيلة الشيخ علي حاج إبراهيم أحد العلماء الذين اهتموا بالفتوى، وقد كتب رسالة حول بعض الأسئلة الدينية وأجوبتها، وهي رسالته: "الروضة البهية في الأسئلة والأجوبة الجلية ".

الفتاوى الصومالية عبر التاريخ

وعلى الرغم من أنّه لا توجد دار للإفتاء أو مجمع يلتف حوله أهل الفتوى والدراية إلا أنّه تعارف أهل العلم في منطقة الساحل الشرقي لأفريقيا بأنّ يكون الإفتاء العام على مذهب الإمام الشافعي أساسًا ومنطلقًا للفتوى في تلك المناطق، ولم يظهر لكاتب هذه

---

(١) ابن الصلاح، الإمام أبي عمرو عثمان بن عبد الرحمن الشهرزوري (ت ٦٤٣هـ): أدب المفتي والمستفتي، دراسة وتحقيق د. موفق بن عبد الله عبد القادر، مكتبة العلوم والحكم، عالم الكتب، ط/ ١، عام ١٤٠٧هـ/ ١٠٨٦م. ص ٧٠ – ٧٢.

(٢) انظر مقدمة الدكتور موفق بن عبد الله بن عبد القادر، لكتاب أدب المفتي والمستفتي، لابن الصلاح السابق، ص ٧.

السطور حتى الآن سجل أو كشف علمي يثبت الفتوى بغير هذا المذهب، ولعل ذلك الاختيار تمّ – والله أعلم – بأنه – أي المذهب الشافعي – مذهب وسطي جمع بين أصول مدرستي الحديث والرأي، وخرج باجتهادات فقهية كانت وما زالت سببًا في تحقيق مصالح الأمة وجمع كلمتها، وهذا السبب – وإن كان متحققًا في المذاهب الفقهية الأخرى – إلا أن مذهب الإمام الشافعي حاز قصب السبق فيه – كما يرى بعض الباحثين – علمًا أنّ الإمام الشافعي نفسه تربى تحت كنف مفتي مكة في زمانه الشيخ مسلم بن خالد المكي الذي أذن بدوره للشافعي وهو فتى يافع في الإفتاء، ثم ارتحل الشافعي إلى المدينة النبوية حيث التقى هناك بالإمام مالك بن أنس فلازمه حتى تخرج عليه رحمه الله.

وفي العصور الوسطى لم يُعرَف العالم الإسلامي بتلك الحدود التي نشاهدها اليوم – للأسف الشديد – والتي فرقت بين الإخوة الأشقاء هنا وهناك، وكان الفقهاء والعلماء إذا وصلوا إلى منطقة معينة صاروا جزءًا من المجتمع، بل يكرم ويرفع شأن العالم ويستفاد من علومه ومواهبه، وكان يسند إليهم أحيانًا كثيرة بعض المناصب الرفيعة – كما أشرنا في أكثر من موقع – ومن بين تلك المناصب منصب الفتوى والقضاء وفصل الخطاب.

ومن هؤلاء – على سبيل المثال – العلامة الفقيه المبجل الشيخ محمد بن المقبول بن عثمان بن موسى، أحد العلماء المحققين في الفقه، وكان بارعًا في الفقه وأصوله حتى أسندت إليه رئاسة الفتوى في البلاد، علمًا بأنّ الفقيه تنحدر أصوله من بلاد الزيلع وممالكها الإسلامية، ولكنه من مواليد اليمن وخاصة قرية اللحية سنة ٩٥٩هـ، وتوفي بها في اليوم الثاني من رمضان سنة ١٠٤٨هـ(1).

ومن هؤلاء أيضًا الفقيه الصالح محمد بن علي الزيلعي، كان فقيهًا متقنًا معروفًا بالفقه وإصابة الفتوى والصلاح، وشرح كتاب (اللمع) شرحًا مفيدًا، وقد تفقه على إسماعيل الحضرمي وعلي بن صالح الحسيني، وقد أخذ عنه جماعة كثيرة مثل عمر السروري، وكان رجلًا صالحًا ورعًا ينحدر من آل البيت، ويقول بنفسه إنه شريف حسيني، وقد توفي سنة ثلاثين وسبعمائة.

---

(١) القاضي إسماعيل علي الأكوع: هجر العلم ومعاقله في اليمن، دار الفكر المعاصر، بيروت، ط/ ١ ١٩٩٥م.

ومن هؤلاء الفقيه العالم أبو بكر آدم بن إبراهيم الجبرتي لقبًا الزيلعي بلدًا، وكان هذا العالِم محققًا في الفقه ومتصدّرًا للإفتاء، بل وكان رأس علماء الإفتاء والتدريس في محلّ إقامته. ولا شك أنّ المصادر اليمنية وغيرها تشير إلى بعض العلماء الأجلاء من أصل صومالي تفننوا في عملية الإفتاء حيث تصدوا لها، ولكن ذلك الأمر يحتاج إلى البحث والغوص في تلك المصادر الثمينة والنادرة حتى نستخرج معلومات مفيدة لها علاقة بمنطقة شرق أفريقيا عمومًا، والقرن الأفريقي خصوصًا.

أما في منطقة الصومال الغربي فقد وجد بعض أهل العلم الذين تخصصوا في هذا المجال – أي مجال الفتوى – ولهم باع طويل، سواء كان هؤلاء الذين أتوا من خارج البلاد أو من علماء المنطقة . ومن هؤلاء مفتى هرر وبلاد الزيلع في شمال الحبشة فضيلة الشيخ المفتي داود[1] (١٧٣٤م – ١٨١٩م) في منطقة الصومال الغربي. كما أنّ العلامة المحدث الشيخ عبد الله الولينسي جاء بعد مفتى داود في المنطقة، ويقال إنّ الأخير أدخل إلى مدينة هرر علوم الحديث، وأخذ منه علماؤها الأجلاء فنّ الحديث وعلومه[2].

ويسعدنا أن نشير في هذا الإطار إلى الفتوى الصومالية المشهورة والتي انتشرت في الفترة الأخيرة عبر وسائل الإعلام بالمملكة العربية السعودية وغيرها في منطقة الخليج، وذلك عند ما نشر الأستاذ الدكتور طارق الحبيب قبل مدة من خلال وسائل الإعلام خبرًا مفاده أنّ أباه قرأ مخطوطة تعود لـ ١٥٠ عامًا لعلماء الصومال والذين أفتوا بجواز إعطاء زكاة أهل البلد لفقراء نجد والحجاز في الجزيرة العربية، حيث كانت بلاد الخليج العربي في تلك الفترة تعاني من أشد موجات القحط والمجاعات. ورغم عدم تمكننا من قراءة تلك المخطوطة – رغم محاولاتنا – إلا أنّه يظهر أن هذه الفتوى مرتبطة بنقل الزكاة

---

(١) وكان الشيخ داود من الطلائع ورحل إلى الجزيرة العربية وخاصة اليمن والحجاز، وجلس في بيت الزبيد ١٥ عامًا ثم رجع إلى البلاد ومعه ٧ جمال من الكتب واستقر في بلاده داوي، وشارك الحركة العلمية في المنطقة وخاصة جدو حيث كان له دور كبير في تعليم علوم الشريعة واللغة العربية، ونقلت هذه العلوم عبر طلابه إلى آفاق الحبشة فصارت داوي بعده بلاد العلماء والحفاظ والصلحاء، واشتهرت بكونها منبعًا للعلم يقصدها طلاب العلم من سائر أقاليم الحبشة. (انظر عبد الله كدير أحمد: الهجرة وأثرها في انتشار الإسلام بأفريقيا: الحبشة نموذجا، مجلة جامعة أوندوكوز مايبس، كلية اللاهوت – تركيا، العدد ٣٨، عام ٢٠١٥م، ص ١٦٣).

(٢) عبد الله كدير أحمد: المرجع نفسه، ص ١٦٣.

– التي هي ركن من أركان الإسلام – من الصومال إلى الجزيرة العربية مع عدم أرجحية هذه المسألة في المذهب السائد في المنطقة، ولكنّ العلماء رأوا في ذلك أمرًا ضروريًا لسد الفراغ، مما يدل على مرونة العلماء وأفقهم الواسع، بالإضافة إلى حرصهم على حياة المسلمين الذين كانوا يتضررون من القحط والجفاف ونقص الأموال والثمرات، كما يفعله اليوم إخواننا في الخليج وغير ذلك في نصرة إخوانهم في العالم بما فيها منطقة القرن الأفريقي. ولشدة المجاعة المشار إليها اضطر كثير من الناس إلى النزوح إلى خارج الجزيرة العربية، ومن ذلك تلك الهجرات التي حصلت قديمًا إلى الخارج بسبب المجاعة، سواء إلى الهند والمغرب والأندلس أو إلى أفريقيا الشرقية وغيرها.

والجدير بالذكر أنه لم يكن أهل الصومال وحدهم الذين كانوا يمدّون يد المساعدة والعون لإخوانهم في الجزيرة العربية، وإنما أيضًا هناك بلدان أخرى كالهند أو ما كان يعرف ببلاد السند والبنجال، وكذا مصر وبلاد المغرب الأدنى والأوسط والأقصى رغم أنّ مذهبهم – أهل المغرب العربي – مالكي ولا يجيز نقل الزكاة من مكان إلى أخرى. وهكذا كان المسلمون ينصر بعضهم بعضًا خلافًا لما نشهده اليوم من قتل بعضهم بعضًا، بل يناصر بعضهم العدو على حساب إخوته في الدم والعقيدة – نسأل الله السلامة.

ولا غرابة في ذلك فقد كان معلومًا في أوساط الأمة الإسلامية عبر التاريخ أينما كانوا دفع بعض الدول والممالك المسلمة زكاتها أو تبرعاتها وأوقافها للحرمين الشريفين والأماكن المقدسة. ولا شك أنّه من المفيد البحث والاطلاع على السجلات والكشوف للحرمين الشريفين بمكة والمدينة خلال العصور الإسلامية الزاهية حتى في عهد الحكم العثماني. وهناك بحوث كثيرة تناولت أوقاف الحرمين والتي أنجزها باحثون في قسم التاريخ والحضارة الإسلامية في جامعة أم القرى بمكة المكرمة، كما أنّ هناك وثائق كثيرة في مكتبة مكة المكرمة وكذا مكتبة الحرمين الشريفين والمكتبة المركزية بجامعة أم القرى. كما أنّ هناك كشافًا تحليليًا لصحيفة أم القرى والندوة (صوت الحجاز) تضمَّن الكثير من البحوث والدراسات المتعلقة بهذا الموضوع يمكن أن يستزيد منها الباحثون.

العلاقات الفقهية في منطقة شرق أفريقيا

ومن ناحية أخرى فقد كانت تصل إلى أهل العلم في الصومال بعض المسائل الفقهية والشرعية المستعصية من أقطار أفريقية أخرى أو من أطراف بلاد الصومال الكبير، كما

حصل ذلك للعلامة الشيخ علي بن محمد بن صديق بن عثمان المشهور بالشيخ علي ميه الدرقبي البكري المركي بحيث كانت له مراسلات واتصالات بينه وبين سلاطين سلطنة زنجبار الإسلامية الذين ينحدرون من أصول عمانية من آل البوسعيدي، وقد بعث السلطان البوسعيدي في زنجبار إلى الشيخ علي ميه في مدينة مركة الساحلية في جنوب الصومال رسالة تحمل في طياتها بعض الأسئلة يطلب فيها السلطان إجابة لسؤال مفاده الحيّ أفضل أم الميت؟ وذلك أن أحد قساوسة النصارى جاء إلى هذا الوالي في زنجبار فطرح عليه هذا السؤال فأجاب الوالي الحيّ أفضل من الميت، فقال القسّ إذًا عيسى أفضل من محمد، لأنّكم تقولون إنّ عيسى حي لم يقتل بل رفعه الله وأنه سينزل في آخر الزمان، ومحمد مات، فتحيّر الوالي، ثم أرسل إلى الشيخ علي بن ميه رسالة يستفسر فيها عن الأمر ويطلب منه إجابة شافية في المسألة. فشرع الشيخ يجيب رسالة السلطان؛ ولكن عن طريق كتابة علمية أطلق عليها (وردية اللبيب في فضل الحبيب) فبدأ الشيخ حديثه بذكر معنى الفضيلة ومدلولها مازجًا في كلامه المنطق وعلم الكلام، وناقش الأفضلية حيث بحث المسألة برمّتها في منظور حسّي، واستدل الشيخ علي بن ميه في ذلك من الكتاب والسنة وبعض أقوال العلماء كالعلامة أحمد بن حجر الهيتمي والعلامة جلال الدين السيوطي والعلامة محمد البوصيري والعلامة إبراهيم بن محمد البيجوري. والرسالة تقع في ١٢ ورقة، وفي كل ورقة ١٣ سطرًا، ولازالت مخطوطة.

وهناك واقعة مماثلة حدثت مع الشيخ علي بن حاج عبد الرحمن الفقيه المشهور بشيخ علي المجيرتيني، ولكن من داخل قطر الصومال الكبير، وذلك عندما وصلت إلى فضيلته رسالة مكتوبة من أقصى الحدود الصومالية من ناحية الغرب مع الحبشة تسأل عن بعض المسائل ليجيب عنها ويعطي جوابًا شافيًا ومقنعًا فيها. فما كان من الشيخ علي إلّا أن يجيب على هذه الأسئلة عن طريق كتابة علمية أيضًا فدوّن الأسئلة وإجاباتها في كتاب سماه (الأجوبة الغيبية للسؤالات الغربية)، ومع إجابة الشيخ عن هذه الأسئلة الدينية ارتفعت مكانته العلمية، وأصبح الناس يعجبون من غزارة علمه وقدرته في الفتيا، وبالتالي لم تزل الأسئلة تصل إلى مقر الشيخ ومجالسه العلمية، وحينما انهالت عليه العديد من الأسئلة الدينية وكثر من يستفتى منه، شرع في مشروع ديني؛ عبارة عن تأليف رسالة علمية يجيب فيها عن بعض هذه الأسئلة ويضع بعض القواعد للفتيا والمستفتى فسمّى كتابه هذا: (فتح الوليّ في أجوبة الشيخ علي).

وهكذا كان دور أهل العلم في الصومال، وخاصة الفقهاء الذين برعوا في الفقه وفاقوا أقرانهم، حتى لجأت الأمة إليهم تستفتيهم وتسأل عن أمور دينهم . ولا شكّ أنّ هذه النماذج من أهل العلم ودورهم في الفتوى تؤكد مدى اهتمام العلماء والفقهاء بإصلاح الأمة وأداء رسالتهم الإسلامية بين الناس، إحساسًا بالمسئولية الكبيرة الملقاة على عواتقهم تجاه مهمتهم المنوطة إليهم، ابتغاءً لمرضاة الله سبحانه وتعالى دون اعتبارات اقتصادية أو سياسية أخرى، خلافًا لما نشاهده اليوم في أوساط الدعاة والوعاظ.

وهناك كمّ من الفتاوى التي جاءت على قالب أدبي موزون تجيب عن الأسئلة الدينية التي وُجِّهت إليهم، بمعنى أنّ الأجوبة جاءت عن طريق الشعر المقفى لتسهيل حفظها على الناس، كما كان يفعله فضيلة الشيخ عبد الله إسحاق (Abdulow Isaak) الدراويّ البارطيريّ، ويقال إنَّه نظَّم مسائل فقهية في أبواب العبادات والبيوع والديات. وكان الشيخ عبد الله إسحاق هذا يركز على الجوانب العقدية ثم الفقهية. وقد بلغني أنّ الشيخ أحمد حسن مرسل المشهور بأحمد سُودان بمدينة منديرا في كينيا ومن عشيرة الشيخ أنَّ لديه مخطوطة عبارة عن قصائد الشيخ مكتوبة بالحرف العربي ولكنها بلهجة قبائل الرحنوين[1].

ومثل ذلك فعله فضيلة الشيخ علي عبد الرحمن فقيه الذي أشرنا إليه من قبل ودوره في الإفتاء، غير أننا نشير هنا إلى أن بعض فتاوى الشيخ كانت تتم بعض الأحيان من خلال الشعر والأدب السائر الذي كان أغلبه باللغة الصومالية، ليسهل فهمه ولاسيما للعامَّة، لأنّ الأدب وخاصة الشعر ومناحيه أكثر تأثيرًا وأبلغ فهمًا من النثر في أوساط أهل الصومال في تلك المناطق وغيرها، ولكن مع الأسف الشديد ما زالت أشعار الشيخ متفرقة في صدور الناس، ولو حاول البعض جمعها ولملمتها لكان أحسن بدلًا من ضياعها. ومن المفيد أن أشير هنا إلى أنني تناولتُ هذه النقطة مع معالي الوزير الأستاذ سعيد حسين عيد في القسم الأول من التسعينيات في القرن المنصرم بعد لقائنا في مقديشو عندما كان معاليه رئيس تحرير مجلة (رياغ) التي كانت تصدر في مدينة جرووي في شمال شرق الصومال، وكان في يد الأخ مخطوطة " الأجوبة الغيبية للسؤالات الغربية (الأجوبة الغيبية في الأسئلة الغربية) وحينها وعد الأخ بمحاولة ذلك وعرض الأمر على ورثة

---

(١) نماذج من شعر الشيخ عبد الله إسحاق حول العقيدة باللهجة الرحنوينية

https://www.youtube.com/watch?v=2lel2584uz0

الشيخ في إحياء تراث الشيخ وإنقاذه، ولا أدري ماذا حصل فيها بعد. كما تحدثتُ حول الأمر نفسه مع المؤرخ الصومالي الكبير الراحل الشيخ جامع عمر عيسى – رحمه الله – وكان الشيخ جامع هذا يحفظ عددًا من الأبيات الشعرية المنسوبة إلى الشيخ علي عبد الرحمن فقيه، علمًا بأنّه كتب فيها بعد كتابًا حول الشيخ علي وتراثه.

ولا ننسى فتاوى الشيخ علي حاج إبراهيم الإسحاقي – رحمه الله - أحد علماء الصومال المشهورين في مدينة بربرا الساحلية، وقد أشار فضيلته في فتاويه أنها جاءت عقب الأسئلة التي وجهها البعض إلى فضيلته كما جاء ذلك في كتابه (الفتاوى والأسئلة الشرعية والعلمية)، وقد بيّن الشيخ في هذا الكتاب بعض الأحكام الشرعية التي طرحت في الساحة العلمية والشرعية وأجوبتها حسب كما كان يراه صوابًا، معتمدًا على المذهب الشافعي الذي كان يجيده فضيلته رحمه الله.

إرسال بعض الفتاوى إلى الخارج

وأحيانًا إذا استعصى أمر الفتوى لظروف ما، كان بعض أهل العلم يضطر إلى الاتصال بإخوانهم في العالم الإسلامي لكي يجدوا جوابًا شافيًا ومقنعًا في مآربهم طالما أن الأمر متعلق بديننا الحنيف، لأنّهم كانوا يرون في ذلك مسؤولية كبيرة أمام الله سبحانه وتعالى خلافًا لما يحدث في زماننا هنا وهناك من التسرع في الفتوى مع عدم الأهلية لها، نسأل الله سبحانه وتعالى العفو والعافية. وقد أشار بعض الباحثين إلى أن أهل الصومال كانوا أحيانًا يلجؤون إلى إخوانهم في مصر في بعض المسائل التي تصعب عليهم، لاسيما علماء الأزهر، إذ كان الأزهر يلعب دورًا مهمًّا في إصدار الفتوى وإرسالها إلى الصومال(1).

ومهما كان الأمر فإنّ مقام المفتي كان – ولا يزال – عاليًا بل ولا يكون أمره هينًا لدى العلماء الربانيين بخلاف هذا الزمن الذي انحطت فيه مستويات المفتي، والمستفتي، والفتيا، حتى إن مَنْ يطلقَ عليهم مصطلح مفتي الديار في العالم الإسلامي في وقتنا الحاضر نراهم عبارة عن واجهة للمنصب بحيث إنّهم يترأسون دار الفتوى لبلد مَّا ولا تنطبق عليهم الشروط الفقهية والعلمية التي تقتضي أن يلتف حوله كوكبة من أهل العلم والدراية في تخصصات مختلفة ليس في علم الفقه وأصوله فحسب، وإنما في علوم أخرى

(١) عبدالرحمن محمد النجار: الرحلة الدينية في أفريقيا، دار النهضة، القاهرة ،١٩٨٠م، ص ١١٥.

كالقرآن وعلومه، والحديث وعلومه، واللغة وآدابها، وعلم التاريخ وما إلى ذلك. بل إنّ علاقة دار الفتوى أو مكتب المفتي ينبغي أن تكون مفتوحة وموصولة بأهل الدراية في بعض التخصصات العلمية كالطب والجغرافيا والفلك والرياضيات وغيرها؛ وبهذه الطريقة تُصان الشريعة ولا تحصل مخالفة كبيرة في إصدار الفتوى حتى ولو جانَبوا الصواب، لأنّه لا يمكن أن تجتمع الأمة على الباطل.

علاقة الفتوى بالمذهب الشافعي

لقد أشرنا من قبل أنّ الفقه عمومًا ومجال الفتوى خصوصًا كان غالبًا يتمحور حول المذهب الشافعي السائد في منطقة شرق أفريقيا، غير أنّ التزام دائرة الإفتاء والفتوى بمذهب الإمام الشافعي لا يعني التقليد التام لاجتهادات فقهاء المذهب، بل كان للدائرة رؤية متقدمة في طريقة الاستفادة من جميع مفردات المذاهب الفقهية عند الضرورة كما هو الحال في قضية إرسال الزكاة إلى خارج البلاد والتي سبق ذكرها. ومن الطبيعي أن يكون المذهب الشافعي مهيمنًا على الأروقة العلمية لعدة عوامل منها: عامل العلماء والفقهاء من أهل الصومال الذين تفننوا وتخصصوا في الفقه وأصوله على المذهب الشافعي دون غيره، وحتى العلماء المهاجرين الذين وصلوا إلى المنطقة أكثرهم كانوا فقهاء على مذهب الشافعي، كما أنّ المعلمين العرب في المدارس الأساسية كانوا شافعيين. ويضاف إلى ذلك عامل آخر وهو طلبة العلم الذين نزحوا إلى اليمن والحجاز، وبعد انتهاء فترة طلب العلم عادوا إلى بلدانهم وهم شوافع وخاصة أولئك الطلبة الذين تواجدوا في اليمن وبالذات منطقة زبيد، فقد عادوا إلى المنطقة وأصبحوا علماء ومفتين على المذهب الشافعي مثل العلامة المفتي داود بن أبي بكر الذي رحل إلى اليمن ثم الحجاز مجاورًا بهما، وعاد إلى منطقة القرن الأفريقي بعد تحصيله العلمي شافعيًا[1].

وهناك عامل آخر يتعلق بنوعية الكتب بحيث إنّ معظم المصادر والكتب الفقهية التي كانت تأتي من الخارج وخاصة من الديار المصرية واليمنية كانت على المذهب الشافعي، ومن هنا كان من البدهي أن يستقي طلبة العلم من هذا المعين، وبالتالي برز في الساحة العلمية كوكبة من الفقهاء الأجلاء المتخصصين في الفقه الشافعي، وهؤلاء كانوا منتشرين

---

(١) عبد الله كدير أحمد: الهجرة وأثرها في انتشار الإسلام بأفريقيا: الحبشة نموذجا، مرجع سابق، ص ١٦٥.

في أغلب المدن العلمية في الصومال، كما انتشروا في أنحاء أخرى من العالم الإسلامي. وقد أورد العلامة الجعدي بعضًا من هؤلاء الفقهاء من أهل الصومال مثل: موسى بن يوسف، وأبو القاسم بن عبد الله، وإبراهيم بن محمد المثنى، وعبد الله بن عبد، وأحمد بن المزكيان، ثم أشار إلى أنّ هؤلاء نزحوا إلى اليمن من مدينة مقديشو التي اشتهرت وبرزت في فترة من الفترات في الجوانب العلمية، بل وقادت الحركة العلمية والثقافية في المنطقة[1].

وبناء عليه فلا غرابة أن يزور بعض أهل العلم من الفقهاء الأجلاء المنطقة لشهرة علمائها في الفقه وأصوله، كما فعل العلامة الفقيه والقاضي أبو عبد الرحمن حسين بن خلف المقيبعيّ - أحد فقهاء تهامة في اليمن المشهورين في القرن السادس الهجري - حيث زار مدينة زيلع سنة ست وخمسمائة وكان فقيهًا فاضلًا عارفًا كاملًا أصوليًا فروعيًا محدثًا، كما أنه كان أحد فقهاء تهامة المشهورين، حيث اشتهر هذا الشيخ بعلمه الغزير وفقهه الواسع، كما ذكر ذلك العلامة الجعدي وأبو مخرمة[2].

بين الفتوى والقضاء

وبما أن منصبي الفتوى والقضاء يتشابهان فإننا نرى بعض الأحيان من تولى منصب القضاء قد زاول في الوقت نفسه منصب الإفتاء واشتهر بأنّه مفتي البلاد، مما يدل على أنّ الفتوى تشترك مع القضاء في بعض الوجوه بحيث إن كلًّا منهما إخبار عن حكم الله تعالى، ولذلك ينبغي لكل منهما أن تتوفر فيه شروط الاجتهاد، على الرغم من أن القضاء ينحصر في فصل الخصومات وقطع المنازعات بل ويُلْزِم المكلف، بخلاف الفتوى التي لا يُلزَم فيها. ولكن من ناحية أخرى فإن الفتوى تعم أحكام الدنيا والآخرة، بخلاف القضاء الذي ينحصر فقط في دنيانا، ومن هنا يقال إنّ مقام الفتوى أعظم خطرًا من القضاء من حيث إن حكم الفتوى يتعلق بالمستفتي وبغيره وكل من يريد أن يزاولها ويستفيد منها.

ومن الصعب جدا حصر من زاول منصب الفتوى والقضاء في أي قطر من الأقطار عبر التاريخ، غير أننا نحاول أن نشير إلى بعض هؤلاء الذين تولوا ذلك. وبالرجوع إلى

(١) الجعدي: فقهاء اليمن، مصدر سابق، ص ٢٠٩.

(٢) الجعدي: طبقات فقهاء اليمن، مصدر سابق ص٤٤٢ ؛ با مخرمة: ثغر عدن، مصدر سابق ص ١٩.

مصادرنا الإسلامية في العصور الماضية وخاصة المصادر اليمنية فلعلنا نجد من تصدى لأمر الفتوى في الديار اليمنية على الرغم من أنّ لهم أصولًا ترجع إلى ما كان يعرف في التاريخ الإسلامي ببلاد الحبشة؛ سواء كانوا الزيالعة أو الجبرتية أو كانوا من فئات المسلمين المختلفة في المنطقة، علمًا بأنّ لقب (الزيلعي) أو (الجبرتي) كان يطلق على كل من قدم على الجزيرة العربية من جهة الحبشة تمييزًا للمسلمين الأحباش من غير الأحباش، وإن كان فيما بعد وجدت طوائف وجماعات اشتهرت بتلك الألقاب في بلاد اليمن والصومال وإرتيريا وإثيوبيا.

وقد ناقش الأستاذ عبد القادر عثمان عبد السلام مسؤولية القاضي وتصرفاته عندما يصدر الحكم، وذلك في كتاب أطلق عليه "مسؤولية القاضي عن الحكم الخاطئ في الفقه الإسلامي"، وطبع الكتاب في عام ١٤٣٨هـ الموافق عام ٢٠١٧م.

ومن المفيد الرجوع إلى ما تبقى من تراثنا التاريخي والحضاري، على الرغم مما حصل له من الدمار والضياع في الفترة السابقة بما فيها المكتبات الخاصة والعامة – مثل الدواوين والسجلات التي دوَّنت أخبار المحاكم وفصل الخصومات عبر التاريخ، مثل "ديوان قضايا الخصومات والمرافقات في محكمة جالكعيو" الذي أعده الشيخ محمد محمود طيري، القاضي المشهور في عصره في وسط الصومال وكذا في منطقة الأوغادين. هذا الديوان أعده القاضي محمد وهو عبارة عن بعض القضايا والخصومات التي حكمها القاضي بين المتنازعين في المجتمع الصومالي ولاسيما ما كان يجري في محكمة جالكعيو علمًا بأن محكمة جالكعيو كانت تشمل مناطق مختلفة وأراضي شاسعة من طُوسَمَرَيْب وحتى منطقة وَرْطَير في غرب الصومال. ورغم أن الكتاب قد جمع ما كان يتعلق بعمله القضائي والذي كان يشمل فصل الخصومات وردّ المظالم إلى أهلها إلا أن هذا الديوان يمتاز بأن صاحبه زجّ بعض القضايا الفقهية والأصولية التي لها علاقة بالحكم والقضايا المحكومة وبعض تفنيد المسائل وكشف الملابسات مبينًا كيفية وصول القاضي لحكمه. ومن خلال هذا الديوان نستشف بأن القضاء كان له علاقة قوية بسلطة عصره حتى ولو كانت تلك السلطة غير مسلمة مثل الاستعمار الإيطالي طالما أن الحكم يسير وفقا للشريعة الإسلامية وخاصة المذهب الشافعي المنتشر في المنطقة حتى يكون القاضي في موقف القوة وذا شوكة يستمد سلطته من السلطات ليسهل تنفيذ

القضايا والأمور التي تمكّن القاضي من الحكم الشرعي. ويمتاز هذا الديوان بأنّ صاحبه وهو الشيخ محمد محمود طيري كان متبحرًا في الفقه وأصوله؛ فكان أهلًا لمنصب القضاء في زمنه، وقد مارس القضاء في مدينتي جالكعيو ووطير في الثلاثينيات والأربعينيات من القرن المنصرم. ومن المعلوم أنّ الشريعة الإسلامية هي أساس السند والمعتمد الذي يستمد منه النظام القضائي في عالمنا الإسلامي، بحيث تنطلق أغلب القوانين المعمول بها من روح الشريعة من فهم كتاب الله وسنة رسوله ﷺ والمصالح المرسلة التي تواكب الزمان والمكان. وعندما يصدر القضاة الأحكام القضائية عند فصل الخصومات وقطع المنازعات يفترض أن يكون حكمهم منبثقًا ومعتمدًا على هذا المفهوم، لأنّ مصداقية القوانين والتزامها تستدعي ذلك، وإذا حصل أي خطأ – وما أكثر الأخطاء التي ارتكبها القضاة طلبًا للدنيا أو مجاملةً للحكام.

وما أكثر من تولى منصب القضاء ثم اشتهر بالفتوى في عصرنا، ولعل ذلك يحتاج إلى تتبع وبحث مستقل، غير أنّه يحضرني في هذه العجالة وفي هذا الإطار صاحب المعالي فضيلة الشيخ مَوغه دِرر سَمتر - رحمه الله - الذي اشتهر بمنصب القضاء في جيبوتي ثم عين مفتيا للبلاد في جيبوتي حتى جاء أحد العلماء في ذلك القطر وهو الشيخ عبد الله عبدالقادر الجيلاني وكتب كتابًا سماه: "القاضي فضيلة الشيخ موجه درر سمتر – دوره ورحلاته في دعم القضاء الشرعي ونشر الدعوة الإسلامية بجمهورية جيبوتي". ويظهر من الكتاب أنّ المؤلف يحاول أن يغطي على رحلات القاضي موجه وجهوده في ذلك المنصب[1] . وقد استحق القاضي موجه هذا الاهتمام وهو عالم وقاضٍ وسياسي، تسنم أرقى المناصب في جيبوتي وأصبح الشخصية الاجتماعية الأولى في البلد بفعل منصبه كقاضي القضاة ومفتي البلاد، علمًا بأنّ القاضي نفسه ألف بعض الرسائل عن القضاء مثل كتابه " تنظيم القضاء الشرعي في جيبوتي"، وكذلك كتابه "تنظيم القضاء عند العيسى".

---

(١) الشيخ عبد الله عبد القادر الجيلاني: القاضي فضيلة الشيخ موجه درر سمتر، دوره ورحلاته في دعم القضاء الشرعي ونشر الدعوة الإسلامية بجمهورية جيبوتي، مطبعة مصطفى البابي الحلبي وأولاده، القاهرة – مصر.

وبلاد الصومال الكبير - سواء ما يعرف الآن بجمهورتي الصومال وجيبوتي أو حتى تلك المناطق التي تأتي تحت سيطرة كلٍّ من أثيوبيا وكينيا - كانت لها خصوصياتها، ويظهر أنّه كان هناك تلازم وتلاحم بين القضاء والفتوى وخاصة إذا عرفنا أن منصب القضاء لم يكن يتولاه إلا الفقهاء ومن له إلمام بالعلوم الإسلامية وأحكام الشريعة الإسلامية، على الرغم من أنّه انضم إلى السلك القضائي بعض من عاد من الرحلات العلمية في الخارج؛ والذين تخصصوا في القانون والحقوق في فترة ما بعد استقلال الجمهورية الصومالية عام ١٩٦٠م. ومع ذلك كان من يجيد أحكام الشريعة الإسلامية حاضرًا في الميدان، ومن هنا كان عالم الشريعة والفقيه يقضي بين المتخاصمين بصفته قاضيًا، وفي الوقت نفسه ربما كان يقوم بمقام المفتي الذي يفتي في بعض المسائل على ضوء الفقه الشافعي وفهمه بأحكام الشريعة عندما يلجأ الناس إليه. ولعل ذلك يتضح جليًا عند عودة الدواوين القضائية وما تبقى الآن من مدونات القضاء التي يمتلكها بعض الأسر أو مما هو محفوظ في مكتبات الدوائر الاستعمارية في البرتغال والمملكة المتحدة وإيطاليا وفرنسا، وغيرها.

وتؤكد بعض الدراسات المعاصرة عدم التطابق بين الشريعة الإسلامية وبعض القوانين الوضعية في الدستور الصومالي ما بعد استقلال البلاد في بعض الحيثيات، مثل تلك الدراسة الأكاديمية التي قدمتها الباحثة الصومالية القديرة الأستاذة صفية محمود محمد وذلك عبر بحثها " نظام العقوبات في الصومال (القتل، السرقة، والزنا) "، وهي في الحقيقة دراسة تحليلية على ضوء الشريعة الإسلامية، ولا سيما فيما يتعلق بجرائم القتل والسرقة والزنا وعقوبتهم في القانون الصومالي مقارنة بالشريعة الإسلامية من حيث الموافقة والمخالفة. والصومال دولة مسلمة، ودينها الرسمي الإسلام، كما نص على ذلك الدستور، مما يفترض أن تكون قوانينها وأنظمتها ودساتيرها مستقاةً من الشريعة الإسلامية، إلا أنّ الواقع جاء بخلاف هذا الفرض كما توصلت الباحثة في دراستها التي نالت بها درجة الماجستير في القضاء والسياسة الشرعية من كلية العلوم الإسلامية، قسم الفقه وأصوله بجامعة المدينة العالمية بماليزيا. ولعل هناك دراسات مماثلة تضاهي ما ذهبت إليه الباحثة لأنّ البحث العلمي لا نهاية له طالما أدواته متوفرة، والحاجة إليه ملحة.

وفي الدراسات الأكاديمية المقارنة بين التنظيمات القضائية، فقد أنجز الأستاذ الباحث عمر شيخ جيسي عبد الله بحثًا يقارن فيه بين التنظيم القضائي في الصومال مع التنظيمات

القضائية في المملكة العربية السعودية، وهذا البحث جاء بعنوان: "التنظيم القضائي في الصومال مقارنة مع التنظيم القضائي في المملكة العربية السعودية، دراسة تأصيلية استشرافية ".والأستاذ عمر شيخ جيسي عبد الله قدم دراسته في إطار أطروحة مقدمة استكمالًا للحصول على درجة دكتوراه الفلسفة في الشريعة والقانون من كلية العدالة الجنائية، قسم الشريعة والقانون، بجامعة نايف العربية للعلوم الأمنية في المملكة العربية السعودية.

الصومال وانحراف الفتوى

وقد حدث انحراف خطير في صناعة الفتوى في العالم الإسلامي عمومًا وبلاد الصومال خصوصًا في العصر الحاضر نتيجة ابتعاد الناس عن المعايير والموازين المستقاة من الشريعة الإسلامية عبر المجاميع الفقهية المعتبرة. وقد خصصت قناة الجزيرة حلقة كاملة عبر برنامجها " الشريعة والحياة في ١٥/ ١١/ ٢٠٠٩م حول ذلك عندما استضافت العلامة عبد الله بن بيه نائب رئيس اتحاد علماء المسلمين الذي أكد بدوره فساد مقاييس الفتاوى التي تحض على إهدار الدماء كما يفعله بعض طلبة العلم في الصومال، ورفض أن تكون الفتوى بوابة للاقتتال والفتنة. وقدم الشيخ عبد الله بن بيه توصيفًا فقهيًا لما يسود حالة الفتوى في العالم الإسلامي، مع تطبيق على نموذج الصومال، الذي قدمه بوصفه معبرًا عن تراجع العقلية الإسلامية في فهم الشريعة، وفي منهجية تنزيل النصوص، واضطراب المحل الذي تنزل فيها النصوص. وقد تابع العلامة عبد الله بن بيه تحليله للنموذج الصومالي في التوظيف الإفتائي، على مستوى الاستخدام والتطبيق في مجال التكفير، وحالة الاستيلاد التي يبنون عليها أحكامهم. وأكد ابن بيه أن الفتاوى لابد من تنزيلها على الواقع وتحقيق المقاصد، ووضعها في عين الاعتبار، وتحديد المصالح والمفاسد التي يتم إصدار الفتوى من أجلها، أي أن يتم تنزيل الفتوى تنزيلًا سليمًا مستندا إلى الدليل والحكم الشرعي. وعن قضية سيولة الفتوى وكثرة إصدار الفتاوى التي يطلقها الشيوخ عبر الفضائيات وغيرها، أكد ابن بيه أن هناك أصولًا لابد أن يكون المسلم على دراية بها وألا يسأل فيها، مثل قضية الحرية، وبراءة الذمة؛ حيث وصف فضيلته مثل هذه الأمور بالأصول التي لابد أن يكون المسلم ملمًا بها وألا يسأل فيها. وأكد ابن بيه أن الخلل في صناعة الفتوى اليوم يرجع إلى عدم احترام معايير الفتوى، والمتمثل في احترام الجزئيات

في مقابل الكليات، ثم عقد مقابلة بين الاثنين حتى يكون بينهما تفاعل وتفاوض وتفاهم، وشدَّد على أن ضبط الفتوى يكون من خلال ضبط الفتوى بمنهجية، ومنهجية الفتوى تبدأ بأصول الفتوى المستمدة من الكتاب والسنة وما يستنبط عنهما(1).

وفي العقدين الماضيين برزت في الساحة الصومالية وخاصة في داخل الجماعات الإسلامية ردود ونقاشات حول بعض المسائل الدينية، وقد ظهر في بعض هذه الردود ما يدعو إلى التكفير والتفسيق وما إلى ذلك. وهذا الأمر لم يكن يخفى على أهل العلم والمثقفين في بلاد الصومال، بحيث ظهرت في الساحة رسائل تظهر القلق في ذلك. ويكفي أن نشير هنا إلى ما كتبه فضيلة الشيخ الدكتور أبو عبد الباري محمود محمد شبلي مثل رسالته " الإشارات والدلائل في الكشف عما وقع من الخلل في أجوبة المسائل "، وهي رد على رسالة أخرى كتبها فضيلة الشيخ أبو سلمان حسَّان بن حسن بن آدم وسماها " إسعاف السائل بأجوبة المسائل ".

الفتوى بين الأمس واليوم

ولأهمية تاريخ الفتوى ومدلولاتها وضوابطها، بل وأدواتها وآدابها، وفقه النوازل والمستجدات، ألف أحد أهل العلم من أهل الصومال كتابًا مفيدًا حول ذلك، فهذا فضيلة الأستاذ الدكتور يونس عبدلي موسى يحيى آل الفقي المَسَرِّيّ قارن مسألة الفتوى في الماضي والحاضر في كتابه (الفتوى بين الأمس واليوم). وقد ناقش فضيلة الدكتور –حفظه الله- ضوابط الفتوى، ومناهج المفتين، وتوحيد الفتوى في النوازل. والكتاب مفيد يرشد القارئ لا سيما طلبة العلم الشرعيّين، ويرسم لهم منهج السلف في الفتوى. وقد أورد المؤلف في كتابه هذا معلومات مهمة تتعلق بالفتوى مشيرًا بأنّه لا يجوز للمفتي الترويج، وتحيير السائل، وإلقاوه في الإشكال والحيرة، بل عليه أن يبيّن بيانًا مُزيلًا للإشكال متضمنًا لفصل الخطاب، كافيًا في حصول المقصود لا يحتاج معه إلى غيره.

---

(١) انظر http://binbayyah.net/arabic/archives/438.

حضور كبار الشافعية في مخيلة أهل الصومال

لقد وصل اهتمام الكُتّاب وأهل العلم والدراية إلى تسليط الضوء على كبار شخصيات الشافعية الذين لهم آراء واجتهادات فقهية، ولكنها متناثرة في بطون المصادر والموسوعات الفقهية، ومن الصعب استحضار تلك الآراء والكنوز لدى طلاب العلم، ولكن أهل العلم والاختصاص حاولوا تحقيق ذلك في أكثر من مشروع علمي ظهر في الساحة العلمية هنا وهناك. وهذه ليست بدعة في البحث العلمي، لا سيما إذا عرفنا أنّ العلامة محمد أحمد مصطفى أحمد المشهور بمحمد أبو زهرة كان من أوائل من قام بدراسات مماثلة في هذا المضمار وعلى رأسها دراسته المشهورة (الشافعي، حياته، وعصره، وآراؤه، وفقهه)، علمًا بأنّ محمد أبو زهرة قام بالعديد من الدراسات المماثلة لهذا النوع حول الأئمة الأعلام.

وفي الحقيقة إنّ دراسة شخصية من الشخصيات العلمية المعروفة في دائرة معرفة مذهب معين، هو إسهام في دراسة نشأة ذلك المذهب دراسة تاريخية ومنهجية من ناحية، ودراسة الأصول والضوابط التي وضعها مؤسس المذهب ومراحل تطوره ونضوجه وإكماله من ناحية أخرى. وبما أن المذاهب الفقهية بكل شعبها مرت بأدوار مختلفة زاد في كل دور منها جديد، وظهر في كل دور أيضًا عالم أو علماء أفذاذ نبغوا في تأصيل هذا المذهب وساهموا في تطويره، كما يقول ذلك الباحث الشيشاني أزيوف عبد الغفور بن بشير في كتابه:(منهج الإفتاء عند الإمام النووي)[1] .

وقد حذا حذوه بعض الباحثين كفضيلة الدكتور محمد إيمان آدم الصومالي الملقب بـ"الشَّاطبي" في دراسة حول الإمام النووي وآرائه الفقهية في كتابه (زيادات الإمام النووي واستدراكاته على الإمام الرافعي من بداية كتاب الصلاة إلى نهاية صلاة التطوع من خلال كتاب الروضة -جمعًا ودراسة مقارنة). وهذه الدراسة عبارة عن بحث علمي نال المؤلف به درجة الماجستير في الفقه عام ١٤٢٦هـ في كلية الشريعة، بالجامعة الإسلامية بالمدينة المنورة في المملكة العربية السعودية.

---

(١) الكتاب عبارة عن بحث دكتوراه في أصول الفقه، من كلية معارف الوحي والعلوم الإنسانية، بالجامعة العالمية الإسلامية بماليزيا عام ٢٠٠٨م، ص٢.

وكما أشرنا من قبل فإن فضيلة الأستاذ محمد معلم أحمد أنجز دراسة حول الإمام النووي أيضًا وسماها (اختيارات الإمام النووي الفقهية في العبادات من خلال كتابه "المجموع" دراسة مقارنة)، وهذه الدراسة تناولت فقط آراء واختيارات الإمام النووي في الفقه من خلال كتابه (المجموع). وقد اقتصر على قسم العبادات بحيث تناول الطهارة والصلاة والصيام ثم تناول الزكاة والصوم والحج. وقد بدأ المؤلف كتابه بالحديث عن الإمام النووي؛ نسبه، وولادته، وحياته العلمية، ثم قدم دراسة قوية حول كتاب (المجموع). والكتاب طبع بمطابع دار العلم بمصر في طبعته الأولى عام ١٤٣٤هـ الموافق ٢٠١٣م.

وقد تتابع هذا النوع من الدراسات لدى أهل العلم في الصومال واهتموا في إبراز بعض الجوانب من آراء وفقه بعض كبار الشافعية بعد جردها من بطون الكتب والمصادر وجمعها ودراستها، بل ومقارنتها مع الفقهاء الآخرين في المذهب وغيرهم.

ومن هؤلاء فضيلة الشيخ الدكتور باشنا إبراهيم محمود الذي قام بإنجاز بحث علمي حول شخصية مهمة وآرائه في المذهب الشافعي، واستطاع إخراج دراسة تتناول مجال الأصول في الفقه الإسلامي، حيث وضع كتابًا أطلق عليه (أبو علي بن أبى هريرة وآراؤه الفقهية). ومن المعلوم أن العلامة ابن أبى هريرة من كبار الشافعية، وأن آراءه الفقهية تحوم حول المذهب، وقد استطاع فضيلة الدكتور أن يقارن هذه الأقول والآراء بأقوال الفقهاء الآخرين سواء كانوا شافعيين أو غيرهم لتظهر قيمة ما توصل إليه المؤلف. والكتاب عبارة عن رسالة علمية أكاديمية نال المؤلف من خلالها درجة الماجستير في الفقه وأصوله من قسم الشريعة والفقه بكلية الشريعة والدراسات الإسلامية بجامعة أم القرى بمكة المكرمة في المملكة العربية السعودية.

وهناك دراسة قام بها الأستاذ عثمان علي فارح حول الآراء الفقهية للعلامة أحمد بن حجر العسقلاني أحد كبار الشافعية في عصره، وهذه الدراسة موسومة بـ (الإجماعات الفقهية المنقوضة لابن حجر العسقلاني)، وهو بحث نال به صاحبه درجة الدكتوراه في فقه السنة من قسم الحديث وعلومه بجامعة المدينة العالمية في ماليزيا، وتناول الباحث بحثه من خلال كتابه (فتح الباري) والذي هو شرح لصحيح البخاري.

كما قام فضيلة الشيخ الأستاذ عبد القادر علي مؤمن عدو بدراسة نفيسة في هذا المنحى حيث سلط موهبته على أحد أعلام الشافعية وهو العلامة الفقيه الأصولي سليمان ين يسار عبر كتابه (الفكر الفقهي لسليمان بن يسار). وقد تحدث الأستاذ فيه عن الآراء الفقهية للإمام سليمان يسار والتي هي متناثرة في بطون الكتب والمصادر الفقهية، وبعد جردها وجمعها قام الباحث بترتيبها حسب الأبواب الفقهية، ثم قام بدراسة مقارنة هادئة، حيث قارن الآراء الفقهية المماثلة والمخالفة مع ذكر أدلتها، ولم يكتف الباحث بذلك وإنما قام بالترجيح على حسب ما ظهر إليه. وقبل ذلك تناول الأستاذ عبد القادر علي مؤمن برجمة العلامة سليمان بن يسار وحياته وعصره، وما قال عنه العلماء، ومكانته العلمية. والكتاب عبارة عن رسالة نال بها الباحث درجة الماجستير من قسم الفقه بكلية العلوم الإسلامية في جامعة المدينة العالمية بماليزيا.

وكذلك أنجز الباحث حسن عبد الله حسن دراسة علمية حول أحد فقهاء الشافعية وهو الإمام ابن خزيمة رغم آرائه الفقهية المستقلة ومخالفته للمذهب أحيانا، ودراسة الأخ حسن جاءت تحت عنوان (آراء الإمام ابن خزيمة الفقهية من أول كتاب الصيام إلى نهاية أبواب الصدقات والمُحَبَّسات من كتاب الزكاة جمعًا ودراسة)، وهذا الموضوع مُهم في بابه؛ لأنه قام بجَمْعِ ودراسة آراء أحد الأئمة الأعلام الموثوقين من الذين برزوا في القرن الرابع الهجري، علمًا بأن الإمام ابن خزيمة يعتبر شافعي المذهب -كما أشرنا من قبل - وله آراء تخالف المذهب أحيانا مما يدل على بعده عن التعصب المذهبي واهتمامه بالدليل؛ ولذا فإن آراءه اتسمت بقوة الحجة، والناظر في تعليقاته على الأحاديث وتراجمه في كتابه الصحيح يتبين له باعه الواسع في علمي الفقه والحديث حيث سلك فيهما مسلك الإمام البخاري رحمه الله تعالى في صحيحه. وذكر الباحث أن دراسته هذه تناولت موضوعات يحتاجها المسلم في دينه كالصيام والزكاة والصدقات، والعمل فيها يُسهم في إبراز جهود العلماء ويثري المكتبة الإسلامية ويتيح الاستفادة منها سواء للعامة أو طلبة العلم، علمًا بأنّ هذه الدراسة عبارة عن رسالة نال بها الباحث درجة الماجستير من قسم الفقه بكلية الشريعة بالجامعة الإسلامية بالمدينة المنورة في المملكة العربية السعودية.

أما فضيلة الدكتور محمد شيخ أحمد شيخ محمّد عمر متان الحسني المشهور بشيخ محمد حاج فله - كعادته- جهود علمية في المذهب الشافعي وشيوخه، وقد وفق الله فضيلته

إنجاز دراسة علمية أصولية وفقهية سمَّاها (مقاصد الشريعة العامة عند الإمامين: العز بن عبد السلام والشاطبي دراسة مقارنة). واستهدفت هذه الدراسة أساسًا المقارنة بين جهود الإمامين العز بن عبد السلام والشاطبي في موضوع المقاصد والمصالح والمفاسد بصفة عامة، والمقاصد العامة بصفة خاصة، وذلك إيمانًا من الباحث بأنَّ الدور الإصلاحي والتجديدي الذي اضطلع به كل من الإمامين في عهده، كان من ورائه تفطنهما للمقاصد الشرعية، وتفوقهما فيها، إضافةً إلى ما اتسما به من صدقٍ، واستقامةٍ، ووضوح، وتحرر في التفكير والمواقف، وتحرير للمسائل والقضايا، مما جعلهما يغزوان هذا العصر، ويُشكِّلان حضورًا قويًا في الكتابات المعاصرة في الفكر الإسلامي بصفة عامة، وفي الفقه وأصوله ومقاصد التشريع الإسلامي بصفة خاصة؛ ولذلك هدفت الدراسة إلى استلهام العبر والدروس من منهج الرجلين التجديدي والإصلاحي في الفكر والتشريع في هذه المرحلة، ولا شك أنَّ ذلك سيسهم كثيرًا في دفع عجلة التجديد ومسيرة الإصلاح الفكري عامة، والتشريعي خاصة، كما ذكر ذلك فضيلة الدكتور علي بن العجمي العشي بعد قراءته للكتاب. وأصل الدراسة رسالة علمية نال بها المؤلف درجة الماجستير في أصول الفقه من قسم الشريعة والقانون بكلية الشريعة والدراسات الإسلامية بجامعة أفريقيا العالمية بالسودان عام ٢٠٠٢م.

ثم ظهرت دراسات وبحوث ضخمة تسهم في إبراز آراء فقهاء اندثرت كتبهم وآخرون أقوالهم متفرقة في بطون كتب الفقه. وهكذا استمر الباحثون –ليس في الصومال فحسب بل على مستوى العالم الإسلامي - في إنجاز دراسات تبرز قيمة الآراء الفقهية لبعض أعلام الشافعية وغيرهم مثل دراسة " الإمام الآجري وآراؤه الفقهية " للشيخ الدكتور قيس عبد الغفور نجم الخفاجي الذي استنبط جمع المسائل الفقهية موزعة على أبواب الفقه، بحيث ذكر رأي الإمام الآجري ثم رأي من يوافقه ثم آراء الآخرين مع ذكر أدلة كل مذهب، ثم الترجيح في نهاية كل مسألة معتمدًا على قوَّة الأدلة مع مراعاة التيسير على العباد. كما قام الأستاذ هادي حسين الكرعاوي خدمة مماثلة في كتابه (ابن جنيد وآراؤه الفقهية، دراسة في فقه الحجر). ومما ألف أيضًا في هذا المجال كتاب "مراد النووي بمصطلح المختار" في كتابه "روضة الطالبين وعمدة المفتين"، جمعه ورتّبه عبد الغني علي آدم العيني الصومالي. وهو بحث صغير جدًا.

أما فضيلة الشيخ عبد الله علي جيله أحد الأعلام المشهورين في منطقة القرن الأفريقي فقد صار حاضرًا في ميدان العلم والمعرفة كعادته ولاسيما في استحضار الفقهاء الكبار في ذاكرته من خلال كتابه المسمى (مقدمة في القواعد الفقهية)؛ وذلك عندما أراد أن يخدم تراث العالم الحافظ أبي بكر بن أبى القاسم بن أحمد بن محمد بن أبى بكر الأهدلي الحسينى اليمنى التهامى الشافعي المتوفى عام ١٠٣٥هـ، وقد أراد المؤلف أن تكون مقدمته هذه مقدمة لكتاب (الأقمار المضيئة) للشيخ الأهدل المشار إليه آنفًا. وقد جاءت هذه المقدمة الأنيقة في حوالي ١٧ صفحة وهي رسالة لطيفة عبارة عن مقدمة مفيدة جمع فيها الشيخ علمه الغزير وفهمه الكثير وعصارة جهده القدير.

ولا شك أنّه من المفيد جدا محاولة هؤلاء الباحثين والكُتّاب في تفحص مدارك الفقهاء الشرعية في استنباطهم للأحكام وكيفية استدلالهم عليها بمختلف الأدلة وكيفية استيعابهم للأقوال المتعددة للخروج بحكم يُطمئن إليه، وهو أمر يثري البحث العلمي ويبعث في نفوس طلبة العلم الأمل والاندفاع نحو خوض هذا التراث الإسلامي الواسع.

ظهور أهل الفكر والإبداع
خارج حظيرة المذهب الشافعي

تقدم فيما رأينا جهود أهل العلم في الصومال تجاه خدمة المذهب الشافعي في أوجه مختلفة سواء في دراسته وتطويره في أوساط أهل العلم وطلابه أو نشره عبر الحلقات العلمية على أيدي الفقهاء المهرة، أو في بلورته على قالب رسائل وكتب من حيث الإبداع والتجديد، بالإضافة إلى قيام أهل الخبرة والدراية في تحقيق التراث الشافعي وإخراجه ودراسته، مع قيامهم أيضًا بشرحه والتعليق عليه، وتهذيبه أو التأليف فيه، بالإضافة إلى مجالات الفتوى والقضاء. وليس معنى ذلك أن الكُتّاب وأهل التأليف في بلاد الصومال اقتصروا فقط على المذهب الشافعي فيما يتعلق بالتأليف والكتابة عند الحديث عن الفقه والأحكام الشرعية، بل نرى عدم تقيد أهل الفكر والإبداع بالمذهب الشافعي لا سيما عند التحقيق والإنتاج أحيانًا، كما سيأتي.

وبناء عليه فهناك ثلة من جهابذة المذهب الحنفي الذين أنتجوا تراثًا فقهيًّا عظيمًا بحيث إنّه لا يخفى على أحد المدرسة الحنفية في اليمن ومصر ودور الزيالعة والجبرتية في نشرها في القرن الأفريقي إبان العصور الإسلامية. ويكفي أن نشير إلى الشيخ العلامة الفقيه فخر الدين أبو عمر عثمان بن عليّ بن محجب البارعي الزيلعي الحنفي الذي أحيا هذا المذهب الحنفي من خلال دروسه وإبداعاته العلمية، وهو صاحب (تبيين الحقائق شرح كنز الدقائق) لأبي البركات النسفي أحد الكتب الحنفية المعتمدة، وقد أشرنا خبره بالتفصيل في كتابنا (عباقرة القرن الأفريقي)، علمًا بأنّ فخر الدين الزيلعي من مواليد منطقة زيلع التي كان يطلق عليها الجغرافيون أحيانا إقليم الطراز الإسلامي، أو ايفات.

ونحن لا نستغرب ذلك لأن الفقه الشافعي رغم أنه كان يسيطر على منطقة القرن الأفريقي وأنّ الناس كانوا – وما زالوا – يتخذون الشافعية مذهبًا لهم إلاّ أنّ منطقة زيلع اشتهرت بمذهب آخر، وهو مذهب الإمام أبي حنيفة النعمان بن ثابت التيمي الكوفي الذي وفد إلى زيلع من جهة اليمن وخاصة من بلدة السَّلامة المشهورة بهذا المذهب، والبلدة أصبحت مستوطنة زيلعية، بعد أن توجه إليها كثير من طلبة العلم لسهولة الوصول إليها ولقربها بحيث استقروا هناك حتى خُصص لهم مسجد خاص لهم أطلق

عليه مسجد فقهاء بني الزيلعي، وذلك لكثرة وجودهم فيه، وكانت بلدة السلامة من المنافذ التي جاء منها المذهب الحنفي إلى المنطقة(1).

والشيخ فخر الدين أبو عمر الزيلعي خدم المذهب الحنفي بوجوه مختلفة، ولكن من حيث التأليف ترك للأمة الإسلامية تراثًا له قيمته العلمية مثل كتابه (تبيين الحقائق في شرح كنز الدقائق)، وهذا كتاب يعدّ من أهمّ شروح كتاب (كنز الدقائق) للشيخ الإمام أبي البركات عبد الله بن أحمد المعروف بحافظ الدين النسفي الحنفي المتوفى سنة ٧١٠هـ. وتظهر قيمة شرح الزيلعي من خلال الشروح الكثيرة التي وضعت لكتاب النسفي هذا إذ أنّ المحققين ذكروا إن شرح الزيلعي يعدّ من أهمّ الشروح التي وضعت في شرحه؛ كما تظهر قيمة شرح الزيلعيّ أيضًا إذا عرفنا أن له مختصرات كثيرة رغم الشروح الكثيرة للأصل مثل مختصر الزيلعي للشيخ الإمام جمال الدين يوسف بن محمود بن محمد الرازي المسمى "كشف الدقائق". ومما يؤكدّ قيمة كتاب الزيلعي أيضًا أنّه - أي الزيلعي - ليس وحده من قام بتخريج كتاب الكنز أو قام بشرح الكتاب، وإنما شارك معه في هذا الأمر علماء أجلاء قاموا بالشرح والتخريج والاختصار، غير أن كتاب الزيلعي كان يشار إليه بالبنان في أوساط أهل العلم وبالتالي لاقى القبول الحسن لدى الناس، حيث تداوله أهل العلم ما بين شارح له، ومختصر، ومهذب - كما أشرنا إليه -.

ومن الذين شاركوا مع الزيلعي في شرح كتاب الكنز العلاّمة بدر الدين محمد بن عبدالرحمن العيسى الديري الحنفي وسماه (المطلب الفائق)، وهو شرح لطيف كبير في سبع مجلدات. ومن شروحه أيضًا شرح الرضى أبي حامد محمد بن أحمد بن الضياء المكي المتوفى سنة ٨٥٤هـ، وهو أخو صاحب البحر العميق. ومن الشروح أيضًا: (المستخلص) لإبراهيم بن محمد القارى الحنفي المتوفى في رجب سنة ٩٠٧هـ، وهو شرح ممزوج أيضًا. ومن شروح كتاب الكنز أيضًا: (النهر الفائق شرح كنز الدقائق) لمولانا سراج الدين عمر ابن نجيم المتوفى سنة ١٠٠٥ هـ. وهذا دليل واضح على أهمية كتاب: (تبيين الحقائق لما فيه ما اكتنز من الدقائق)، وكيف لا يكون الكتاب بهذا المستوى وقد وضعه أحد نبغاء عصره، وفريد جيله، الفقيه الأصولي الفرضى الإمام فخر الدين بن عثمان بن علي الحنفي الزيلعي الذى كتب في الفقه بتوسع وفي دقة متناهية. ومن هنا فلا غرابة أن تتجه أنظار

---

(١) انظر كتاب الثقافة العربية وروادها في الصومال، ص ٨٨ – ٨٩.

أهل العلم إلى هذا الكتاب بين مختصر وشارح وقارئ، لأن الزيلعي تناول في هذا الكتاب أمورًا عدةً، أهمّها قواعد الإسلام وأركانه ابتداءً بالصلاة وما يتعلق بها من الطهارة بأنواعها وكذا التيمم والأذان، ومرورًا بأركان الإسلام الأخرى من الزكاة والصيام، وعليه فليس من الغرابة أن يصبح شرح الزيلعي من أجلّ كتب الفقه وشروحها وخاصة الفقه الحنفي، بل من أفضل كتب المذاهب حتى "ظل - أي الكتاب - تراثًا خالدًا ينير الطريق ويشير إليه العلماء ويأخذون منه فقههم"(1).

ولفخر الدين الزيلعي أيضًا كتب وآثار علمية أخرى تخدم المذهب الحنفي مثل (شرح الجامع الكبير لمحمد الشيبانى) وكتاب (شرح المختار للموصلى)، وهذان الكتابان بالإضافة إلى كتابه (تبيين الحقائق مما فيه ما اكتنز من الدقائق) من أهم المصادر التي تخدم فروع الفقه الحنفي. إذًا فما سبق يبرهن تفوق أهل منطقة القرن الأفريقي وجهودهم في خارج المذهب الشافعي رغم انتشار المذهب الشافعي في المنطقة.

وقد عمل الدكتور شريف عثمان شريف أحمد السقاف كتاب " تخريج أحاديث وآثار القسم الثاني من كتاب أصول السرخسي" للعلامة أبي بكر محمد بن أحمد بن أبي سهل السرخسي، رغم أنّ السرخسي كان حنفيًا وفضيلة الدكتور الشريف عثمان شافعي تربى على مجالس الشافعية منذ صغره. وأصل هذا الكتاب رسالة علمية نال بها صاحبها درجة الماجستير من قسم العقيدة التابع لكلية الدعوة وأصول الدين بجامعة أم القرى بمكة المكرمة في المملكة العربية السعودية في بداية التسعينيات في القرن المنصرم. والجدير بالذكر أن كتاب (أصول السرخسي) يعد من أمهات كتب أصول الفقه في المذهب الحنفي وصاحب الكتاب إمام كبير وعالم جليل متمكن مشهود له بالعلم والاجتهاد.

وفي عصرنا الحاضر أنجز الباحث عبد الله محمد سعيد أو عبد كتاب (الإجماع السكوتي وتطبيقاته عند الإمام الباجي)، وقد تتبع الباحث آراء الإمام القاضي سليمان بن خلف بن سعد بن أيوب بن وارث التُّجِيبِي الباجي الأندلس المالكي (ت ٤٧٤هـ). وحصّل الباحث من خلال بحثه هذا درجة الماجستير في أصول الفقه من جامعة سِنَّار بحمهورية السودان.

---

(١) زين العابدين عبد الحميد السراج: الحياة الثقافية بالصومال في العصور الوسطى ضمن مجلة البحوث والدراسات العربية، العدد ١٣، ١٤، ١٩٨٧.

قلة التعصب عند التحقيق والإبداع

ومما يؤكد ما سبق ذكره أنّ المنطقة احتضنت المذهب الحنفي في وقت مبكر إلى جانب المذهب الشافعي، وأنّ أهل المنطقة ساهموا في إثراء المذاهب الأخرى في سبيل خدمة العلم والمعرفة وفي سبيل البحث العلمي، بحيث لم تقتصر جهودهم العلمية على المذهب الشافعي السائد في المنطقة فقط. ونسرد هنا بعض نماذج من ذلك ليكون الأمر واضحًا جليًا.

لم يكن المذهب المالكي أو غيره مانعًا للحركة العلمية والفكرية لأهل المنطقة، كما فعل ذلك أيضًا فضيلة الدكتور أحمد جامع إسماعيل ميري حيث عاش مع الفقيه المالكي في عصره العلامة يحيى بن محمد الحطاب المغربي المالكي سنوات عدة عندما اختار العمل في مخطوطة كتاب " إرشاد السَّالك المحتاج إلى بيان أحكام أفعال المعتمر والحاج" ليحيى بن محمد الحطاب (ت ٩٩٥ هـ)، ورغم أنّ العلامة يحيى بن محمد الحطاب مالكي المذهب، إلا أنّ فضيلة الدكتور أحمد قام بتحقيقها ودراستها من خلال عمله برسالة علمية نال بها درجة الماجستير في الفقه بكلية الشريعة بالجامعة الإسلامية بالمدينة المنورة. ويظهر من عنوان الرسالة بأنها تناقش أحكام الفقه الإسلامي، ولاسيما الأحكام الفقهية المتعلقة بشعائر الحج والعمرة.

وهذا فضيلة الشيخ نور الدين علي بن أحمد - رحمه الله - يميل إلى التمسك بالمذاهب الأربعة الرئيسية عندما ساهم في الفقه والأحكام الشرعية وخاصة في باب أحكام الفرائض، وقد استطاع فضيلته وضع رسالة فقهية نفيسة تتعلق بأحكام المواريث على المذاهب الأربعة المعروفة ولم يقتصر فقط على مذهبه الشافعي، وقد سمى رسالته (المواريث الشرعية في المذاهب الأربعة)، وهنا تناول الشيخ بابًا من إحدى أبواب الفقه وهو علم الفرائض مع توسع حتى ضمّ كتابه آراء الفقهاء الأربعة مما يدلّ على سعة اطلاعه وتحرره من التمذهب حيث لم يقتصر على المذهب الشافعي الذي هو سائد في منطقة القرن الأفريقي وغيرها من المناطق في شرق أفريقيا، وذلك من باب خدمة العلم والمعرفة عمومًا.

والتعصب للمذاهب الإسلامية كان منتشرًا في أوساط الأمة الإسلامية منذ أمد بعيد وقد ازداد في القرون الأخيرة عما كان عليه، ومنطقة القرن الأفريقي لم تكن شاذة عن ذلك، وقد رأينا في السطور الماضية شدة محبة أهل الصومال للمذهب الشافعي والتعصب له والجنوح إليه دون غيره من المذاهب الإسلامية الأخرى، غير أنّ هذا ليس معناه أنّ أصحاب الفضيلة والعلماء في بلاد الصومال يتعصبون دائمًا للمذهب الشافعي وتراثه، وإذا كان لهم دور بارز في ذلك المجال فلا يعني ذلك أن مواهبهم العلمية وإبداعاتهم الثقافية تقف إلى هذا الحد فقط، بل يستطيع القارئ والمتتبع لقضايا تراثنا العريق - الذي ليس له في الحقيقة حد؛ كالبحر لا ساحل له - أن يرى أثرهم العلمي في خدمة التراث الإسلامي، وجهودهم في مجال تحقيق التراث وصيانته والاعتناء به عمومًا. وهذا فضيلة الدكتور أحمد حاج محمد عثمان المشهور بأحمد إمام له جهود متميزة في إخراج التراث وتحقيقه، كما فعل عندما قام بتحقيق ودراسة (كتاب التعيين في شرح الأربعين)، علمًا بأنّ مؤلف هذا الكتاب من كبار الحنابلة وهو العلامة المتقن المتفنّن نجم الدين سليمان بن عبد القوي الطوفي الحنبلي المتوفى سنة ست عشرة وسبعمائة هجرية، وكتابه من أوائل شروح كتاب الأربعين النووية. وقام الدكتور بدور كبير في إخراج هذا الكتاب حيث حقق نصوصه مع التعليق عليها في بعض الأحيان، مما يدل على قيام أهل العلم في الصومال وعنايتهم بتحقيق ودراسة التراث التابع للمذاهب السُّنيَّة الأخرى.

ومما يشهد لهذا أيضًا ما فعله فضيلة الدكتور الشيخ عبد الباسط شيخ إبراهيم حيث قام بمشروع علمي تجاه تحقيق ودراسة كتاب من التراث الحنبلي وهو كتاب " الدَّاعي والمدعي في علم الدّعاء " للشيخ جمال الدين يوسف بن الحسن بن عبد الهادي الصالحي المعروف بابن المبرد (ت٩٠٩هـ). والكتاب عبارة عن رسالة علمية نال بها فضيلته درجة الماجستير في كلية الدعوة وأصول الدين بالجامعة الإسلامية بالمدينة المنورة.

ومن ذلك أيضًا ما قام به الشيخ يحيى إيي (Iye) - أحد علماء منطقة القرن الأفريقي وخاصة في جيبوتي وهو من أقران فضيلة الشيخ عبد الله علي جيله -، حيث قام بتهذيب وترتيب وتصحيح كتاب الموطأ للإمام مالك بن أنس، وسماه (تهذيب موطأ مالك).

وفي هذا الصدد أيضًا ما قام به الأستاذ محمد حسن محمد من جهد علمي تجاه كتاب في الفقه المالكي وهو (الفروق الفقهية بين المسائل الفرعية في المدونة الكبرى، من أول كتاب

المساقاة إلى آخر كتاب الاستحقاق - جمعًا ودراسة)، وهو عبارة عن أطروحة علمية مقدمة لقسم الفقه بكلية الشريعة بالجامعة الإسلامية بالمدينة المنورة في المملكة العربية السعودية لنيل الدرجة العالمية العالية الدكتوراه. وقام المؤلف بجمع وتحقيق ودراسة المسائل الفقهية سيما تلك المسائل الفرعية في كتاب المدونة الكبرى علما بأن المدونة الكبرى هي مجموعة من الأسئلة والأجوبة في مسائل الفقه التي وردت للإمام مالك بن أنس رحمه الله ورواها عبدالسلام بن سعيد التنوخي الملقب بسحنون رحمه الله، وأحيانا تنسب إليه ويقال مدونة سحنون لأنه رواها.

ومن إبداعاتِ المثقفين الصوماليين التي ظهرت في الساحة العلمية جهودٌ علمية اهتمت بقضايا فقهية ولكنها للبلدان الإسلامية الأخرى مثل دولة السودان الشقيقة، كما فعل ذلك الباحث القدير الأستاذ محمد عبد الله فارح توشو عندما أنجز كتابه (الاجتهاد الجماعي ودور مجمع الفقه الإسلامي السوداني في تحقيقه). وهذا الكتاب كان جزءا من متطلبات رسالة علمية نال بها الباحث درجة الماجستير من قسم الشريعة والقانون بكلية الشريعة والدراسات الإسلامية في جامعة أفريقيا العالمية.

والحديث عن الاجتهاد الجماعي يقصد به اجتماع كوكبة من علماء الأمة للنظر في حكم مسألة ما مما يجوز النظر والاجتهاد فيه، والغالب حضور أصحاب الاختصاص معهم في ذلك أيضًا، كأن تكون المسألة طبية فيحضر معهم الأطباء الثقات وهكذا، ويمثل هذا الأمر المجامع الفقهية الموجودة في العالم الإسلامي وغيره. وعلى كل حال فإن الرسالة تتكون من أربعة فصول:

الفصل الأول: التمهيد (الاجتهاد وشروطه).

الفصل الثاني: في الاجتهاد الجماعي.

الفصل الثالث: نبذة عن مجمع الفقه الإسلامي السوداني.

الفصل الرابع: دور مجمع الفقه الإسلامي السوداني في تحقيق الاجتهاد الجماعي.

وقد توصل الباحث إلى نتائج كثيرة من خلال مشروعه العلمي مثل:

إن مجمع الفقه الإسلامي السوداني قد سدَّ فراغًا وعالج قضايا مستجدة كثيرة في إفتائه، كما نادى الباحث بضرورة دعم الاجتهادات الجماعية الصادرة عن المجامع الفقهية

من قبل ولاة الأمور في البلدان الإسلامية وذلك عن طريق إلزام قراراتها، والعمل على التنسيق الكامل بين المجامع الفقهية في العالم الإسلامي؛ وذلك للوصول إلى إنشاء إدارة موحدة تعالج مشكلات الأمة الإسلامية، ومن ثمّ العمل على عرض الفتاوى الصادرة عن مجامع الفقه الإسلامي ونشرها في صورة جذّابة ومؤثرة في العالم الإسلامي.

وعلى هذا الدرب وجَّه فضيلة الأستاذ الدكتور يونس عبدلى موسى جهوده العلمية ولا سيما الفقهية التي برع فيها نحو الاهتمام بقضايا بلدان أخرى من خلال كتابه (الفتوى في أفريقيا - كينيا نموذجًا)، علمًا بأنّ فضيلته ينتمى إلى سكان منطقة الحدود الشمالية التابعة الآن لدولة كينيا. وهذا المشروع عبارة عن بحث علمي ضمن البحوث التي صدرت في الملتقى الخامس عشر بجامعة الإمام محمد بن سعود الإسلامية بالتعاون مع لجنة الدعوة في أفريقيا سنة ٢٠٠٦م.

ومثله الأستاذ عبد الناصر حسن أحمد الذي قادته موهبته إلى اختيار أحد الأعلام التونسيين في الفقه - وهو العلامة محمد الطَّاهر بن محمد بن محمد الطَّاهر بن محمد بن محمد الشَّاذلي بن عبد القادر بن محمد المشهور بابن عاشور، أحد كبار فقهاء عصره، ومالكي المذهب-، فأنجز رسالة علمية أطلق عليها (اختيارات ابن عاشور في مسائل الجنايات والحدود والتعازير في تفسيره التحرير والتنوير دراسة مقارنة). وقد ابتدأ الباحث بترجمة موجزة للإمام ابن عاشور - رحمه الله - مُرْدفًا إياها باختيارات العلامة ابن عاشور في مسائل الجنايات والحدود والتعازير في تفسيره (التحرير والتنوير) مقارنًا ذلك بقانون العقوبات الصومالي لسنة ١٩٦٢م. والكتاب عبارة عن رسالة علمية نال بها صاحبها درجة الماجستير في الفقه المقارن بكلية الشريعة والقانون التابع لجامعة القرآن الكريم بالسودان في ١٥ فبراير عام ٢٠١١م، أما فضيلة الدكتور إبراهيم شيخ عبدي علي فقد تفرغ لجمع إجماعات واتفاقات ابن هُبيرة الحنبلي في مجال المعاملات حتى أنجز كتابه (إجماعات واتفاقات ابن هبيرة في المعاملات المالية في كتابه الإفصاح عن معاني الصِّحاح) ابتداء من كتاب البيع إلى نهاية كتاب الفرائض من الكتاب المذكور، ويصل بحثه إلى حوالي ٥٥٠ صفحة.

المراكز العلمية وحلقاتها الفقهية

وبعد أن أشرنا إلى تلك الكتابات والإنتاج العلمي الذي حققه أهلنا تجاه المذهب فلابد من الإشارة إلى الأروقة العلمية الفقهية وجهودها في نشر المذهب عبر الحلقات. ودراسة المراكز العلمية وحلقاتها الفقهية على مستوى الصومال الكبير ليس بالأمر السهل بل يحتاج إلى جهود متكاتفة وجماعية لاستيعابه بقدر الإمكان، ومحاولتنا هنا في هذا المنحى سوف تكون على سبيل ضرب الأمثلة لا للحصر، لأنّه ما من بقعة في المنطقة سواء في المدن أو القرى والأرياف إلا وكان لها – وما زال – أنشطة فقهية، ولكن كان هناك بعض المراكز التي يشار إليها بالبنان، واشتهرت بنبوغها وتفوقها في ذلك المجال، مثل النشاط الفقهي الذي تتمتع به مدينة مقديشو عبر العصور، وكذلك مدينة بَارْطَيرى في جنوب البلاد ومركزها الفقهي المعروف في أوساط أهل العلم. والنشاط العلمي الذي كان يجري على جنبات مقديشو كان على مقدمته الحلقات الفقهية، كحلقة الشيخ أبي بكر المحضار، والشيخ محي الدين معلم مكرم، والشيخ حسين عدي وغير ذلك من الحلقات التي كان يؤمّها طلبة العلم في جميع أنحاء المنطقة. وأما مدرسة بَارْطَيرى الفقهية فما زالت حتى الآن يتوجه إليها طلبة العلم من أنحاء مختلفة ولها نظامها الخاص، وتمتاز هذه المدرسة بمواصلتها الدراسة دون توقف رغم الظروف الأمنية، وأنّ علماء الحلقات العلمية فيها يستخدمون أغلب اللهجات الصومالية حتى لا يتعرض طالب العلم لعوائق لغوية في سبيل تحصيله العلمي.

ونود أن نشير هنا أن هدفنا من ذكر هذه الحلقات هو ضرب الأمثلة مع ذكر بعض الكتب التي كانت تدرس في تلك الأروقة العلمية وبالذات الحلقات الفقهية في قطرنا الصومالي في العصور الوسطى ونوعيتها. ولاشكّ أنّه من المفيد جدا أن نشير إلى المدارس والمراكز التي اختصت بعلم الفقه، كالجزء الجنوبى للبلاد، وخاصة بعض المدن التي اشتهرت في هذا الفن، بل وما زال طلاب العلم يفدون إليها وينهلون من مناهلها ويحرصون على الاستفادة من حلقاتها الفقهية، مثل مدن بارطيرى ومركة ومقديشو وكذا مدينة هرر. ويبدو أنّ هذه الحلقات العلمية التي كانت في القطر الجنوبي أخذت رونقًا معينًا ونكهة خاصة، ومن البديهي أن يشدّ إليها بعض طلاب العلم من بعض الأقطار الأخرى خارج القطر الصومالي الرحال حتى يصلوا إليه لا لغرض آخر إلا لطلب العلم

وخاصة الفقه الإسلامي الذى اشتهر به أهل الصومال وبرعوا فيه كحلقة الشيخ محمد بن عبد الصمد الجهوي في مدينة مقديشو. ومن الكتب الفقهية التي كان يقرؤها الشيخ ويدرسها في حلقته كتب: (التنبيه) لأبي إسحاق الشيرازي (ت ٤٧٦هـ) و(الوجيز) و(الوسيط) كلاهما للغزالي (ت ٥٠٥هـ)، كما ذكر ذلك العلامة با علوي محمد بن أبي بكر الشلي في كتابه المشرع الرَّوي في مناقب السادة الكرام آل علوي(1).

إذًا يبرهن ذلك أن الإنتاج الفكري والثقافي في الصومال لا سيما فيما يتعلق بالفقه وأصوله لم يقتصر فقط على إنتاج الكتب والرسائل الفقهية، وإنما هناك إنتاج من نوع آخر، وهو أن أهل الصومال أسسوا مدارس فقهية لا تضاهيها مدارس أخرى في منطقة الشرق الأفريقي، وخاصة ما يتعلق بالفقه الشافعي.

ثراء الحلقات العلمية

لقد أشرنا أكثر من مرة إلى الرحلات العلمية التي وفدت إلى منطقة القرن الأفريقي، سواء كانت تلك الرحلات التي جاءت فرادى أو جماعات، وذكرنا أنّ بعض طلبة العلم كانوا يفدون من أنحاء مختلفة متجشمين الصعاب، كي يتعلموا على أيدي علماء الصومال عبر حلقاتهم العلمية التي جاؤوا لأجلها، لينهلوا من معينها الصافي. وكانت هذه المراكز يشعّ منها نور العلم والمعرفة عبر العصور الإسلامية الماضية، سواء تلك المدن الساحلية مثل زيلع وبربرة ومقديشو وورشيخ ومركة وبراوة، أو المدن الواقعة في الداخل، كهرر وبارطيرة وبيدوا وبلدوين وغير ذلك، مما يدل على أنّ هذه الحلقات صارت ذائعة الصيت في الصومال حتى توجهت إليها أنظار طلاب العلم، ليس من داخل البلاد وإنّما أيضًا من أماكن مختلفة من المناطق المجاورة، بما في ذلك سكان الجزيرة العربية، بل إن مقديشو وحدها قد وفد إليها وفود كثيرة من المناطق العربية الأخرى ليس إلا لتلقي العلم الشريف لما كانوا يعرفون من مستواها العلمي والثقافي، كما كان دأب طلبة العلم أن يشدّوا رحالهم إلى أي بقعة يسمعون فيها عن علماء روّاد للعلم والمعرفة(2).

---

(١) باعلوي، محمد بن أبي بكر الشلبي باعلوي: المشرع الرَّوي في مناقب السادة الكرام آل أبي علوي، صنعاء، بدون تاريخ، ص ١٩٠.

(٢) الشريف العيدروسي بن الشريف علي العيدروس النضيري العلوي: بغية الآمال في تاريخ الصومالأ، مطبعة الإدارة الوصية على صوماليا، مقديشو، ط١، سنة ١٣٧٤هـ/ ١٩٥٤م، ص٤١؛=

والثراء العلمي والثقافي الذي كانت تشهده تلك الحلقات العلمية كانت أحد العوامل التي جعلت أنظار طلبة العلم ورحلاتهم تتجه نحوها، بحيث كانت اللغة العربية محورًا لتلك الحلقات التي كانت تغلب عليها السمة الدينية البحتة من القرآن وعلومه، والحديث وعلومه، والفقه وأصوله، كحلقة الشيخ جمال الدين محمد بن عبد الصمد الجهوي في مقديشو، وكان هذا العالم وحلقاته العلمية من أشهر الحلقات في القطر الصومالي في وقته حيث إنها كانت تضم مختلف العلوم والمعرفة من التفسير والحديث والفقه والتصوف، بالإضافة إلى علوم العربية بما فيها علوم المعاني والبيان والمنطق ... ومن هنا فقد استحقت هذه الحلقة أن شدتّ إليها الرّحال ويقطع من أجلها مسافات طويلة، كما فعل ذلك العلامة اليمني محمد بن علوي بن أحمد بن الأستاذ الأعظم الفقيه المقدم، حيث أتى من بلدته تَرِيم حتى وصل إلى مقديشو، ثم عاد إلى اليمن بعد أن تلقى علومًا كثيرة في مقديشو ولاسيما في حلقة شيخه جمال الدين الجهوي المشار إليه، بحيث كان يقرأ في حلقته كتب الفقه الشافعي مثل كتاب (المُهذَب) و(التَّنبِيه) كلاهما لأبي إسحاق الشيرازي (ت ٤٧٦هـ) والوسيط والوجيز كلاهما للغزالي (ت ٥٠٥هـ)[1].

لذلك كان لتدفق علماء أكفاء إلى مناطق الصومال تأثيره الإيجابي في النواحي العلمية والثقافية، لأنّه كان من بين القادمين جهابذة بارعون في مختلف الفنون، كالشيخ العلامة محمد بن محمد بن عبد الرحمن بن حسن وجيه المصري المعروف بابن سُويد، وبأحمد آباد، ولاسيما أنه تلقى علوم العربية من نحوٍ وغيره، وقد حفظ ألفية ابن مالك، كما حفظ كتابي ابن الحاجب الفرعي والأصلي وغيرهما، إضافة إلى أنه تلقى أغلب العلوم الإسلامية على أيدي علماء متعددين، وعلى رأسهم الحافظ شمس الدين السخاوي، ومن بين ما أخذ عنه شرحه للألفية وغير ذلك. ولاشك أن وجود هذه الشخصية الفذة في الصومال ساعدت على نمو الحركة الفكرية والعلمية في المنطقة ولاسيما أنه خلال وجوده في مدينة زيلع قام بالتدريس ونشر العلم حسب ما صرح به العيدروسي بأنه " درّس وحدّث ". وعلى الرغم من أن العلامة وجيه المصري كان موسوعيًا إلا أنه كان بارعًا ومتقنًا للغة العربية

=شريف صالح محمد علي: المعجم الكشّاف عن جذور اللغة الصومالية في العربية، مكتبة النهضية المصرية، القاهرة، ط١، عام ١٩٩٦م، الجزء الأول، ص٤-٥ .

(١) باعلوي، محمد بن أبي بكر الشلبي باعلوي: المصدر السابق ١٩٠.

ومتخصصًا فيها، ولا يمكن أن تخلو دروسه التي كان يعقدها خلال وجوده في الصومال قبل رحيله إلى بلاد الهند منها[1]. واللغة العربية ارتبطت ارتباطًا وثيقًا بالدين الإسلامي وتعاليمه المختلفة من القرآن والحديث والفقه وغير ذلك، ويستحيل على أحد أن يتعمق في الدين الإسلامي دون أن يكون لديه فهم ثاقب باللغة العربية؛ لأنّ الهدف الأسمى في تعلُّمها وتعليمها وإتقانها إنّما هو فهم الدين والشريعة، ومن هنا فلا يستغرب إذا احتلت اللغة العربية عند المجتمع الصومالي وخاصة –الطبقة المثقفة– مكانة عالية، وأن يحرصوا على تعلُّمها وإتقانها أشد الحرص.

ومن هؤلاء العلماء الوافدين على القطر الصومالي البارعين في اللغة العربية، أحد الأعلام اليمنيين وهو الشيخ أبو بكر بن عبد الله العيدروسي باعلي حيث قدم على زيلع بعد موسم الحج عام ٩١٤هـ، وقد تتلمذ على أيدي علماء كبار في بلده اليمن وفي الحجاز أمثال العلامة يحيى بافضل، والحافظ السخاوي، ومن خلال مصاحبتهم ومجالستهم استفاد علومًا غزيرة، إضافة إلى أنه كان له قراءات كثيرة لا تنحصر، وإجازات متنوعة، ثم بعد ذلك عقد حلقات علمية وأفاد لطلابه في اليمن والحجاز والصومال، واستفاد منه عدد غير قليل من الأجلاء، ومن الطبيعي أن تعلو شهرة هذه الشخصية عند معاصريه من أهل العلم حتى ترجم له غير واحد ككتاب: (مواهب القدوس في مناقب ابن العيدروس) للشيخ جمال الدين محمد بن عمر بحرق الحضرمي؛ والشيخ أبو بكر بن عبدالله العيدروسي ألف عدة مؤلفات مثل: (الجزء اللطيف في علم التحكيم الشريف)، وكان له ديوان شعر، مما يدل على نبوغه أثناء وجوده في الصومال من خلال تدريسه وحلقاته العلمية[2].

ومنهم أيضًا أبو الربيع سليمان بن موسى بن سليمان الأشعري صاحب المصنفات العديدة، وكان عارفًا بالعلوم الشرعية، كما كان متقنًا للغة والأدب، ومن بين مؤلفاته: (شرح الخمرطاشية[3])، وهو شرح جيد سماه (الرياض الأدبية في شرح الخمرطاشية)،

---

(١) العيدروسي: مصدر سابق ص ١٠٢ –١٠٣ .

(٢) العيدروسي: المصدر نفسه ص ٨١ –٨٩.

(٣) هي قصيدة لأبي العباس أحمد بن خمرطاش الحميري السراجي، كان فقيهًا جليلًا، عارفًا نبيلًا، مدح فيها قومه واستثار حفائظهم. انظر: الخزرجي، على بن حسن: العقد الفاخر الحسن في طبقات أكابر أهل اليمن ص ٢٨٢، مكتبة الجيل الجديد، صنعاء ١٤٣٠هـ.

وفي سنة اثنتين وخمسين وستمائة وصل إلى المنطقة قادمًا من اليمن وكان له أثر كبير في الحياة الثقافية في البلاد، وقد حزنت الأمة لوفاته وخاصة أهل العلم[1].

وبما أن الحلقات العلمية أو الفقهية التي كان يقودها كوكبة من الفقهاء والعلماء منذ زمن طويل تعتبر مرحلة مهمة في تاريخ الحركة العلمية في المنطقة دون تمييز فنّ من الفنون، وأنّه من البديهي أن تأخذ الدراسات الدينية من القرآن وعلومه والحديث وعلومه والفقه وأصوله حيزًا كبيرًا، غير أنه مع هذا كله فنحن لا نجد من يشير إلى هذه الجهود العلمية التي بذلها أهل العلم في الصومال بإسهاب، وخاصة الفقهاء وحلقاتهم الفقهية التي كانوا يشرحون فيها أحكام الشريعة الإسلامية.

وسنحاول في هذا البحث أن نتتبع بعض تلك الحلقات الفقهية التي برزت في أكثر من ميدان علمي في البلاد، وفي العصور المختلفة حتى عصرنا الحاضر، لنرى مدى قوة الحركة العلمية في الصومال من خلال الحلقات العلمية التي لم تنقطع يومًا من الأيام. ولعل مَنْ يأتي فيما بعد يسلِّط قلمه على نوعيات الحلقات العلمية في المنطقة، ويفيدنا بدروس العلماء في الحلقات ومنهجيتهم فيها.

الحلقات في المهجر قديمًا

أشرنا فيما مضى إلى أنّ الحلقات الفقهية كانت منتشرة في بلاد الصومال، بحيث لا تجد مدينة أو قرية إلا ولها حلقاتها بقيادة نخبة من أهل العلم المتمكنين من الفقه الشافعي وقواعد أصوله. وقد استمر طلبة العلم يحرصون على ذلك حتى أثناء وجودهم في المهجر لأغراض مختلفة. ومن الصعب تتبع جميع هذا النوع من الحلقات التي كان يعقدها أهل الصومال في خارج بلادهم، وذلك لكثرتها ولطول الفترة الزمنية فيها، ولا سيما أننا لا نعرف بالضبط متى بدأت هذه الحلقات في خارج المنطقة، ولكننا نستطيع أن نشير إلى بعض من ذلك في أكثر من مكان، وفي أزمنة مختلفة دون أن نتعمق فيها سدًا للفراغ، بحيث لم نجد من المؤرخين من أشار إلى هذه الحلقات العلمية في داخل الصومال وخارجها.

---

(١) الخزرجي: مصدر سابق ١/ ١١١ – ١١٢.

ومهما كان الأمر، فإنّ طلبة العلم دائمًا كانوا يحرصون على انضمامهم إلى الدروس العلمية والالتزام بمنابع العلم وحلقاته والحفاظ عليه، ليس في داخل البلاد فحسب وإنّما في المهجر أيضًا، بل وكان بعضهم ينضم إلى هذه الحلقات في البلاد المقدسة – مكة المكرمة والمدينة المنورة – وفي بلاد اليمن السعيد ومعاقله العلمية، ورحاب الأزهر الشريف بمصر، وكذا في ساحة الجامع الأموي وملحقاته في الشام من خلال الأروقة والزوايا العلمية كرواق الجبرتي والزيلعي في القاهرة ودمشق. كما كان في الحجاز أربطة وأوقاف للمجاورين وطلبة العلم، علمًا أنّ الناس كانوا يأتون إلى الأماكن المقدسة لأداء فريضة الحج والعمرة وكثير منهم كانوا يبقون في المنطقة بعد انتهاء مهمتهم لأهداف منها طلب العلم أو المجاورة. ومن هنا فقد ظهر نخبة من العلماء الأجلاء برزوا في الساحة العلمية وصاروا أقطابًا وروادًا في مجالات كثيرة من الفقه وأصوله والحديث وعلومه، على غرار أروقة العلم للطلبة الصوماليين لكل من الجامع الأزهر في القاهرة والأموي في دمشق – كما سبق ذكره - . وفي اليمن كان أهل العلم يجتمعون في قرية السَّلامة اليمنية فور وصولهم إلى أرض اليمن قادمين من منطقة القرن الأفريقي عبر ميناء الزيلع.

شهرة حلقات علماء القرن الأفريقي في الحجاز

وعلماء منطقة القرن الأفريقي كان لهم جهود علمية أخرى غير جهودهم في طلب العلم، عندما ظهروا في الساحة الحجازية العلمية ككوكبة من العلماء الربانيين كانت لهم حلقات علمية بعد جلوسهم على الكرسي العلمي، وقد قام هؤلاء بتدريس أغلب فنون العلم والمعرفة. ولعل هؤلاء كانوا يعقدون حلقات خاصة لأهل بلدهم الأصليين ولا سيما الجدد منهم، لأنّه من البديهي أن يحرص طلبة العلم الغرباء على أماكن وجود الزيالعة والجبرتية في اليمن والحجاز وغيرها، ليس لتوافق اللسان فحسب، وإنّما أيضًا لانسجام التقاليد والعادات التي تجمعهم، ولقلة خبرة الطلبة ببيئتهم الجديدة التي قدموا عليها.

ومن الحلقات العلمية التي برزت في الساحة الحجازية حلقة فضيلة العلَّامة أبو محمد عبد الله الجبرتي الذي كانت له حلقة علمية في الحجاز وخاصة في مدينة مكة المكرمة، وكان أصله ممن جاور مكة ونزل بها، وقد استفاد من مجالسه العلمية أبو حامد بن ظهيرة. وخلال وجود الجبرتي كان يلزم الحلقات العلمية التي كان يقودها علماء أعلام حتى تواجد في أكثر من ميدان علمي، بل واحْتَكَّ بأبرز العلماء، وتلقى العلم وسمعه من

الوادي آشي [1]، والزين الطبري وغيرهم في مكة المكرمة، وقد زار الشام فسمع من الحافظ المزي، وتوفى سنة ٧٧٣هـ[2].

ومن الحلقات الجبرتية حلقة شيخ الجبرتيين بمكة، الشيخ أيوب بن إبراهيم الجبرتي، أحد العلماء البارزين في أوساط أهل العلم، وبالذات طلبة العلم الذين كانوا يلتفون حوله في رباط ربيع بمكة حتى أطلق عليه شيخ رباط ربيع، وإلى جانب علمه الغزير وذاكرته القوية اشتهر بالصلاح والتقوى، وكان للناس فيه اعتقاد، ولم تنحصر شهرته بمنطقة الحجاز وما حولها فحسب، وإنما ذاع صيته إلى الديار المصرية، حيث دخل القاهرة مرارًا للاسترزاق، وجرت عليه أرزاق من أوقاف الحرمين . والجدير بالذكر أن الشيخ أيوب الجبرتي [3] قاد مشيخة رباط ربيع سنين عديدة إلى أن مات، وقد تتلمذ على يديه عدد من أهل العلم، مثل الشيخ عبد الله بن محمد بن علي بن سليمان الرازابي الجبرتي ثم المكي نزيل رباط ابن الزمن، كان يحضر الحلقات العلمية، ومن ذلك أيضًا الحافظ ابن حجر العسقلاني – صاحب المصنفات العديدة –، والحافظ السخاوي [4]، وكل هؤلاء وغيرهم من العلماء استفادوا من تلك الحلقات التي كان يعقدها علماء الجبرتية والزيالعة من منطقة القرن الأفريقي. وقد ترك الجبرتي بيت علم وصلاح وكان ابنه معروفًا من قبل العلماء المشهورين في زمانه، وتوفي في ليلة الأربعاء السابع من شهر ربيع الآخر سنة سبع وتسعين وثمانمائة[5]، كما أن حفيده جمال الدين محمد المعروف بابن إسماعيل الصوفي من العلماء النابغين في عصره حتى أطلق عليه لقب شيخ الشيوخ [6].

---

(١) ابن حجر العسقلاني: الدرر الكامنة، مصدر سابق ١ / ٤٧١ .

(٢) انظر ابن حجر العسقلاني: إنباء الغمر بأبناء العمر، مصدر سابق ١/ ٢٥-٢٦ .

(٣) كان من أعلام القرن التاسع، ترجم له المؤرخون مثل ابن حجر العسقلاني والفاسي والسخاوي، انشغل بنشر العلم إلى أن مات في رمضان سنة سبع وعشرين بعد الثمانمائة، ودفن بالمعلاة.

(٤) السخاوي، شمس الدين محمد بن عبد الرحمن: مصدر سابق ٢/ ٣٣٠ – ٣١ .

(٥) الخزرجي: مصدر سابق ٢/ ٢٢٣ .

(٦) كان من المشائخ الصالحين وتوفي يوم الاثنين الثالث والعشرين من شهر شوال سنة خمس بعد التسعمائة ودفن في قبر والده داخل قبة جده الشيخ إسماعيل الجبرتي، وكان له مشهد عظيم لم تر العيون مثله . انظر(العيدروسي: مصدر سابق ص ٤٢).

تجمعات الزيالعة في قرية السلامة باليمن وحلقاتهم

ومن حلقات الزيالعة باليمن حلقة العلامة الشيخ أبي الحسن علي بن أبي بكر الزيلعي العَقِيلي، نسبة إلى عقيل بن أبي طالب، صاحب قرية السلامة من وادي نخلة، وكان أصل بلدهم بطة، وهي قرية من قرى الحبشة، ولذلك يقال لهم بنو الزيلعي. وكان أول من قدم من هذه الأسرة إلى قرية السلامة جدهم محمد فتزوج من القرية امرأة فولدت له ابنه أبا بكر ثم لما كبر أبو بكر تأهل بامرأة من أهل العقيلية فأنجبت له عليًا - صاحب الترجمة - وأخاه أيضًا، وهم بيت صلاح وعلم، كما ذكر ذلك الخزرجي. وعلى كل حال، فإن الشيخ علي بن أبي بكر الزيلعي كان من فقهاء بلدته - قرية السلامة - صاحب فضل وعبادة، كثير النسك والحج مثل أبيه كان عطوفًا على الفقراء والمساكين[1] مهيبًا عند الناس تلتجئ إليه الأمة كما فعل ذلك الناصر بن الأشرف، والأشرف بن الواثق وابن طرنطاي حيث اتصلوا بالفقيه علي بن أبي بكر الزيلعي[2].

ومن ناحية أخرى، كان بيت هذا الفقيه يقصد إليه أيضًا طلبة العلم والعلماء ولاسيما أبناء موطنه الأصلي من الزيالعة وغيرهم من المسلمين في المنطقة، مثلما فعل الفقيه البارع أبو الحسن علي بن نوح الأبوي[3]، حيث كان أول وقوفه في قرية السلامة عند الفقيه أبي بكر الزيلعي، والد الشيخ علي[4]. ومهما يكن فإن الفقيه الصالح أبو الحسن توفي بمكة المشرفة آخر شهر ذي الحجة سنة تسع وعشرين وسبعمائة[5].

ومن العلماء الزيالعة الذين وفدوا إلى بلاد اليمن وأثروا في الحياة الثقافية، الفقيه البارع أبو الحسن علي بن نوح الأبوي - بضم الهمزة وفتح الباء وكسر الواو نسبة إلى أبي ابن كعب الأنصاري الصحابي - وعلى الرغم من أن الشيخ ينتسب إلى سلالة الصحابي العربي إلا أن أصل بلده الذي جاء منه كان من منطقة القرن الأفريقي، وأشار الخزرجي إلى أن أصل بلاده بلاد السودان مما وراء البحر، ومهما يكن فإن الشيخ علي بن نوح

---

(١) الخزرجي: المصدر السابق ٢/ ٣٥ - ٣٦.

(٢) الجزرجي: المصدر نفسه والصفحة.

(٣) الأبوي: بضم الهمزة وفتح الباء وكسر الواو نسبة إلى أبيّ بن كعب الأنصاري الصحابي الجليل.

(٤) الخزرجي: المصدر السابق ٢/ ٧٧.

(٥) الخزرجي: المصدر السابق ٢/ ٥٣ - ٥٤.

الزيلعي كان محدثًا نقالًا للحديث حافظًا لمعانيه، حتى إنه كان يحفظ (الهداية) للمرغيناني الحنفي عن ظهر الغيب، وكان له علاقة مع الفقيه أبي بكر الزيلعي –كما سبق ذكره– حيث إنه أول ما وصل إلى قرية السلامة في مدينة حيس توقف عندها، ثم بعد ذلك واصل رحلته العلمية ودخل مدينة زبيد وأصبح مدرسًا في المنصورية الحنفية فيها، واستمر في ذلك مدة، ولم تقتصر جهود الشيخ العلمية على نشر الفقه في القطر اليمني على المدارس، وإنما أيضًا اتبع طرقًا أخرى حتى أخذ عنه العلم جمع كثير حيث كان مشهورًا بالفقه والصلاح، وكان وفاته في منتصف سنة إحدى وخمسين وسبعمائة رحمة الله تعالى عليه [1].

حلقات المهجر في العصر الحديث

وفي العصر الحديث لم تتوقف الحلقات العلمية في المهجر الصومالي، لا سيما في أوساط طلبة العلم والمثقفين، ولعله من خلال تتبع طلبة العلم في اليمن والحجاز والشام ومصر سوف يظهر مدى انتشار هذه الحلقات وتنوعها. وفيما يتعلق بمنطقة الحجاز فإن طلبة العلم في جامعة أم القرى بمكة المكرمة والجامعة الإسلامية بالمدينة المنورة ما زال بعض منهم يلتزمون ببعض الحلقات العلمية في الحرم المكي الشريف، وكذا في المسجد النبوي الشريف، ولم يكونوا يكتفون بما يتلقونه من العلوم في الجامعتين المذكورتين. والجدير بالذكر أنّه كانت هناك أيضًا حلقات علمية كان يقعدها طلبة العلم من أهل منطقة القرن الأفريقي بحيث كان يتدارسون العلم فيما بينهم، وخاصة الفقه الشافعي.

وفي هذا المقام يطيب لي أن أذكر حلقة فضيلة الدكتور الشيخ باشنا إبراهيم محمود التي كانت خاصة بطلبة العلم في جامعة أم القرى بمكة المكرمة، وكان فضيلته يقرأ كتاب (المنهاج) للنَّووي، وقد كنتُ من بين الذين يواظبون على هذه الحلقة، وكان يحضر درس الدكتور بعض أهل العلم مثل فضيلة الشيخ عبد الرحمن الويتيني المشهور بـ " شيخ عبد الرحمن الصرفيلي "، والشيخ محمد عبد القادر الشيخالي القطبي. ويعتبر فضيلة الدكتور الشيخ باشنا إبراهيم محمود حاليًا أحد العلماء الفقهاء الذين يشار إليهم بالبنان في منطقة شرق أفريقيا، وينتمي إلى منطقة الحدود الشمالية المعروفة بـ " NFD" في كينيا،

(١) الخزرجي: المصدر السابق ٢/ ٧٧.

ومن أهل منطقة وجير في شمال شرق كينيا. وتخصص الشيخ باشنا في الفقه وأصوله، وأنجز عدة بحوث في تخصصه، مثل: "كتاب التقليد والتلفيق عند الأصوليين: دراسة مقارنة"، وكتاب "علي بن أبي هريرة وآراءه الفقهية". والحقيقة أنّه ما زالت هذه الحلقة المباركة برحاب جامعة أم القرى بمكة المكرمة في ذاكرتي، بحيث كنتُ في تلك الفترة أحد طلابها.

وكذلك كان فضيلة الشيخ محمد عثمان علسو يعقد بعض الحلقات العلمية عندما كان طالب علم في جامعة أم القرى بمكة المكرمة، والشيخ محمد عثمان علسو معروف في أوساط الدعوة في كينيا وخاصة في الإقليم الصومالي في الحدود الشمالية لكينيا.

نماذج من الحلقات الفقهية في بلاد الصومال الكبير

وقبل الحديث عن الحلقات الفقهية ينبغي أن نشير هنا إلى أنّ العلماء عمومًا بذلوا جهودًا جبارةً في نشر الإسلام وحضارته النيرة كما أشرنا إليه من قبل في أكثر من مكان، وعلى الرغم من أننا نركز على تلك الحلقات الفقهية التي كانت في جنوب البلاد – بسبب كثرة مراكزها العلمية وكثافة الحلقات الفقهية - إلا أنّ ذلك ليس معناه أننا نهمل المناطق التي تقطنها الأمة الصومالية سواء في القطر الشمالي، أو المناطق التي تقع تحت الاحتلال الحبشي في الصومال الغربي، وكذا منطقة الحدود الشمالية بكينيا حاليًا، بالإضافة إلى جمهورية جيبوتي الشقيقة. وقد عرض سعادة الدكتور أحمد جمعالي محمد المشهور بـ(كاسترو) في كتابه "دور علماء جنوب الصومال في الدعوة الإسلامية" أوجهًا عدة لجهود العلماء الصوماليين فيما يتعلق بمجال القرآن والحديث والفقه وخاصة الفقه الشافعي، وكذا نشر الإسلام ومبادئه السمحة في منطقة القرن الأفريقي(1).

وفيما يلي نقدم بعض نماذج من الحلقات الفقهية التي كان يعقدها العلماء في ربوع بلادنا على سبيل المثال لا الحصر كالتالي:

مقديشو (بنادر)

اشتهرت مدينة مقديشو وضواحيها بحركة علمية قديمًا وحديثًا، وقد أخذ الفقه الشافعي مساحة واسعة، ومن هنا سوف نقدم بعض أمثلة من النشاط الفقهي في العاصمة عبر الحلقات والدروس الفقهية التي كان أهل الفقه في الصومال يحرصون عليها أشد الحرص، محاولين بقدر الإمكان أن نطرح نماذج في الحلقات من أوقات مختلفة؛ لأنّ مدينة مقديشو اشتهرت في العصور الإسلامية الماضية بكوكبة من العلماء الفقهاء الذي أثروا في

---

(١) وهي دراسة مهمة جدا للباحثين عموما وأهل الفكر والثقافة خصوصًا سيما في القطر الصومالي، ويكشف الكتاب دور أولئك العلماء والفقهاء الأجلاء الذين قاموا بجهود خيرية دعوية إصلاحية في الصومال، والكتاب يقع في ٢٥٣ صفحة، وهو بحث علمي نال المؤلف به درجة الدكتوراه في التاريخ الحديث من قسم التاريخ والحضارة الإسلامية في كلية الآداب بجامعة أم درمان الإسلامية في السودان.

الساحة العلمية ليس في بلاد الصومال فحسب، وإنّما أيضًا في اليمن والحجاز وغير ذلك. وأشار المؤرخون والباحثون إلى شهرة مدينة مقديشو الساحلية بمجموعة من الفقهاء قديمًا وحديثًا، باعتبارها من أهم مراكز العلم في الصومال عموما.

وقد أورد العلامة الجعدي في كتابه "طبقات فقهاء اليمن" بعضًا من هؤلاء الفقهاء المقديشيين مثل: موسى بن يوسف، وأبو القاسم بن عبد الله، وإبراهيم بن محمد المثنى، وعبد الله بن عبد، وأحمد بن المزكيان، وهؤلاء جاءوا من مدينة مقديشو التي اشتهرت وبرزت في فترة من الفترات في الجوانب العلمية، بل وقادت الحركة العلمية والثقافية في المنطقة(1) . وذكر العلامة مرتضى الزبيدي كوكبة أخرى من علماء مقديشو منهم العلامة الفقيه أبو عبد الله محمد بن علي بن أبي بكر المقدشي، وأبو عليّ الحسن بن عيسى بن مفلح العامريّ المقدشي اليمني، وأبو عبد الله محمد بن محمد بن أحمد شمس الدين المقدشي، والأول كان ممن حدّث عنه الحافظ الذهبي، والثاني ممن كتب عنه الزَّكي المنذري، والثالث حدّث عن ابن عبد الهادي وعنه الحافظ ابن حجر العسقلاني، وعاش تسعين سنة(2).

ومن هؤلاء الفقهاء المقديشيين أيضًا العلامة الفقيه عليّ بن محمد بن نور الدين بن عيسى المقدشي الذي اشتهر في اليمن وفاق على أقرانه، ويذكر الشيخ أحمد عبد الله ريراش بأنّه المقدشي الصومالي، وهو صاحب حاشية على المنهاج للعلامة محي الدين بن أبي ركريا يحيى بن شرف النووي، وسماه: (الأنيق على مسائل المنهاج الدقيق).(3) ومن هنا فلا غرو إذا صارت مقديشو دوحة للعلم والمعرفة وقبلة يقصدها طلاب العلم في أنحاء مختلفة من أفريقيا وآسيا .

وكان يلزم طلاب العلم الوافدين من خارج الصومال أن يلتحقوا بالحلقات العلمية التي كانت منتشرة في جميع أنحاء الصومال حتى يتمكنوا من فهم اللغة المحلية الدارجة في المنطقة بلهجاتها المختلفة التي كان بعض العلماء يشرحون بها دروسهم، حسب موقع إقامة الطالب في البلاد، وذلك إذا كان الطالب الوافد من المنطقة العربية ولا يجيد غير العربية لغة، كما فعل ذلك العلامة الشيخ محمد علوي بن أحمد الأستاذ الأعظم الفقيه

---

(١) الجعدي: طبقات فقهاء اليمن، مصدر سابق ص ٢٠٩.

(٢) الزبيدي: تحفة العروس في شرح المقاموس المحيط، مصدر سابق ١٧/ ٣٩١، مادة (م ق د ش) .

(٣) أحمد عبد الله ريراش: كشف السدول عن تاريخ الصومال وممالكهم السبعة، ص ٧٧-٧٨.

المقدم، عند طلبه العلم في آفاق كثيرة، وذلك حين قدم إلى الصومال من اليمن في القرن الثامن الهجري . ولاشك أنه قد سمع ما آلت إليه بلاد الصومال من حالة علمية قبل مجيئه إلى الصومال، لذلك شدّ الرحال إلى المنطقة ولاسيما مدينة مقديشو التي كانت مليئة بالعلماء الأجلاء الأفاضل، فتتلمذ على أيدي العلماء الأفاضل وأخذ عنهم عدة علوم مختلفة من خلال حلقاتهم العلمية، غير أنه كان يحرص على بعضهم مثل حلقة الشيخ جمال الدين محمد بن عبد الصمد الجهوي، وحاز منه علومًا كثيرةً وبرع وجمع حتى فاق أهل زمانه وتقدم بها على أقرانه، ثم رجع إلى بلده تريم في اليمن[1].

وهذا يدل على مستوى العلمي التي اشتهرت مقديشو في تلك العصور الزاهية، وأنّ علماءها برزوا في أكثر من ميدان وفنٍّ.

أولاً: حلقات العاصمة مقديشو

وفيما يلي نماذج من بعض الحلقات الفقهية التي جرت على جنبات العاصمة عبر العصور كالتالي:

- حلقة الشريف عبد النور بن شريف مقبل، وكان الشيخ معروفًا في حلقاته بمقديشو، بحيث كانت حلقته من أشهر الحلقات العلمية في مقديشو في الثمانينيات من القرن المنصرم، لا سيما حلقته في مسجد دنواغةَ Danwadaagaha في منطقة بولو حوبي. ومن بين الدروس التي قرأها الشيخ شريف عبد النور الفقه وعلومه، مثل: كتاب جامع المتون الجزء الخاص بعلم الأصول. وكان طلبة العلم يأتون إليها من جميع أنحاء العاصمة، بالإضافة إلى المناطق المحيطة بها كمدينة أفجوي. وفيما يتعلق بعلم أصول الفقه فقد قرأ الشيخ في حلقته كتاب " منهاج الوصول إلى علم الأصول "، للشيخ عبد الله بن عمر بن محمد البيضاوي الشيرازي الشافعي ناصر الدين.
- حلقة الشيخ العالم الفاضل العالم العلامة الفقيه الأصولي الزاهد التقي أبيكر علي كظيل الغالجعلي البرسني الجليالي الأحمدي الرشيدي الصالحي القوليدي في

(١) با علوي، محمد بن أبي بكر الشبلي: المشرع الرَّوي في مناقب السادة الكرام آل علوي دون ذكر اسم دار النشر والمكان والتاريخ، وطبع وقفًا لله تعالى ص ١٨٩ – ١٩٠ ؛ انظر الشريف العيدروسي: بغية الآمال، مرجع سابق ص ٤١ .

مقديشو في مسجد الشيخ أبيكر ومسجد الليمون. وقد استفاد خلق كثير من حلقة الشيخ، على رأسهم كوكبة صارت فيما بعد أعلام في الفقه الشافعي للقطر الجنوبي مثل: الشيخ الفقيه محمد الرشيد شيخ عبدلى جدوي الغالجعلي العلوفي الطينجرسي، والشيخ الفقيه المتواضع عبدلى عبد إيذو الكري (الغري) التوفي التورتوروي، والشيخ الفقيه علي عبدالرحمن إرشاد الرحويني، والشيخ موسى معلم باري الشيخالي، والشيخ إبراهيم نوح آدم الغالجعلي الدرسمي العيل علي (ceel Cali)، والشيخ فارح حاج مودي الأبغالي المتاني العليالي، والشيخ إبراهيم عبدالله إبراهيم الكري التوفي التورتوروي، والشيخ محمد طاهر عبد الشيخالي اللوبغي، والشيخ مصطفى شيخ حسن شيخ يوسف الغالجعلي العلوفي الجوهري، والشيخ علي جقرو الغالجعلي العلوفي الليغي.

- حلقة الشيخ العالم العلامة الفقيه الأصولي محمد شيخ عبد السلام شيخ عبد الله عبدالرحمن (جود) الشيخالي القطبي في مقديشو في مسجد الدواء، وكذا في مسجد الشيخ علي صوفي (مسجد القرآن)، ومسجد الرحمة في بولو حوبي. وهذه الحلقة كانت تمتاز بأنّه عند ما ينتهي الشيخ محمد من درسه، كان يأتيها أيضًا أحد الفقهاء المسمى الشيخ الفقيه أبيكر الذي كان يقرأ في الحلقة نفسها ما يقرأ من بعض الدروس الفقهية، والشيخان هما صديقان ومدرسان جليلان اشتهرا في الفقه وأصوله في مدينة مقديشو. وممن أفلح من هذه الحلقة علماء وطلاب العلم لا حصر لهم.

- حلقة الشيخ العالم الفاضل الفقيه الأصولي محمد جود. وكانت هذه الحلقة من أشهر الحلقات الفقهية في جنوب البلاد، وكان يؤتى إليها من مناطق مختلفة في العاصمة وخارجها، وقد تخرج على يد الشيخ محمد جود ما يصعب حصره لطول المدة التي كان الشيخ يحرص على استمرارية حلقته العلمية. ومن بين الذين أفلحوا من حلقته ودروسه الفقهية علماء كبار مثل: الشيخ سعيد شيخ فارح جابو الأبغالي الوعيسلي، والشيخ عبد القادر عبد آدم يرو الدغلي التني الدعفرادي، والشيخ سعيد معلم عبد محمود الشيخالي القطبي، والشيخ إبراهيم محمد إبراهيم زياد الغالجعلي الدرسمي الجرجلسي الطلبي، والشيخ أحمد الطاهر حاج معلم محمد موسى الشيخالي القطبي.

- حلقة الشيخ حسن شيخ يوسف في مدينة مقديشو، وكان الشيخ حسن يرى بأنّ أساس علم الفقه هو أن يبدأ المرء بكتب صغيرة مثل (سفينة النجاة) وكذا (سفينة الصلاة) إذا أراد أن يتعمق في الفقه، قبل أن يبدأ بكتب الفقه الكبيرة مثل (المنهاج) للنووي، لأنّ طالب العلم لا يتعلم إذا خالف ذلك. فالشيخ حسن يوسف كان لديه منهج محدد عند ما يبدأ تدريس كتب الفقه الشافعي، وكان يوصي طلابه على ذلك. ومن هنا كان يقول بأنّه لا ينبغي للمرء أن يفتتح تعليمه في الفقه بكتاب (المنهاج) أو كتاب (فتح المعين) للمليباري أو شرحه (إعانة الطالبين) لعثمان بن شطا البكري، وكلها من مطولات كتب الشافعية، قبل أن يدرس مفاتيح كتب الفقه ومتونه الصغار، وأنّ ذلك لا يساعد منهجية طالب العلم، بل كان الشيخ يستأنس بتفسير سيدنا ابن عباس رضي الله عنهما في قوله تعالى: ﴿ مَا كَانَ لِبَشَرٍ أَن يُؤْتِيَهُ ٱللَّهُ ٱلْكِتَـٰبَ وَٱلْحُكْمَ وَٱلنُّبُوَّةَ ثُمَّ يَقُولَ لِلنَّاسِ كُونُوا۟ عِبَادًا لِّى مِن دُونِ ٱللَّهِ وَلَـٰكِن كُونُوا۟ رَبَّـٰنِيِّـۧنَ بِمَا كُنتُمْ تُعَلِّمُونَ ٱلْكِتَـٰبَ وَبِمَا كُنتُمْ تَدْرُسُونَ ﴿٧٩﴾ ﴾[آل عمران]، ومما يروى عن ابن عباس أنهم كانوا يربون الناس بصغار العلم قبل كباره –أي العلماء–، وهكذا كان منهج الشيخ في التدريس: من (السفينة بقسميه – سفينة الصلاة، وسفينة النجاة) ثم (الدرر البهية) لأبي بكر بن محمد شطا الدمياطي، ثم (الرياض البديعة) للشيخ محمد حسب الله، ثم (المنهج القويم) وهو شرح ابن حجر الهيتمي على مقدمة بافضل الحضرمي، ثم (متن أبي شجاع)، ثم (شرح ابن القاسم على أبي شجاع)، ثم (حاشية الباجوري على ابن قاسم)، ثم (عمدة السالك) لابن النقيب المصري، ثم (فتح المعين) للمليباري، ثم بعد ذلك يمكن أن تبدأ بكتاب (منهاج الطالبين) للنووي، ثم كتاب (الإرشاد) لإسماعيل ابن المقري اليمني. هكذا كانت منهجية الشيخ حسن شيخ يوسف. وفعلًا كان يواظب على هذا المنهج في حلقته.

- الشيخ محمد آدم غُلي كوشن عثمان السَّعدي، وهو والد الشيخ عبد القادر محمد المشهور بـ "عبد القادر عكاشة". والشيخ محمد كان له حلقة فقهية في بيته مع عائلته، ويدرس فيها بعض كتب المذهب – أي الشافعية – مثل: كتب " سفينة النجاة والصلاة، وأبي شجاع، وكان ابنه عبد القادر عكاشة من بين الذين أخذوا الفقه عن والده، بحيث تعلم بعض أجزاء الفقه علي يد أبيه. والجدير بالذكر أنّ

الشيخ عبد القادر عكاشة صار من ضمن العلماء الذين نذروا لنشر العلم والمعرفة في أوساط طلبة العلم، ويحرص دائمًا إلقاء الدروس الدينية في المساجد، سواء في داخل الصومال أو خارجها مثل كينيا التي استقر فيها في السنوات الأخيرة.

- حلقة الشيخ أبي بكر معلم الأبغالي في مسجد بحي بونطيري، وكان يدرس الفقه الشافعي مثل كتاب (عمدة السالك) وغيره. ومن بين طلابه فضيلة الشيخ عبد القادر عكاشة.
- حلقة الشيخ عبد الله حاشي عقال طلطلو السعدي، وكان يقرأ في حلقته كتاب المنهاج في الفقه الشافعي، وكان من بين طلابه الشيخ عبد القادر شيخ محمد المشهور بـ "عبد القادر عكاشة".
- حلقة الشيخ عبد الله عبدله طيري الأبغالي في العاصمة – مقديشو – وكان يدرس في حلقته بعض كبت الفقه مثل: حاشية الباجوري على شرح ابن قاسم على متن أبي شجاع، وكان يعقد حلقته هذه في دكان ملابس له بمقديشو، وذلك في عام ١٩٧٨م، وذلك حرصًا منه على نشر العلم بين أهل الأسواق والتجار. ومن بين الذين يواظبون على حلقته هذه الشيخ عبد القادر محمد المعروف بـ "شيخ عبد القادر عكاشة" الذي صار فيما بعد أحد الأعلام المرموقين في الساحة العلمية، وله جهود دعوية وعلمية في أكثير من بلد، سواء دروسه في التفسير أو في علوم اللغة العربية من نحو وصرف وغيرهما.
- حلقة الشيخ محمد الهادي الحسني رحمه الله، وكان الشيخ محمد الهادي يقيم دائمًا دروسًا في فنون مختلفة من العقيدة والتفسير والحديث وعلومه والفقه وأصوله واللغة العربية من النحو والصرف وغير ذلك. وكان يلتقي طلبته في المساجد أو المراكز العلمية، وكذا في الزوايا الخاصة. ومما كان يقرأه الشيخ كتاب (أصول الفقه) لمحمد أبي زهرة، وكذا كتاب (أصول الفقه) لعبد الوهاب خلَّاف. وقد أخذ عنه خلق كثير يصعب حصرهم، وأغلب طلبة العلم في القرن المنصرم تتلمذوا علي يديه رحمه الله رحمة واسعة.
- حلقة الشيخ محمد عثمان المعروف بـ"شينو"، وكان يقرأ فيها كتاب (اللُّمَع) للشيرازي، ومن طلابه فضيلة الشيخ عبد القادر شيخ محمد عكاشة.

- حلقة الشيخ عثمان مهنلي المرسدي، كانت في مقديشو، والتف حوله طلبة العلم يستمعون من دروسه في الفقه واللغة العربية من النحو والصرف وغيرهما. ومن طلابه الذين نهلوا من منهله فضيلة الأستاذ الدكتور علمي طحلو جعل، أستاذ الحديث وعلومه، وصاحب المؤلفات المتنوعة مثل: أسس تغير مذهب الإمام الشافعي.. بين الحقيقة والادعاء، ونظرية التفسير الجغرافي لنشأة الفقه الإسلامي عرضًا وتصحيحًا.

- الشيخ محمود عبد الرحمن أحمد قاسم، أحد فقهاء الصومال، وكان له حلقة في عاصمة مقديشو يدرس فيها كتاب المنهاج للإمام النووي، ومن بين طلابه فضيلة الدكتور إبراهيم شيخ عبدي علي القطبي والذي أصبح فيما بعد أحد أعلام بلاد الصومال؛ ومن أساتذة الجامعة الإسلامية في مقديشو – الصومال في مرحلتي الجامعية والداسات العليا، وله بعض المؤلفات مثل كتاب "طهارة أهل الأعذار في الفقه المقارن "، وكتاب"إجماعات واتفاقات ابن هبيرة في المعاملات المالية في كتابه الإفصاح عن معاني الصحاح".

- حلقة الشيخ أبوبكر حسن مالن، أحد العلماء الذين قدر الله لهم أن يتبحروا في مختلف فنون العلم والمعرفة، خاصة اللغة العربية وفنونها المختلفة، وكذا علم الفقه وخاصة الفقه الشافعي المشهور بقطرنا الصومالي. وله إلمام كبير في علم الكلام والعقيدة، وله إنتاج علمي في ذلك. غير أننا نقتصر حديثنا بحلقات الشيخ الفقهية المشهورة في مدينة مقديشو وضواحيها التي كان طلبة العلم يؤُمّونها كل يوم لاستماع دروسه الفقهية في مسجد سيدنا بلال في مقديشو – الصومال. ومن دروسه الفقهية المنتظمة درسه من كتاب "متن الغاية والتقريب أبي شجاع" للعلامة الشيخ أبي شجاع أحمد بن حسين بن أحمد الأصفهاني (ت ٥٩٣هـ)، وهو مختصر مشهور في الفقه الشافعي. ويمتاز هذا الكتاب بأنّ المؤلف أكثر في كتابه من التقسيمات وحصر الخصال، لذلك حظي بالعناية التامة من ناظم له وشارح وموضح حتى عُدّ أصلًا من أصول المتون المهمة في الفقه الشافعي. ولا يستغرب أن يصل فضيلة الشيخ أبو بكر حسن مالن إلى هذه المرتبة، لأنّه تلقى العلم من جهابذة العلماء في القطر الصومالي كفضيلة العلامة الشيخ عثمان بن الشيخ عمر بن

الشيخ داود المشهور بـ "شيخ عثمان حِدِغْ"، المربي الماهر والمعلم الصَّبور، وقد تتلمذ على يديه جمع كبير من طلبة العلم الذين أصبحوا فيما بعد رواد العلم لبلاد الصومال، كالشيخ أبو بكر حسن مالن.

ومن دروس الشيخ أبو بكر عبر حلقاته الفقهية ما يلي من الكتب:

١ - متن سفينة النجاة في أصول الدين والفقه للشيخ سالم بن سمير الحضرمي.

٢ - متن سفينة الصلاة لعبد الله بن عمر الحضرمي.

٣ - الدرر البهية فيما يلزم المكلف من العلوم الشرعية، لأبي بكر بن محمد شطا الدمياطي.

٤ - الرياض البديعة في أصول الدين وبعض فروع الشريعة، للشيخ محمد حسب الله.

٥ - المقدمة الحضرمية في فقه السَّادة الشافعية، للشيخ عبد الله بن عبد الرحمن بافضل الحضرمي (ت ٩٨١هـ).

٦ - الياقوت النفيس في مذهب ابن إدريس، للفقيه العلامة المحقق أحمد بن عمر بن عوض بن عمر بن أحمد بن عمر بن أحمد بن علي بن حسين بن محمد بن أحمد بن عمر بن علوي الشاطري.

- حلقة الشيخ عبد الرحمن الشيخ محمد الدينسوري الدَّبَرِيّ في حي المدينة (وَدَجِرْ) بمقديشو، وكان له نشاط علمي مستمر عبر دروسه ولا سيما حلقاته الفقهية، وقد أخذ عنه علم الفقه مجموعة من طلبة العلم ومن بينهم السيد علي حسين معلم شريف، حيث أخذ منه ما يلي من الكتب: "سفينة النجاة، وسفينة الصلاة، ومتن أبي شجاع، والتوشيح على شرح ابن قاسم على متن أبي شجاع لمحمد بن عمر الجاوي، والمنهاج للنووي، ومغني المحتاج للخطيب الشربيني". وسيد علي ألف رسالة سماها " تعليم الدين الإسلامي"، وهي رسالة لطيفة عن المدن ومراكز تعليم الدين الإسلامي في ربوع الصومال، ولا سيما تلك المراكز المخصصة بالتعليم الشرعي، مثل: مقديشو، وورشيخ، وبارطيرى وغير ذلك من المراكز، كما تحدث المؤلف عن دور العلماء في هذه المراكز في نشر العلم والمعرفة، وشهرة كل مركز من الفنون، مثل علم التفسير، واللغة العربية، وعلم الحديث ومصطلحه، والفقه

وأصوله؛ وخاصة الفقه الشافعي. وتقع هذه الرسالة في ٨٥ صفحة، وما زالت مخطوطًا غير مطبوع.

- حلقة الشيخ محمود علي وعيس الدري Dir في مدينة مقديشو، مثل حلقته في مسجد نور الإيمان، وكذا في مسجد علي شِرَي، وكان يقرأ كتب الفقه الشافعي مثل سفينة الصلاة، وأبي شجاع، والمنهاج. وقد أخذ عنه جمع كبير من طلبة العلم، ومنهم الأستاذ هاشم معلم حسين عسر، حيث درس على يديه أغلب كتب الفقه.

- حلقة الشريف علي بن محمد عيدروس في حي شنغاني بمقديشو، وهو خال الشيخ عيدروس بن شريف العيدروس النضيري العلوي، صاحب كتاب "بغية الآمال في تاريخ الصومال"، ولا يستغرب ذلك لأنّ بيوت آل البيت في الصومال اشتهرت بإقامة الحلقات العلمية في داخل أسرهم وبيوتهم، وقد حكى الشيخ عيدروس بن شريف العيدروس النضيري العلوي في مقدمة كتابه المشار إليه آنفًا، بأنّه درس على يد جده الشريف حبيب بن محمد بن عيدروس ضمن العائلة العيدروسية في بيوتهم في حي شنغاني بمقديشو، كما درس قبل ذلك علي يد والده بعض شيء من علوم القرآن مثل التجويد، وكذا الكتابة، وعلم الحساب. أما الحلقات العلمية للشريف علي بن محمد عيدروس فكانت متنوعة، ومنها حلقته الفقهية التي كان يدرس فيها الفقه الشافعي، ويلتفّ حوله طلبة العلم في حي شِنْغَاني وحَمَرْوَين ليستمعوا دروسه التي كان يلقيها مثل كتاب "سفينة النجاة، وسفينة الصلاة، وكتاب التنبيه، وغير ذلك". ومن بين هؤلاء الشريف عيدروس بن شريف العيدروس النضيري العلوي.

- حلقة العلامة الشيخ محمد فقيه يوسف الشاشي المشهور، وكانت حلقته مليئة بالعلوم الكثيرة، كعلم الفقه والصرف واللغة. ومن طلابه الذين نهلوا من مناهله العلمية وخاصة الفقه الشافعي الشريف عيدروس بن شريف العيدروس النضيري العلوي، صاحب كتاب "بغية الآمال في تاريخ الصومال".

- حلقة العلامة الشيخ عطاء بن محمد بن عبد الرحمن المشهور بالشيخ صوفي، ومن بين طلبته ومريده الذين استفادوا من حلقته هذه الشريف عيدروس بن شريف العيدروس النضيري العلوي صاحب كتاب "بغية الآمال في تاريخ الصومال"

ومؤسس المحفل الإسلامي في حي شبس بمقديشو، والذي كان يقام فيه كل سنة حفلة المولد النبوي الشريف، وقد أخذ الشيخ عيدروس من هذه الحلقة وغيرها علوما كثيرة مثل علم الفقه والصرف واللغة وغيرها.

- حلقة الشيخ موسى الأغاديني، وكانت له حلقة علمية في حي هولوداغ وهدن بمقديشو، وخاصة منطقة (أفركان فلج African village). وكان الشيخ موسى يقوم بتدريس الفقه الشافعي ككتاب سفينة النجاة وسفينة الصلاة، والتوشيح على القاسمي. وكانت تأتي إليه جموع من العلماء طلبة العلم يستمعون منه، ومن بين من كان يحضر ويستمع دروسه سلطان عبد السلام سلطان محمود أحمد نور جامع، أحد سلاطين قبيلة بعيديهن المجيرتينية الصومالية بحيث كان يواظب على تلك الحلقة.

- حلقة الشيخ عبد المجيد شيخ محمد شيخ صوفي شيخ عدي في مقديشو، ورغم أنّ الشيخ عبد المجيد كان متبحرًا في الفقه وأصوله إلا أنّه بالإضافة إلى ذلك كان عالمًا ملمًا بعلوم أخرى، مثل علم النحو والصرف، وعلم البلاغة، والمنطق، وعلم العقيدة، والتفسير والأحاديث، وغير ذلك. ومن الذين أخذوا العلم عنه - الفقيه العلامة المؤرخ الفلكي الطبيب الشيخ محمد بن أحمد محمود شيخ عبد الرحمن الشاشي المقدشي، الذي يعتبر من أهم الشخصيات التي عملت لحفظ التراث الإسلامي في القطر الصومالي، ومربي طلبة العلم الشاشية وغيرهم، وقد تخرج من مدرسته جمع من العلماء وطلبة العلم الذين نبغوا في ميادين العلم والمعرفة.

- حلقة الشيخ محمود عبد المتجلي المصري في مقديشو، وكان الشيخ محمود مسؤول بعثة الأزهر الشريف في الصومال في وقته، وكانت حلقته تشتمل على الفقه وأصوله إضافة إلى علوم أخرى كاللغة وآدابها. وقد استفاد منه جمع من طلبة العلم، كما كان يحضر حلقته بعض العلماء حيث كان للشيخ محمود عبد متجلي علاقة حميمة مع أغلب علماء في الصومال في جنوب البلاد، أمثال الشيخ محمد أحمد محمود الشاشي المشهور بـ "الشيخ أبا"، والشيخ أحمد عثمان الشاشي المعروف بـ "بأحمد منير"، وغيرهما.

- حلقة الشيخ محمد الهادي الحاتمي في مقديشو، ويبدو أنّ الشيخ بدأ حلقاته العلمية في داخل أسرته، بحيث رتب لهم دروسًا خاصة تبدأ من الصباح حتى المساء يعلمهم الفقه والتفسير والحديث واللغة العربية والتصوف حتى أصبح أولاده يتقنون الكثير من ذلك، علمًا بأنّ الوالد كان دائمًا حريصًا على نقل ما لديه من علم وخبرة إلى أبنائه، أمثال الكاتب والشاعر السيد محمد الأمين محمد الهادي؛ الإعلامي والشاعر المعروف في أوساط أهل الأدب والثقافة والإعلام في داخل الصومال وخارجها، وكذلك الشيخ عبدالفتاح محمد الهادي الفقيه والمجود الذي حاز إجازات القرءات السبع بأسانيدها في مصر والسعودية وغيرهما، ويدير حاليًا مدرسة الإمام الشاطبي في مدينة لندن، وهو مثل أخيه شاعر لكنه مقل، ويقوم بجهد دعوي كبير في أوساط الجالية البَرَاوية الصومالية وغيرهم من أهل الصومال هناك. والشيخ محمد الهادي كان يبذل جهدًا كبيرًا في إخراج أولاده أحسن تخريج قبل التحاقهم بالمدراس بحيث لم يكن يعول على غيره في تعليم أولاده فيما يتعلق بعلوم الشرع من الفقه والتفسير والحديث وعلوم الآلة وتقوية اللسان العربي.

وبالإضافة إلى أبنائه وذويه فقد تخرج على يد الشيخ محمد الهادي العديد من طلبة العلم في براوة ومقديشو وبارطيرا وممباسا. ومن هؤلاء الشيخ مريدي حاج معو الشاشي، والشيخ أحمد عثمان الشاشي (إحمد إيمان)، حيث درس لديه متن الغاية والتقريب في الفقه الشافعي (معروف في الصومال باسم كتاب أبي شجاع). ومن طُلاب الشيخ المبرزين الشيخ عبدالرزاق بازي غزالي الذي درس على يده فتح المعين للمليباري، والياقوت النفيس للشاطري، وأحاديث الأحكام، وجوهرة التوحيد لإبراهيم اللَّقاني وغيرها من الكتب. وكل ذلك يؤكد أنّ فضيلة الشيخ محمد الهادي قاضي حبيب الحاتمي كان حقًّا عالمًا مبرزًا من علماء الصومال وفقهائها.

- حلقة الشيخ مريدي حاج صوفي، بدأت في مدينة مقديشو العاصمة بحيث كان يقرأ في البداية الفقه الشافعي مثل كتاب أبي شجاع في مسجد الشيخ عبد القادر المعروف بـ "مقامك"، وأغلب من كان يحضر هذه الحلقة كانوا من شباب الصحوة الذين كانوا يحرصون على درس التفسير الذي كان يلقيه فضيلة الشيخ محمد معلم

حسن في المسجد نفسه قبل حلقة الشيخ مريدي حاج صوفي، وذلك منذ بدايات السبعينات في القرن الماضي.

- حلقة القاضي الشيخ علي محمود آدم في مدينة مقديشو، وكان الشيخ القاضي يركز على تدريس كتاب المنهاج من الفقه الشافعي، وممن كان يحضر إليها ويستمع دروس القاضي علي محمود آدم وخاصة درسه لكتاب (المنهاج) فضيلة الشيخ مريدي حاج صوفي الشاشي المقدشي.

- حلقة فضيلة الشيخ محمد أحمد محمود الشاشي المقدشي المشهور بشيخ أبا. كان - رحمه الله - متبحرًا في الفقه الشافعي، وكانت أشهر حلقاته العلمية يعقدها في مسجد آي أيداي Aay aydaay في حي حمرويني في مقديشو. وهذا المسجد كان مجاورًا لبيت الشيخ أبا، كما كان الشيخ يدرِّس علومًا متنوعةً من تفسير وحديث وفقه ولغة وغير ذلك، غير أن ما يعنينا هنا هو الفقه وأصوله، حيث كان يدرِّس في حلقته الفقه وخاصة كتاب أبي شجاع والزُّبَد على مذهب الإمام الشافعي. وهذه الحلقة كانت مشهورة في أوساط أهل مقديشو ولا سيما سكان حي حمرويني وحي شينغاني، وقد ارتادها مجموعة من طلاب العلم أمثال: فضيلة الشيخ مريدي حاج صوفي محمد دينله الشاشي المقديشي، صاحب أشهر حلقة في التفسير في السبعينيات من القرن المنصرم في مسجد أربع ركن، وكان كاتب هذه الرسالة ضمن من كان يأتي إلى هذا المسجد ليس إلا لأن يستمع درس الشيخ مريدي. والجدير بالذكر أنّ الشيخ مريدي حاج صوفي تأثر في أغلب حياته العلمية بشيخه الشيخ محمد أحمد المشهور بشيخ أبا حيث رباه منذ صغره إلى شبابه، ولا غرابة في ذلك فإن الشيخ أبا كان شيخ الشاشية وغيرها من قبائل آل بنادر. ومن بين من تلقى عنه الفقه ابن أخته الشيخ أحمد بن عثمان الشاشي المقديشي الملقب بأحمد منير، أحد العلماء المتمكنين في علوم كثيرة وصاحب المؤلفات؛ ولا عجب في ذلك فقد نشأ في بيت علم وعلماء، وخاله هو فضيلة الشيخ محمد أحمد المعروف بشيخ أبا - رحمه الله - حيث تربى على حجره حتى أنه لم يكن يفارقه في حله وترحاله، وكأنه أراد أن يكون خليفته في بيت الشاشي. وقد ألف الشيخ أحمد منير عدة مؤلفات في مختلف العلوم، غير أنّ من مؤلفاته في الفقه ما هو في غاية الأهمية مثل تحقيقه لكتاب "إعانة

الطالب النَّاوي شرح إرشاد الغاوي في مسالك الحاوي"، لأبي عبد الله الحسين بن أبي بكر بن إبراهيم النزيلي "، وكذلك كتابته "حاشية الشاشي"، وهي حاشية وضعها الشيخ أحمد بن عثمان ليكون هامشًا أو حاشية على إعانة الطالب الناوي في شرح إرشاد الغاوي، لأبي عبد الله الحسين بن أبي بكر النزيلي المشار إليه.

- حلقة الشيخ حسن ناليي Naaleeye السعدي بمقديشو العاصمة، وكان له حلقة فقهية في مسجد الرحمة بحي ورطيغلي، وقد تتلمذ على يديه عدد كبير من طلاب العلم، ومن بين من تلقى الفقه من حلقة الشيخ حسن ناليي فضيلة الدكتور أحمد حاج محمد عثمان جوليد فارح محمد السليماني المشهور بالشيخ أحمد إمام، وقد انطلق الشيخ أحمد إمام من هذه الحلقة إلى آفاق علم ومعرفة، حتى شدّ الرحال إلى داخل البلاد وخارجها بحثًا للعلم وأهله، مثل رحلته العلمية إلى منطقة اشتهرت بالفقه وهي مدينة بارطيرى في محافظة غدو ثم انتظم إلى حلقة الشيخ عبد الرحمن بارطيري الإرطي نسبة إلى قبيلة إرطي الدغلية في دافيد، وكان الشيخ أحمد هناك قرابة عام كامل حيث أخذ منه كتاب المنهاج في الفقه الشافعي، وكذا رحلته العلمية إلى منطقة الحجاز بالسعودية. وممن حضر هذه الحلقة بل واستفاد من دروسها الفقهية سعادة الدكتور عبد القادر عبد الله عبار وغير ذلك.

- حلقة الشيخ عبدله الأبغالي في مسجد بُسلي القريب من مسجد التضامن الإسلامي بمقديشو، وكان الشيخ يقرأ كتاب المنهاج، ومن طلابه فضيلة الدكتور أحمد حاج عثمان المشهور بـ " أحمد إمام".

- حلقة الشيخ معلم حسن الأبغالي (فرع أغون يري) في مسجد في حي هُروا، وكان الشيخ ملمًا بالفقه الشافعي حيث كان يدرس كتاب سفينة النجاة والصلاة، وكتاب أبي شجاع وغير ذلك، بالإضافة إلى كتب علم اللغة كالأجرومية، والدرة البهية، والعمريطي، وملحة الإعراب، والكواكب الدرية. وممن أخذ العلم وخاصة الفقه الشافعي منه فضيلة الدكتور أويس حاج عبد الله محمود حسين مهدلي، أحد أساتذة الجامعة الإسلامية في مقديشو – الصومال، وله عدة مؤلفات في الفقه وأصوله مثل: كتاب " المكلف وأثر الأحكام الشرعية على تصرفاته"، ومن أعماله العلمية قيامه بدراسة وتحقيق كتاب "الأنوار الهادية لذوي العقول إلى معرفة مقاصد

الكافل بنيل السؤل في علم الوصول" لشمس الدين أحمد بن يحيى بن حابس المتوفى سنة ١٠٦١هـ.

- حلقة الشريف إبراهيم عبد الله علي السرماني، أهم علماء الشافعية في عصرنا الحاضر بالصومال، وله حلقات علمية في أكثر من فن، وأغلبها في علوم القرآن الكريم، والفقه الشافعي. ويعقد دروسه في مسجد الإيمان في حي وابري بمقديشو، وقبل ذلك في مسجد التضامن الإسلامي بمقديشو، ومسجد معلم محمد بيمالو المشهور بمقديشو. وله جولات علمية في المراكز والجامعات في داخل البلاد. كما أنّه وضع عدة مؤلفات في العقيدة، والقرآن والحديث إضافة إلى الفقه تصل في مجموعها إلى ٣١ كتابًا، ومن كتبه في علم الفقه:

١ - بشائر العلماء بدلائل الفقهاء على متن سيفنة الصلاة وعلى متن سفينة النجاة.

٢ - البيان في مسائل رمضان وما يتعلق به من العيدين.

٣ - الدلائل النيرة على متن الدرر البهية (مجلدين).

٤ - تنبيه الفقيه بدليل " الرياض البديعة ".

وليس من العجب أن يتبوأ الشريف إبراهيم هذا المقام في العلم والمعرفة فهو ينحدر من أسرة دينية تنتمي إلى آل البيت، ونشأ نشأة دينية حتى حفظ القرآن كله في صغره، كما تعلم الفقه الإسلامي في بارطيرى من عام ١٩٧٠م – ١٩٧٨م، وتلقى العلوم الشرعية على علماء أجلاء.

- حلقة الفقيه شريف عبد الرحمن حاج إسحاق آدم البارطيرى، ورغم أنّه تعلم الفقه في مدينة بارطيري إلا أنّ قيامه بنشر العلم وخاصة الفقه لم يقتصر على مدينته، وإنّما أيضًا كان له حلقة في مدينة مقديشو، وممن تخرج على يديه الشريف إبراهيم عبد الله علي السرماني.

- حلقة الفقيه الشيخ عبد الرحمن إبراهيم محمود الملقب بالشيخ حسين عدي المقدشي الأبغالي، وكانت في مقديشو، وممن تخرج على يديه الشريف إبراهيم عبد الله علي السرماني.

- حلقة الشيخ أبو بكر برسني الغالجعلي، وكانت هذه الحلقة في مسجد قريب من سوق الحيوانات في مقديشو، وكان الشيخ يقوم بتدريس بعض كتب الفقه في حلقة علمية معروفة في العاصمة، بحيث كان يفد إليها مجموعة من العلماء وطلبة العلم مثل الشيخ حسن حبيب السليماني السلفي رحمه الله .

- حلقة الشيخ جمال الدين محمد بن عبد الصمد الجهوي في مدينة مقديشو، وكانت حلقاته العلمية من أشهر الحلقات في القطر الصومالي في وقته، ومن هنا فقد استحقت هذه الحلقة أن شدتّ إليها الرّحال ويقطع من أجلها مسافات طويلة، وكان الشيخ جمال الدين الجهوي يقرأ في حلقته كتب الفقه الشافعي مثل كتاب (المُهذَب) و(التَّنبِيه) كلاهما لأبي إسحاق الشيرازي (ت ٤٧٦هـ) والوسيط والوجيز كلاهما للغزالي (ت ٥٠٥هـ)[1].

- حلقة الشيخ أبو بكر بن الشيخ محيي الدين المكرم، عميد القضاة، وقاضي مقديشو. وكان متبحرًا في الفقه وأصوله حتى لقب بفقيه الديار الصومالية، ولم يأتِ من فراغ عند ما تولى قضاء المدينة وتلقيبه بقاضي القضاة.

- حلقة الشيخ حسين محمد محمود الشهور بالشيخ حسين عدي في مقديشو، وقد تخرج من حلقته أغلب الفقهاء الصومال في عصره، وكانت حلقته مشهورة في جنوب البلاد.

- حلقة فضيلة الشيخ المحدث البارز في الحديث وفي الفقه وأصوله أبو بكر عبد الرحيم المعروف بـ " الشيخ أبو بكر البهرادي Bah horaad " نسبة إلى فخذٍ في قبيلة (أيلاي) الرحوينية في مقديشو، وكان الشيخ يبذل جل أوقاته في نشر العلم، وله حلقة معروفة في حي ودجر، ولم تخل حلقته العلمية من دروس الفقه حيث كان الشيخ يدرس بعض كتب الفقه الشافعي.

- حلقة الشيخ العالم الفاضل الفقيه الأصولي السرنسوري الغالجعلي البرسني المقدشي أحمد محمد آدم (تغو) في مسجد هروى في مقديشو، ومسجد مكينده ومسجد شيخ أحمد تغو، وممن أخذ العلم من حلقته: الشيخ إبراهيم عبد محمد الأبغالي (إبراهيم

(١) باعلوي، محمد بن أبي بكر الشلبي باعلوي: المصدر السابق ١٩٠ .

روتي) عميد كلية الشريعة بجامعة الصومال العالمية، والشيخ عبد الفتاح شيخ علي سوذ السليماني، والشيخ عبد العزيز شيخ طاهر محمد الرحويني، وأمه شريفة من آل البيت، والشيخ محمد حسن محمد (بلع) الأبغالي عميد كلية الشريعة والقانون بجامعة طه، والشيخ عبد الرزاق شيخ أحمد محمد آدم (تغو) عميد كلية الشريعة والقانون في الجامعة الحديثة بمقديشو، والشيخ عبد الرحمن فارح عبدل السليماني، والشيخ محمد حسن أبشر بوت السروري، والشيخ عبد الكريم مره سياد السروري، والشيخ أبو برك محمود الأبغالي المتاني، والشيخ محمد عبد الله عبدلي (إلكعس) السليماني، والشيخ عبد الله عبد محمد عرفو العيرى، والشيخ محمد عبدالله أحمد (قسلايه) الأبغالي، والشيح عثمان شيخ عبد الله معلم محمود الأبغالي، والشيح عبد الفتاح شيخ علم محمد السروري، والشيخ أبشر حسين محمد نور الإيجابي المتاني، والشيخ محمد حسن بسة رئيس قضاة محافظة ياقشيد، والشيخ عبد الرحمن شيخ حسين (أفرت توله) الأبغالي، والشيخ عبد الرحمن محمد محمود (طيره) السروري.

- حلقة الشيخ العالم الفقيه حسين شيخ أحمد آدم الدري القبيسي الشافعي في مقديشو في مساجد عديدة منها، وقام بتدريس الكتب الفقهية مثل (كتاب السفينة) و(الدرر البهية) لأبي بكر بن محمد شطا الدمياطي و(الرياض البديعة) للعلامة محمد حسب الله، و(المنهاج القويم) لابن حجر الهيتمي و(أبو شجاع) وشرح ابن القاسم الغزي عليه، و(المنهاج) للنووي و(الزبد) لابن رسلان و(أنوار المسالك) للغمراوي، و(فتح المعين) للمليباري مع (إعانة الطالبين) لعثمان بن شطا البكري.
- حلقة الشيخ العالم الفاضل الفقيه سعيد معلم محمد الشيخالي اللوبغي الشافعي القادري المقدشي في مسجدي الصحابة في سوق بكارو وبارهلاع، ومن الكتب التي كانت تدرس في هذه الحلقة: (سفينة النجا) و(سفينة الصلاة)، و(الرياض البديعة)، و(الدرر البهية) لأبي بكر الدمياطي، و(متن أبي شجاع)، و(مقدمة بافضل الحضرمي)، و(أنوار المسالك) للغمرواي، و(فتح المعين) للمليباري، و(المنهاج) للنووي، و(الإرشاد) لابن المقري اليمني، وغير ذلك، وممن أفلح من حلقته، الشيخ معلم حاشي عبد عبدلى الشيخالي اللوبغي، والشيخ حسن خليف

حسن الشيخالي اللوبغي، والشيخ محمود علي محمد الشيخالي اللوبغي، والشيخ علي عبد محمد الشيخالي اللوبغي، والشيخ محمود محمد حاج الشيخالي اللوبغي.

المنطقة الجنوبية

١ - مَرْكَة وملحقاتها:

منقطة شبيلي السفلى من أهم المناطق الفقهية في بلاد الصومال، وخاصة مدينة مركة وملحقاتها، غير أننا سوف نقتصر على بعض منها، ولعل من يأتي فيما بعد يكمل الموضوع ويقوم بدراسة متأنية عميقة تسلط الضوء على الحلقات العلمية وخاصة حلقات الفقه وأصوله التي استفاد منها طلبة العلم علومًا كثيرةً ومتنوعةً كالقرآن وعلومه، والحديث وعلومه، والفقه وأصوله، واللغة، والأدب، والسيرة النبوية، والتاريخ، وغير ذلك.

وفيما يلي نماذج لتلك الحلقات التي اشتهرت في منطقة شبيلي السفلى كالتالي :

- حلقة الشيخ أبي إسحاق الشيرازي، ومن بين الذين استفادوا من حلقته الشيخ علي ابن محمد بن صديق بن عثمان المشهور بالشيخ علي ميه الدرقبي البكري.
- حلقة الشيخ محمد بن علي البداسي، ومن ورادها الشيخ علي بن محمد بن صديق بن عثمان المشهور بالشيخ علي ميه الدرقبي البكري.
- حلقة الشيخ علي بن عبد الرحمن المشهور بحاج علي المجيرتين أحد العلماء المشهورين في قطرنا الصومالي، وممن أخذ عنه العلم الشيخ علي بن محمد بن صديق ابن عثمان المشهور بالشيخ علي ميه الدرقبي البكري.
- حلقة الشيخ مختار نور سمو الهمداني الذي كان رفيقًا وملازمًا لجد الشيخ علي ميه والتي كانت في إحدى مساجد مدينة مركة الساحلية في حي البكريين المشهورة بدار عقبة والتي تحول نطقها فيما بعد الدرقبة أو الدرقبي، وهذه الحلقة من بين الحلقات العلمية والدينية التي استفاد منها فضيلة الشيخ علي ميه البكري .
- حلقة الشيخ عثمان بن إسماعيل بن إسماعيل الجمالي الذي كان يلزم حلقته العلمية في مركة وغيرها، وقد استفاد منه خلق كثير، ومن بينهم فضيلة الشيخ العلامة الشيخ علي بن محمد بن صديق المشهور بالشيخ علي ميه الدرقبي؛ لأنّ الشيخ عثمان بن إسماعيل كان ضمن شيوخ الشيخ علي ميه.

- حلقة الشيخ طلحة محي الدين محمد، وممن كان يلازم هذه الحلقة فضيلة الدكتور فوزي محمد بارو، أستاذ اللغة العربية في أكثر من صرح علمي، وصاحب المؤلفات العديدة. وقد أخذ عن شيخه طلحة محي الدين محمد الفقه الشافعي مثل: كتاب (سفينة الصلاة)، و(متن أبي شجاع)، و(شرح القاسمي).
- حلقة الشيخ حسن نور أبغالو تلميذ العالم النحرير الشيخ إبراهيم غاشان، وهذه الحلقة كانت في منطقة ملد جنوب مدينة مركة الساحلية، وكان يتوجه إليها العلماء وطلبة العلم ليتلقوا عن علمائها، ومن بين من رحل إليها ليستفيد من حلقة الشيخ حسن نور مجموعة من العلماء مثل الشيخ حسن يوسف محمد علي، والشيخ حسن معلم محمود، والشيخ حسن مودي، وأخذوا من حلقة شيخهم كتاب (المنهاج) في مذهب الشافعي.
- حلقة الشيخ عبد الله داروذي العامرة، كانت في قرية ملد في محافظة شبيلي السفلى، وكان الشيخ عبد الله يلقي دروسًا في الفقه الشافعي، وممن أخذ عنه الفقه الشيخ حسن يوسف محمد علي البيمالي، حيث حفظ عليه عددًا من المتون الفقهية، إضافة إلى كتاب (المنهاج) وكتب وعلوم أخرى.
- حلقة الشيخ سيّد أحمد في مركه قصبة إقليم شبيلي الوسطى، من أبرز طلبة العلم الذين استفادوا من حلقات هؤلاء العلماء المشار إليهم: فضيلة الشيخ محمد صالح شيخ عمر الكري " غري "، رغم أنّه تتلمذ في البداية على والده شيخ عمر المشهور بـ " حاج عمرو " واستفاد منه علمًا كثيرًا كون الأب كان ملمًا بالعلوم الشرعية والعربية، وكان له أتباع كثيرون، بحيث كان ينتمي إلى الطريقة الصالحية، ومع ذلك كله، فقد انضم الشيخ محمد صالح إلى الحلقات العلمية المنتشرة في المساجد في قرى أوطيغلي، وفرحان جيرو، كما رحل إلى مدينة مركة الساحلية لينهل من حلقاتها العلمية العامرة، علمًا بأنّه لبث في هذه المدن وهذه القرى حوالي خمس سنوات كان يدرس فيها ويتعلم الفقه الشافعي والنحو فقط.
- حلقة فضيلة الشيخ حاجو في منطقة شَلَمْبَوْد، وكان لا ينازعه الفقهَ فيها أحدٌ.
- حلقة الشيخ عبد الله معلم يوسف البيمالي المشهور بـ "الشيخ عبد الله الداروذي"، وقد أفلح منه مجموعة من أهل العلم، مثل: فضيلة الشيخ الفقيه جبريل البيمالي،

والشيخ الفاضل أبوبكر عبد الله الجمامي (في أي مدينة من مدن شبيلي السفلى كانت حلقته).

٢ - أفجويي:

- حلقة الشيخ محمد أيلايو من قبيلة إيلاي الرحوينية في مسجد عيل يرو في أفجويي في حي طغحتور، وكان يقرأ كتب الفقه وخاصة (المنهاج) حتى كان يسمى بـ(شيخ منهاج) في جنوب الصومال، وقد أخذ عنه طلبة العلم من هيران وباي وبكول الذين نشروا الفقه الشافعي بدورهم في ربوع الصومال.

- حلقة الشيخ محمود الكري (الغري)، في أفجويي بمسجد شيخ آدم قرب ناحية بار إسماعيل في حي حواء تاكو، وقد التزم حلقته ثلاثين عامًا وما زال مرابطًا فيها، وكان متخصصًا في الفقه وخاصة في كتابي (المنهاج) للنووي، و(فتح المعين) للمليباري. وقد أخذ عنه عدد كبير من العلماء وطلبة العلم.

٣ - قريولي:

- حلقة الشيخ حسن حسين هلولي في قريولي، وكان يقرأ كتاب (المنهاج)، وكان يحضرها عدد كبير من طلبة العلم، وممن استمع منه الشيخ عمر الفاروق المفسر المعروف، حيث استمع منه ربع العبادات من كتاب (المنهاج). وكان للشيخ حسن حلقات فقهية أخرى في مسجد الجماعة بقرية مصر بري التي تبعد عن أفجوي حوالي ٢٨ كيلو مترًا، وكان له جماعة تابعة له هناك.

- حلقة الشيخ عبد الله أيلي في مدينة قريولي في محافظة شبيل السفلى، والشيخ عبد الله كان يداوم على قراءة كتاب (المنهاج)، وقد أخذ عنه جمع غفير من طلاب العلم في تلك الفترة.

٤ - أوطيغلي Awdheegle وما حواليها:

إنّ قرى أوطيغلي وجيرو وفرحاني ومدينة مركة كان يعقد فيها حلقات علمية في مختلف العلوم والمعرفة، وعلى رأسهم الفقه الشافعي وأصوله. ومن هذه الحلقات:

- حلقة حاج حسن عثمان شيموي والشيخ حامد هرابي في أوطيقلي.

- حلقة الشيخ حسن قومال والشيخ عبد الرحمن قومال في جيرو وفرحاني.

- حلقة حاج علي سيدو البغدي نسبًا، وكانت له حلقة فقهية في أوطيغلي حيث يقرأ العلوم الشرعية بما فيها الفقه، وكان دائما يلزم قريته مبارك، ثم انتقل إلى قرية كوريت التي تقع بين مدينة بلعد وحوادلي.

- حلقة الشيخ محمد يرو البغدي في قرية دارييري Daanyeerey المعروف الآن بدار السلام في ناحية أوطيغلي. وعلى الرغم من أنه تخصص في اللغة العربية إلا أنه كان أحيانا يقرأ الفقه، وخاصة المختصرات، مثل (فتح المعين) و(السفينة) و(القاسمي) وغير ذلك.

- حلقة الشيخ محمد محمود بيمالو، وكان يقرأ كتاب (منهاج الطالبين) في المذهب الشافعي. وقد تخرج من حلقته فضيلة الدكتور فوزي محمد بارو الذي تقدم ذكره، صاحب المؤلفات العديدة.

٥ - جمامي:

- حلقة الشيخ معلم علي في مدينة جمامة، حيث كان يعقد مجلسًا علميًا يدرس فيه العلوم الشرعية مثل الفقه الشافعي ككتاب "سفينة الصلاة "، و"متن أبي شجاع"، مع أنّ فضيلته كان ملمًا أيضًا بعلم التفسير وله دروس في هذا المنحى. وقد تخرج على يديه جمع غفير من طلبة العلم. ومن بين هؤلاء فضيلة الدكتور شدّة علي كبة، أستاذ القراءات واللغة العربية، وله جهود علمية عدة مثل: مشروعه العلمي" برنامج مقترح لإعداد معلمي اللغة العربية والمؤسسات غير النظامية في الصومال".

- الشيخ أبوبكر نور الغماني، وله حلقة في قرية (جلعد) المشهورة بحوالي عشر كليومترات شرق مدينة جمامة بمحافظة جوبا السفلى، ودرس كتبًا كثيرةً مثل كتابي " بُنِيَ الإسلام" و"معرفة الإيمان" وهما من المخطوطات الدينية النادرة حتى الآن، بالإضافة إلى كتب على مذهب الشافعي. وقد نهل من حلقة الشيخ أبي بكر نور الغماني الفقهية كثيرون، ومنهم: ولد الشيخ حسن يوسف محمد علي محاد أدير صوفي.

- حلقة الشيخ محمد وهلو البيمالي في مسجد قرية بيميري بين قريتي أغنجي ومبارك التابعة لأوطيغلي. وكان عالمًا متخصصًا في تدريس كتب علم النحو، مثل: متن الآجرومية، وقطر الندى، ومُلحة الإعراب، وغيرها. وأخذ عنه خلق كثير، مثل الشيخ مختار عمر علي البيمالي، والشيخ جبريل البيمالي الذي كانت له حلقة فقهية في منطقة كم ٥٠ بمقديشو.

- حلقة الشيخ الفقيه مختار عمر علي البيمالي، وكانت حلقته في الجامع القديم بمدينة شلمبود في شبيلي السفلي، كما امتد نشاط الشيخ من ناحية عيل جالي إلى منطقة عنبري، وكانت حلقة الشيخ مختار معروفة في جنوب الصومال، لكونه فقيهًا متبحرًا في الفقه الشافعي، ويأتي إليها من يريد أن يتخصص في الفقه، وكان شيخه في الفقه الشيخ عبد الله محمد يوسف البيمالي. ومن طلابه الشيخ أحمد يوسف المعروف بكولالي البيمالي، وله حلقة علمية في قرية مرين غواي وتقع بين براوه وبولو مرير، وما زالت حلقته موجوة وحية حتى الآن. ومن طلبة الشيخ مختار أيضًا الشيخ الفقيه عبد الله عثمان المشهور بـ " الشيخ عبد الله منهاج " نسبة لتبحره في كتاب (المنهاج) حتى اشتهر به. ومنهم أيضًا الشيخ إبراهيم شيخ عبدي، والد الأستاذ الكاتب عبد الرحمن إبراهيم عبدي. وكان الشيخ إبراهيم أستاذ اللغة العربية في معهد حلني، ومدرسًا بوزارة التربية والتعليم، إضافة إلى أنّه كان يعمل في صحيفة نجمة أكتوبر التي كانت تصدر باللغتين الصومالية والعربية.

وقد نهل من حلقته عدد من أهل العلم مثل: فضيلة الشيخ محمود عبدله، "، والشيخ محمود عبدله عريف، والشيخ أبو بكر حسن مالن، وآخرون.

- حلقة الشيخ محمد إسحاق الغندرشي الشيخالي، وكان له حلقة في غندرشي، ويدرس كتب الفقه مثل كتاب السفينة وأبي شجاع، والمنهاج، ومن طلابه الشيخ عبد الله بهلول.

٦ - براوة:

اشتهرت مدينة براوة كغيرها من المدن المطلة على ساحل المحيط الهندي بكثرة علمائها وحلقاتها العلمية التي كان يشار إليها وإلى علمائها بالبنان لنبوغهم في الفقه الشافعي. ومن

فقهاء مدينة براوة العلامة الشيخ عبد العزيز الأموي الذي كان يتقن الفقه الشافعي، وانتشر خبره في داخل القطر الصومالي وخارجه، حتى اتصل به السلطان الزنجباري البوسعيدي مستخدمًا ومستعينًا به كقاض يحكم الناس بالشريعة الإسلامية. ومثله أيضًا العلامة الفقيه الفاضل الشيخ الشيخ نوري بن أحمد صابر الحاتمي، أحد الفقهاء النابغين في عصره، وكان له حلقات فقهية في براوة، وذاع صيته ووصل خبره إلى الآفاق اتصلت إليه قيادة سلطنة زنجبار وعينوه قاضيًا على زنجبار.

ومن خلال قراءة كتاب Servants of the Sharia[1]، وهو كتاب يدون الأحكام الشرعية التي صدرت عن مجالس القضاء في براوة عبر مئة عام، يتضح لنا تطور القضاء في الصومال عمومًا، وفي براوة خصوصًا، من خلال مسائل القضاء وفصل الخطاب في المدينة وضواحيها. والكتاب من تأليف باحثة إيطالية تدعى Alessandra Vianello ومحمد قاسم، كما أن لها أيضًا بحوثًا حول تاريخ براوة وأشعارها مثل كتابها باللغة الإيطالية: (براوة مدينة منسية)، وقد نشر مقالها في مجلة إيطالية محكمة. وكانت زوجة للدكتور المساعد البراوي الذي كان في فترة من الفترات عميد الجامعة الوطنية، وقد تُوفِّي رحمه الله.

- حلقة الشيخ محمد الأمين الحاتمي في براوة، وكان الشيخ محمد الأمين يدرس الفقه الشافعي مثل كتاب المنهاج، وكذلك علم الفرائض، وقد استفاد من حلقته خلق كثير ومن بينهم فضيلة الشيخ محمد الهادي قاضي حبيب الحاتمي، والد الشاعر السيد محمد الأمين.

- حلقة السيد أحمد حسين السَّقاف في براوة، وكان الشيخ يعلم طلابه الفقه والتجويد وعلوم اللغة، وممن أخذ العلم عنه الشيخ محمد الهادي الحاتمي، والد الشاعر محمد الأمين.

- حلقة سيد أحمد بن شيخ أباشيخ بن حاج طلحة، وكان يدرس فيها كتاب فتح القريب شرح الغاية والتقريب لأبي شجاع من متون وشروح المذهب الشافعي.

---

(1) Servants of the Sharia- The Civil Register of the Qadis`Court of Brava 1893-1900 (African Sources for African History), Edited by Alessandra Vianello and Mohamed M. Kassim, 2005.

ومن تتلمذ على يد الشيخ سيد أحمد بن شيخ أبا شيخ والتزم حلقته العلمية المذكورة الشيخ محمد الهادي - والد الكاتب والشاعر محمد الأمين -.

٧- عيل طير:

أصبحت مدينة عيل طير بمحافظة غلغدود في وسط الصومال مركزًا يشع منه نور العلم والمعرفة منذ أن قدم إليها فضيلة الشيخ داود علسو بن عبيد الوعيسلي الأبغالي، أحد العلماء الأفاضل ومن الذين تلقوا العلم والتربية على يد الشيخ علي مية البكري المركي. ومن هنا فليس من العجب إذا صارت أسرة الشيخ داود علسو أسرة علمية دينية تهتم بنشر الإسلام وتعاليمه وثقافته، ومن البديهي أن يخرج من بين الأسرة في مدينة عيل طير قادة في الدين والعلم يشار إليهم بالبنان بدءًا بالشيخ داود وأبنائه مثل الشيخ القاضي عبدالله داود، والشيخ عمر داود، وكذا حفيده الشيخ عثمان بن الشيخ عمر بن الشيخ المشهور بـ "الشيخ عثمان حدغ" في أوساط أهل العلم في عصرنا الحاضر. وكيف لا، وقد نشأ الأبناء والأحفاد في بيت علم ومعرفة، وتلقوا من أسرتهم التربية الحسنة والعلم والوفير، كما هو دأب الأسر الدينية المهتمة بتعليم أبنائها قبل غيرهم.

وكان للقاضي الشيخ عبد الله بن الشيخ داود حلقة علمية في مسجد عيل طير، بحيث كان يدرس العلوم الشرعية واللغوية. ومن بين الذين أفلحوا من هذه الحلقة الشيخ عثمان ابن الشيخ عمر وتلقى علي يد عمه الشيخ القاضي عبد الله داود بعض العلوم الشرعية.

٨- كِسمايو:

حلقة الشيخ محمد الأغاديني في مدينة كسمايو وخاصة في مسجد باجون، وكذا في مسجد حاج جامع، كان يقرأ كتب الفقه الشافعي مثل كتاب السفينة وأبي شجاع والمنهاج، وكان من طلابه الشيخ عبد الله محمد حسين وغيره من أهل العلم.

٩- بارطيرا:

تُعدُّ مدينة بارطيرا من أهم المدن والمراكز العلمية في القطر الصومالي، وقد اشتهرت هذه المدينة وضواحيها بكثرة قراءة الكتب الفقهية عبر الحلقات العلمية حتى شدّ إليها طلبة العلم من داخل البلاد وخارجها، وقد أطلق عليها مدينة الفقه الشافعي، وذلك اشتهارها بتدريس كتب الفقه الشافعي ومتونه وشروحه. ومن هذه الحلقات:

- حلقة الشيخ معلم عثمان التي كانت مشهورة بتدريس كتب الفقه الشافعي المختلفة، وأشهرها كتاب (منهاج الطالبين)، للإمام أبي زكريا يحيى بن شرف النووي. واشتهر الشيخ بتدريس الفقه ولا سيما كتاب المنهاج المشهور بقطرنا الصومالي، ومن ضمن طلابه الذين نالوا من علمه الشيخ محمد الهادي قاضي حبيب الحاتمي الذي قدم إلى بارطيرا من براوة لطلب العلم فيها قبل انتقاله إلى مقديشو، وصاحب الحلقات العلمية في مدينة ممباسا بكينيا، والصومال، وله إنجاز في النواحي التأليفية حيث إن له كتبًا منها: كتاب (مجموعة خطب)، وكتاب (الإرشاد لمن يريد النطق بالضاد)، وكتاب (أمالي شريف يوسف بن شريف محمود الحسني في شرح لامية الأفعال بالعربية).

- حلقة الشيخ حسن حرين في بارطيرا، والشيخ حسن مشهور بـ "بشيخ حسن ويني" وكان متبحرًا في الفقه الشافعي وخاصة في كتابي (المنهاج) للنووي و(إرشاد الغاوي) لابن المقري اليمني، لأنّه تتلمذ على علماء أجلاء في بارطيرا مثل الشيخ محمد يوسف المعروف بتفوقه في الفقه الشافعي في عصره ومنطقته. وعندما وجد الإذن والإجازة لنشر ما تعلم من شيوخه شرع في تدريس كتب الفقه، وقد التف حوله جمع غفير ليس من طلبة العلم فحسب، وإنّما علماء أجلاء مثل الشيخ عبدالرحمن شيخ إبراهيم معلم المشهور بـ " عبد الرحمن الإرطي نسبة إلى قبيلة إرطي الدغلية في جنوب البلاد. ومن بين طلابه أيضًا الشيخ محمد الهادي قاضي حبيب السابق ذكره. ويقال إنّ الشيخ حسن هرين رجع إلى قريته بول غدود الأصلية لينشر هناك ما تعلم من العلوم وخاصة كتاب الإرشاد، وذلك تلبية لوصية شيخه الشيخ محمد يوسف . وكان يقرأ أيضًا كتاب (المنهاج).

- حلقة الشيخ محمد يوسف الباطيري، وكانت له حلقة فقهية معروفة في مدينة بارطيرا، وقد تتلمذ عليه نخبة من طلبة العلم صاروا فيما بعد جهابذة الفقه الشافعي في المنطقة الجنوبية، مثل: الشيخ حسن حرين المشهور بـ " شيخ حسن ويني "، والشيخ عبد الرحمن إبراهيم معلم المشهور بـ " شيخ عبد الرحمن إرط"، السابق ذكرهما.

- حلقة الشيخ عبد الرحمن بن شيخ إبراهيم المشهور باسم الشيخ عبد الرحمن أرطي نسبة إلى قبيلة إرطي الدغلية في دافيد. درَّس الفقه الشافعي أكثر من خمسين سنة في بارطيرا ويعتبر من كبار مشائخ مدرسة بارديرا الذين كان له أكبر الأثر في نقل الفقه الشافعي إلى الأجيال الصومالية بمناطق الجنوب كاملة. وممن تلقى العلم منه الشيخ أحمد حاج عثمان الذي قضى معه هناك قرابة عام كامل بحيث أخذ منه كتاب المنهاج في الفقه الشافعي. وكان الشيخ أحمد التحق بحلقات علمية بمسجد أنسلوتي وفي ورطيغلي على يد الشيخ حسن نالبي السعدي بحيث أخذ منه بعض كتب الفقه. ثم سافر إلى مدينة بارطيري وانتظم في حلقة الشيخ عبد الرحمن بارطيري الإرطي هذه. ومن بين الذين استفادوا من حلقة الشيخ عبد الرحمن الإرطي، الأستاذ محمد لقمان سمو محمد مؤمن، أحد أساتذة اللغة العربية في الجامعة الوطنية ثم الجامعة الإسلامية في مقديشو، وبعض الصروح العلمية في الصومال.

- حلقة الشيخ سعيد آدم عبدي الليساني، وكانت له حلقات علمية في أكثر من مكان، كحلقته في مدينة بارطيرى، وحلقته في منطقة شنقلو بضواحي بارطيرا، وحلقته في قرية بردالي في محافظة باي. كما كانت له مجالس علمية في قرية مصر التابعة لمدينة دينسور، وغير ذلك. وكان يقرأ في الفقه الشافعي وخاصة الكتب التالية: (سفينة النجاة) و(سفينة الصلاة)، و(متن أبي شجاع) في الفقه الشافعي المسمى بـ "الغاية والتقريب" للإمام الفقيه شهاب الدين أبي شجاع أحمد بن الحسين الأصفهاني، و(متن الزبد)، لأحمد بن رسلان، و(منهاج الطالبين وعمدة المفتين)، لمحيي الدين بن شرف النووي، و(فتح المعين بشرح قرة العين بمهمات الدين) للشيخ أحمد بن عبد العزيز بن زين الدين المعبري المليباري، إضافة إلى أحكام الفرائض على المذهب الشافعي. هذا وقد أخذ العلم عن الشيخ سعيد عدد من طلبة العلم، مثل: ابنه الشيخ آدم الشيخ سعيد البردالي، والشيخ عبد الله شريف من قبيلة الأشراف، والشيخ سعيد حاج محمد، والشيخ محمد شيخ مختار الليساني، وغيرهم.

- حلقة الشيخ حسن وَيْنـَي (حسن الأكبر)، وكان الشيخ متضلعًا من الفقه الشافعي، عالمًا متمكنًا لا ينازعه أحد في الفقه الشافعي في بادية بارطيرى. وعلى

هامش حلقة شيخه ظهر الشيخ حسين يَرَي (حسن الأصغر) حيث كان يعيد الدرس للطلبة بعد قراءة شيخه حسن الأكبر في مسجده، وقد اشتهر الأخير في أوساط أهل العلم في المنطقة حتى صار شيخ مدينة بارطيرى.

- حلقة آدم عبدي إبراهيم بولو، وكان فقيهًا متقنًا إلا أنه اختار الخمول عن الشهرة فصار كأنه لا يعرف مع كونه ضليعًا بالفقه، وهو صاحب ضوابط النصوص، والتحقيق مع قيود المسائل الشرعية، وقد نهل من حلقته طلبة العلم، وأولهم ابنه البار السيد محمد آدم عبدي بولو الذي استفاد من علوم والده، ولا سيما كتب الفقه الشافعي مثل (المنهاج) للنووي و(التنبيه) للشيرازي.

١٠ - حُدُر:

ومن الحلقات العلمية التي قامت في حدر:

- حلقة الشيخ يوسف معلم الليساني (Leysaan) الرحنويني أحد الفقهاء الشافعية في عصره. كانت له حلقة فقهية يدرس فيها كتب الشافعية المعروفة في القطر الصومالي وغيره، وخاصة الكتب المختصرة والأساسية للمذهب مثل: (السفينة) و(أبو شجاع) وغيرهما، كما أنه كان يدرس تفسير القرآن الكريم بحلقته. ومن حيث طلبته فيكفي أن نشير إلى معالي الدكتور الشريف صالح محمد علي أحد رواد الثقافة في الصومال، وأول رئيس للجامعة الوطنية، ووزير الثقافة والتعليم العالي في السبعينيات، بالإضافة إلى أنّ لمعاليه مؤلفات عربية وصومالية وإنجليزية، وكلها تحوم حول الصومال، من حيث التاريخ واللغة والسياسية، مثل:

١ - أصول اللغة الصومالية في العربية.

٢ - المعجم الكشّاف عن جذور اللغة الصومالية في العربية (المجلد الأول).

٣ - منهج اللغة في الصومال.

٤ - دراسة في كتابة اللغة الصومالية بالحرف العربي.

٥ - ملحمة النواب الأحرار الصوماليين ضد الاحتلال الأثيوبي ٢٠٠٦ -٢٠٠٩م.

١١ - جِلبو:

وهي قرية في أرض السرمان بإقليم بكول بين حدر وتييغلو، وكان لملاق مختار بن ملاق حسن الليساني فيها حلقة فقهية، ولكن هذه الحلقة كانت خاصة بأولاده ومحيط أسرته، وعلى رأسهم البرفيسور محمد حاج ملاق مختار ملاق حسن. وقد كان الأب يركز على الفقه الشافعي ككتابي (سفينة الصلاة) و(سفينة النجاة) حتى يرتفع مستوى الأبناء الديني والتعلمي قبل التحاقهم بالمدرسة النظامية.

١٢ - بَيْدَوا:

قامت في مدينة بيدوا عاصمة محافظة باي في الجنوب الغربي للصومال حلقات فقهية وعلمية كثيرة من بينها ما يلي:

- حلقة الشيخ شريف يرو في مسجد الجامع في بيدوا، وكانت حلقته عامرة، كما أنّ الشيخ كان يواظب على درسه بشكل رسمي ومستمر دون انقطاع، وقد أخذ عن فضيلته جمع كثير من طلبة العلم في بيدوا والقرى المحيطة بها، وعلى رأسهم خليفته الشيخ حاج عليو اللوايي الذي كان إمامًا رسميًا في عصره حتى توفي رحمهم الله جميعًا. وقد قرأ الشيخ شريف يرو كتب الشافعية مثل: كتاب منهاج الطالبين، وغيره.
- حلقة الشيخ محمد يرو حرين في مسجد الجامع الكبير في مدينة بيدوا، وكان فضيلة الشيخ محمد يرو يلقي دروس فقهية وخاصة بعض كتب الشافعية وعلى رأسها كتاب (المنهاج).
- حلقة الشيخ القاضي حسن حامد الجلبلي Jillible إحدى قبائل مرفلي، وهو عم لمعالي السيد محمد علي حامد الذي تقلد مناصب وزارية في الدولة الصومالية. وكانت حلقة الشيخ حسن حامد تعقد في مدينة بيدوا في محافظة باي، وهي حلقة مختصة بالفقه وخاصة كتب الفقه الشافعي مثل: كتاب (سفينة النجاة) و(سفينة الصلاة)، و(متن أبي شجاع). وكان معالي السيد محمد علي حامد من ضمن من استفاد من دروس عمه الفقهية.

- حلقة الشيخ محمد إسحاق الليساني، وقد أخذ الفقه عن حلقة الشيخ حسين عدي بمقديشو، واستفاد من دروسه عدد لا يستهان بهم، وأولهم نجله معلم مصطفى شيخ محمد إسحاق صاحب الدروس العلمية في بيدوا ومقديشو.

١٣ - دينسور:

حلقة الشيخ عبد الرحمن الشيخ محمد الدينسوري الدَّبَرِيّ. كان يشار إليها بالبنان، بحيث كان ملمًّا بكتاب (المنهاج) حتى اشتهر به، وكان يقال في زمنه إنّ حلقته كانت أحسن من حلقات الفقه في مدينة بارطيرى المشهورة بالحلقات العلمية وخاصة الفقه الشافعي، وممن أفلح من هذه الحلقة المباركة الشيخ عبد الله بربار، والشيخ عبد السلام الشيخ الغالجعلي.

١٤ - لوق:

- حلقة الشيخ آدم عورملي - نسبة إلى قبيلة عورملي - في مدينة اللوق الزراعية في إقليم غيدو، وكان الشيخ آدم عورملي يقوم بتدريس كتب الفقه الشافعي، ولا سيما كتاب (منهاج الطالبين) للنووي، ولم تكن حلقته تفارق كتاب (المنهاج) حتى أحكمها، وكان الشيخ يقول المنهاج لي، إشارة إلى إتقانه وحبه لنشره وقراءته بين طلبة العلم، والمعروف أنّ حلقة الشيخ أدم عورملي كانت متميزة عن غيرها من الحلقات حيث كان يفد إليها العلماء وطلبة العلم من أماكن مختلفة في منطقة شرق إفريقيا. والشيخ آدم كان عالمًا متبحرًا في علوم كثيرة، وبرز في أكثر من ميدان علمي، إلا أنّ حلقته الفقهية كان أبرز حلقاته العلمية، وأفلح من دروسه مجموعة من طلبة العلم مثل: الشيخ حسين عبدي يوسف الدغوذي المسرى، العالم البارز في علم الفقه وأصوله المشار إليه آنفًا، وكذلك الشيخ محمود معلم عبد الكريم الدغوذي الدمالي.

- حلقة الشيخ حسين عبدي يوسف الدغوذي المسري في مدينة لوق، وكان الشيخ يلتف حوله جمع غفير من الطلبة ليسمعوا درس شيخهم عند ما كان يدرس لهم بعض كتب الشافعية مثل: كتاب (منهاج الطالبين) للإمام النووي.

- حلقة الشيخ محمود معلم في مدينة لوق، وكان الشيخ يقرأ في حلقته الفقه الشافعي، وكان من عادته أن يبدأ بكتاب (سفينة النجاة) و(سفينة الصلاة)، ثم (أبي شجاع)،

ثم (المقدمة الحضرمية) لبافضل الحضرمي، حسب التسلسل، وقد أخذ عنه الفقه جماعة من طلبة العلم، ومن هؤلاء فضيلة الدكتور الفقهيه الأصولي باشنا إبراهيم محمود المحاضر بجامعة الأمة في كينيا.

١٥ - دَوْلَو:

حلقة الشيخ محمد طفى في دولو "Doolow"، وكان الشيخ محمد يدرس كتاب "مغنى المحتاج" للخطيب الشربيني، وممن أخذ عنه فضيلة الشيخ عمر الفاروق حاج عبد سلطان الذي كان يمسك زمام القرءاة والشيخ يشرح كما كانت عادة العلماء آنذاك.

إقليم هيران والمناطق الوسطى:

١ - بلدوين:

- حلقة الشيخ العالم الفقيه آدم عبدالله صلاد المشهور بـ " الشيخ إرشاد " الشافعي الججيلي الحرمغي الهيراني في مسجد هروى في بلدوين سابقًا، ونشاط الشيخ العلمي لم يقتصر على المسجد المذكور آنفًا في مدينة بلوين فحسب، وإنّما أيضًا في مسجد تُوكَل في حي دينيلى في مقديشو العاصمة، وكان يقوم بتدريس كتب الفقه الشافعي مثل: سفينة النجاة، والصلاة، وأبو شجاع، والياقوت النفيس، وعمدة السالك، والتوشيح على ابن قاسم، والزبد لابن رسلان والمنهاج. وممن أفلح من حلقته في مدينة بلدوين الشيخ محمد معلم آدم الججيلي الفقي، والشيخ محمد الطاهر الدري الفقي يحيي، والشيخ إبراهيم معلم عبد عثمان الججيلي الحرمغي، والشيخ عبد الفتاح شيخ عمر أحمد دينلي الحسني، والشيخ عبد الشكور عمر أحمد دينلي الحسني، والشيخ عبد الشكور محمد طايو الباذعيدي.، وكما أشرنا من قبل فإنّ دروس الشيخ جرت في بلدوين، ثم مقديشو.
- حلقة الشيخ العالم الفاضل محمد نور عبدالرحمن محمد عالم الججيلي الشافعي الأحمدي الرحماني في بلدوين وخاصة في مسجد البرده ومسجد الطبقين في أونوتكا، وكان الشيخ محمد نور عبد الرحمن المذكور يقرأ في حلقته كتب الشافعية مع شروحها ما عدا كتاب إرشاد الغاوي لابن المقرئ، لأنّ هذا الكتاب كان يقرأ الشيخ علي عبد الرحمن الرحنويني المشهور بـ " شيخ إرشاد" الذي تعلم الفقه بيد

الشيخ عبد الرحمن بارطيري الإرطي المعروف، والشيخ أبيكر علي كظيل البرسني. وحلقة الشيخ محمد نور كانت تمتاز بأنّه كان يستخدم فيها اللغة الصومالية بلهجتيها: (ماي) و(محا)، بحكم أنّه من مواليد إقليم بكول الذي تشتهر فيه لهجة ماي، وهذه الميزة أعطت حلقة الشيخ رونقًا وجمالًا، ومن هنا لم يأت من فراغ عندما وفد إليه جمع غفير من طلبة العلم الذين استفادوا من هذه الحلقة، حيث كانوا يجدون ضالتهم عند الشيخ محمد نور عبد الرحمن، بحيث إنه لم يكن هناك عائق لغوي، بل الكل كان يفهم دروس الشيخ بكل وضوح. وقد أفلح من حلقته المباركة جمع من الطلبة الذين حملوا الأمانة وصاوروا على درب شيخهم في نشر العلم ولا سيما الفقه الشافعي، ومن هؤلاء: الشيخ عبدالرحمن أحمد حسين (فنح) الجالجعلي الأبتسمي البقذي، والشيخ حسن شيخ محمود نور (حينوش) الأديجيني الجويلي، والشيخ مؤمن جبريل ورسمى الحوادلي المحاسي، والشيخ إبراهيم معلم آدم معلم إبراهيم(فودعدى) الجالجعلي الدرسمي العيل علي، والشيخ محمد إبراهيم طكد الغالجعلي الدرسمي العيل طيري، والشيخ عبد الرحمن إبراهيم عبد الججيلي الفقي الفرلباحي.

- حلقة الكتب الفقهية التي كان يقرؤها الشيخ العالم الفقيه أبيكر علي كظيل البرسني الشافعي، وكانت هذه الحلقة تمتاز بالدورة الفقهية المتكاملة المعروفة التي تبدأ من: كتاب (سفينة النجاة) للعلامة سالم بن سمير الحضرمي وشروحه مثل: (نيل الرجا) للشاطري، و(وسيلة الرجا) لعثمان بن محمد بن سعيد تنكل الشافعي، و(كاشفة السجا) لمحمد بن عمر الجاوي. وكذا كتاب (سفينة الصلاة) لعبد الله بن عمر الحضرمي وشروحه، مثل: (سلم المناجاة) لمحمد بن عمر الجاوي، كما كان الشيخ أبيكر يقرأ كتبًا فقهيةً أخرى مثل: (متن أبي شجاع) وشروحه مثل: (ابن قاسم)، و(كفاية الأخيار) لتقي الدين أبو بكر بن محمد الحصني، و(الإقناع في حل ألفاظ أبي شجاع) للخطيب الشربيني، و(البجيرمي على الخطيب)، و(الرياض البديعة) للعلامة محمد حسب الله. وشرحها (الثمار اليانعة) لمحمد بن عمر الجاوي، و(الدرر البهية) لأبي بكر بن محمد شطا الدمياطي وشرحها (الأنوار السنية) لعبد الحميد بن محمد الخطيب، و(المقدمة الحضرمية) للعلامة بافضل

الحضرمي وشرحيها (المنهاج القويم) لابن حجر الهيتمي و(بشرى الكريم في مسائل التعليم) للعلامة سعيد باعشن الحضرمي، و(التوشيح على ابن قاسم) لمحمد بن عمر الجاوي، و(عُمدة السالك) لأحمد بن النقيب المصري، وشروحها مثل (أنوار المسالك) للغمراوي، و(فيض الإله المالك) للبقاعي، و(الزبد) لابن رسلان وشروحه مثل: (مواهب الصمد) لأحمد الفشني، و(غاية البيان) للرَّملي و(فتح المنان) لمحمد الحبيشي، و(تحفة الطلاب) المسمى بـ(التحرير) لشيخ الإسلام زكريا الأنصاري وشرحه (حاشية الشرقاوي)، و(حاشية البيجوري) على (ابن قاسم)، و(فتح المعين بشرح قرة العين) للمليباري، وشروحه مثل: (الترشيح) لعلوي السقَّاف، و(إعانة الطالبين) لعثمان بن شطا البكري، و(المنهج) لزكريا الأنصاري، وشروحه مثل: (فتح الوهاب) له أيضا، و(البجيرمي على المنهج)، و(المنهاج) للنووي وشروحه مثل: (مغني المحتاج) للخطيب الشربيني، و(حاشية القليوبي وعميرة) و(تحفة المحتاج) لابن حجر الهيتمي و(نهاية المحتاج) للرملي، و(التنبيه) للشيرازي، و(المحرر للرافعي)، و(إرشاد الغاوي) لابن المقري وشروحه مثل (فتح الجواد) لابن حجر الهيتمي، و(التمشية بشرح إرشاد الغاوى في مسالك الحاوى) لابن المقري اليمني، وغيرها من كتب الفقه في المذاهب الأخرى غير أن الشيخ أبيكر كان يركز على المذهب الشافعي أكثر من غيره، مع علمه بالمذاهب الأخرى.

- حلقة الشيخ العالم الفقيه حاج آدم أبيكر عالم الجالجعلي الدرسمي الهيراني العيل علي. كانت هذه الحلقة في عيل علي من قرى بلدوين، وأفلح منها فقهاء كثيرون أمثال الشيخ إبراهيم حسن معلم، والشيخ عثمان عالم علي بري، والشيخ إدريس معلم حاج أحمد يوسف، والشيخ عثمان شيخ عبد يرو، والشيخ علمي حسين دير، والشيخ عثمان شيخ آدم أبيكر، والشيخ محمد شيخ عبد يرو .وكان الشيخ يقرأ في هذه الحلقة كتب متون الفقه الشافعي وشروحها مثل: كتاب (سفينة النجاة) و(سفينة الصلاة) و(أبي شجاع) و(الرياض البديعة) لحسب الله، و(الدرر البهية) للدمياطي، و(التوشيح على ابن قاسم) لمحمد بن عمر الجاوي، و(أنوار المسالك) للغمراوي، و(الزبد) لابن رسلان، و(المنهج) لزكريا الأنصاري، و(المنهاج) للنووي، وغيرها من الكتب التي تقدم ذكرها.

- حلقة الشيخ أحمد شيخ محمد عمر متان، وكان فيها عدة كتب في اللغة والفقه وغير ذلك، وممن أخذ عنه العلم ابنه فضيلة الدكتور محمد الشيخ أحمد، وتعلم منه الفقه مثل كتاب (أبي شجاع) وشرحه (القاسمي).

- حلقة الشيخ محمد خليف الحسني في بلدوين، وكان يدرس الفقه الشافعي مثل كتاب (القاسمي)، ومن بين طلابه فضيلة الدكتور محمد الشيخ أحمد محمد المشهور ب" محمد حاج "، من رواد الفقه الشافعي في الصومال، وله إلمام خاص بمقاصد الشريعة الإسلامية، ورئيس مركز المقاصد للبحوث والدراسات بمقديشو، كما أن له عدة مؤلفات في الفقه وأصوله، مثل الكتب التالية:

١ - مقاصد الشريعة العامة عند الإمامين: العز ابن عبد السلام والشاطبي دراسة مقارنة.

٢ -المدخل لدراسة الشريعة الإسلامية.

٣ - مقاصد الشريعة الإسلامية وأثرها في رعاية حقوق الإنسان: "دراسة تأصيلية مقارنة".

٤ -المذهب الشافعي في الصومال: معالم وملامح من واقع التفاعل البيئي.

٢ - بُولو بُردي:

حلقة الشيخ رشيد حاج حسن البادعدي. كان يدرس كتب الفقه في المذهب الشافعي، ومن الكتب التي كان يدرسها كتابي (سفينة الصلاة) و(سفينة النجاة)، وكذلك كتاب (القاسمي) وبدايات كتاب (منهاج الطالبين) للإمام النووي بالإضافة إلى كتاب "مختصر أبي جمرة". وقد أخذ عنه خلق كثير، ومن بين هؤلاء فضيلة الدكتور عمر إيمان أبوبكر حيث درس على يديه كتب الفقه المذكورة آنفًا.

٣ - جالكعيو:

- حلقة الشيخ العالم الفاضل الفقيه الأصولي الزاهد الورع التقي عبدالله عبد حسن جمعالى الهبرجدي السعدي في مساجد جالكعيو. وكان الشيخ يقرأ في حلقته كتبًا فقهيةً كثيرةً مثل متون كتب الفقه الشافعي المشهورة في القطر الصومالي، وكذا كل

الشروح لكتب المنهاج والإرشاد، كما كان يفعل الشيخ أبيكر علي كظيل المعروف في حلقته. وقد أفلح من حلقة الشيخ عبد الله عبد حسن جمعالي عدد كبير من العلماء والفقهاء مثل: الشيخ الفقيه محمود علي وعيس الدري القبيسي، والشيخ العالم الفاضل الفقيه الأصولي محيي الدين حسن أيانلى السعدي، والشيخ الفقيه أحمد برى جري، والشيخ الفقيه سعيد معلم محمد الشيخالي اللوبغي. وغيرهم كثير.

- حلقة الشيخ محمود علي وعيس الدري نسبة إلى قبيلة دِرْ الكبيرة والمعروفة في منطقة شرق أفريقيا، وكان الشيخ يقرأ علومًا كثيرةً ومتنوعةً من تفسير القرآن الكريم، وكتب الصِّحاح والسنن، والفقه الشافعي مبتدئًا بمختصرات مثل (سفينة النجاة) و(سفينة الصلاة) و(متن أبي شجاع) وشروحه، وكذلك كتب الفقه الأخرى مثل كتب: (الياقوت النفيس في مذهب ابن إدريس للشَّاطري)، و(إرشاد الغاوي) لابن المقري اليمني، و(المنهاج) للنووي، وقد جلس الشيخ في مواقع مختلفة في مدن ومناطق مخلتفة، وكان له حلقة فقهية معروفة في مقديشو وخاصة حلقته في مسجد علي شري، ومسجد حريد، كما كان يقرأ الكتب الشرعية في بداية الثمانينيات من القرن المنصرم في منطقة بنديردلي Bandiiradley حتى وقت اندلاع الحرب الأهلية الصومالية، ثم تحول إلى مقديشو واستمر في تدريسه للعلوم الإسلامية مُرَكِّزًا على الفقه وأصوله. وفي الفترة الأخيرة جلس في مدينة جالكعيو وخاصة في مسجد حي عرب صالح، وهو المسجد الذي علَّم فيه شيخه عبد الله عبدِي الآتي ذكره، وكان الشيخ محمود يتنقل بين المدن واستطاع أن يقرأ كتاب (الياقوت النفيس) للشاطري وغيره في مسقط رأسه مرجيلعي Marjiilcey، ومن طلابه الشيخ محي الدين حسن الأيانلي الفقيه والعالم المعروف في القطر الصومالي وكذا في شمال أوروبا وخاصة السويد، والأستاذ الفاضل هاشم معلم حسين عسر، وغيرهما. واشتهر الشيخ بصبره وجدِّه لنشر العلم، وقد درس على يديه جمع غفير أخذوا منه أغلب كتب الفقه الشافعي المتوفرة في الصومال. والحقيقة أنّ حلقة الشيخ كانت تؤتى من أنحاء مختلفة في منطقة القرن الأفريقي، وأتذكر أنّ زميلنا المجتهد الأستاذ إبراهيم صالح عبد الله

محمد من قبيلة عيسى موسى الإسحاقي سافر من مدينة هرغيسا إلى مقر الشيخ محمود وعيس في جالكعيو ومكث معه مدة غير قصيرة وكان قصده فقط أن ينال من علوم شيخه وخاصة الفقه الشافعي، وقد أتم على يديه أجزاء من كتاب (منهاج الطالبين) للنووي.

- حلقة الشيخ عبد الله عبدِي حسن السعدي في مدينة غالكعيو في وسط الصومال، وكان الشيخ يقرأ فيها كتب فقه الشافعي ويلتف حوله جمهرة من طلبة العلم، ويقال – والله أعلم – إنّه أول من قرأ الفقه في جالكعيو في القرن المنصرم، وقد أفلح من حلقته ما لا يحصى من طلاب العلم الذين صاروا فيما بعد علماء أجلاء حملوا لواء شيخهم في ساحات العلم والمعرفة، ومن هؤلاء فضيلة الشيخ محمود علي وعيس الدري، والشيخ محي الدين حسن الأيانلي، وغيرهما كثير.
- حلقة معلم طاهر، أحد المعلمين المشهورين في منطقة مُدُغ Mudug، ورغم أنّ المعلم اشتهر بتعليم القرآن الكريم إلا أنّه كان فقيهًا يدرس كتب الفقه على المذهب الشافعي، وقد تخرَّج على يديه جموع من طلبة العلم، ومن بينهم فضيلة الدكتور أحمد حاج عبد الرحمن حرسي، حيث تلقى على يديه القرآن الكريم حتى حفظه كله، بالإضافة إلى الفقه الشافعي من خلال تدريسه بعض المصنفات الفقهية مثل: (سفينة النجاة) و(سفينة الصلاة)، وكتاب القاسمي، وغير ذلك.
- حلقة الشيخ يوسف إبراهيم دِرَيْد نسبة إلى قبيلة دِرْ الصومالية، أحد العلماء الذين يشار إليهم بالبنان ولا سيما في الفقه. وكان الشيخ يوسف متمكنًا من الفقه الشافعي، خاصة كتاب (تحفة المنهاج بشرح المنهاج) لابن حجر الهيتمي. وكان حافظًا وملمًا بالكتب التي كان يقرؤها لطلابه، ولم يترك التدريس والجلوس على الكرسي لتدريس الفقه في منطقته حتى إنه يقال إنه عندما طعن في السن وضعف بصره كان يقول لطلبته اقلب صفحة كذا وكذا...واقرأ. وحلقة الشيخ يوسف كانت مشهورة في أوساط أهل العلم وكذا لدى طلبة العلم، ولذلك كان يؤتى إليها من أماكن مختلفة، وقد نهل منها عدد كبير يصعب حصرهم، لأنها كانت مستمرة سنين عديدة دون انقطاع. وقد أخذ الشيخ يوسف الفقه عن شيخه الشيخ علي سَمَتر الذي كان رجلًا مفوهًا وفصيحًا، ومتمكنًا من (المنهاج)، وقد

أخذ عنه العلم خلق كثير. ومن الصعب حصر من كان يحضر دروس الشيخ يوسف دريد أو أخذ عنه العلم وخاصة الفقه والتصوف، إلا أنَّ من بين هؤلاء من يشار إليه بالبنان وأسماؤهم مشتهرة في ساحات العلم والمعرفة مثل: الشيخ جامع ليلكسي، شيخ فقهاء قلافو بالصومال الغربي، وأحد الفقهاء المعروفين في القطر الصومالي بأكمله، وفضيلة الشيخ علي علمي السعدي، أحد العلماء البارزين في منطقة مدغ بوسط الصومال، وصاحب المدرسة الفقهية. وفضيلة الدكتور الشيخ عبد الله الشيخ نور عبدي الذي كان في بدايات حياته العلمية حريصًا على الحلقات الفقهية حتى تبحر في الفقه الشافعي، ولا يستغرب أن يوفق فضيلته في هذا الجانب، لأنّ خاله أحد العلماء الفقهاء في قطرنا الصومالي وهو شقيق أمه عائشة المسمى الشيخ يوسف إبراهيم المشهور بشيخ يوسف المشهور بـ "شيخ يوسف دريد" الذي هو صاحب هذه الحلقة. وفضيلة الدكتور عبد الله أنجز عدة رسائل علمية مثل كتبه:

١ - كتاب "رواية الإمام الشافعي عن شيخه إبراهيم بن يحيى في كتابه الأم".

٢ - كتاب "الأحاديث المعلقة الواردة في كتاب الأم للإمام الشافعي – وصلًا ودراسة".

- حلقة الشيخ علي علمي فارح المشهور بشيخ علي علمي يري. كان ملمًّا ببعض كتب الفقه الشافعي، وقد اتجه إلى حلقته جمع غفير من طلبة العلم من أنحاء منطقتي مُدغ وغلغدود في وسط الصومال، ومن بين هؤلاء فضيلة الدكتور الشيخ عبد الله شيخ نور عبدي، حيث استفاد من حلقة شيخه دروس كتاب (المنهاج) في الفقه الشافعي.

- حلقة الشيخ علي التوحيدي في وسط البلاد، والشيخ علي له سند إلى فضيلة الشيخ العلامة عبد الرحمن عبد الله الشاشي المعروف بـ" حاج صوفي "، ومن هنا فليس من العجب أن يتجه إلى حلقة الشيخ علي التوحيدي جماهير من طلبة العلم الذين أخذوا عنه كتب الفقه الشافعي، ومنهم فضيلة الشيخ يوسف أحمد العيري، وهو عمه.

٤ - طُوسمريب:

- حلقة الشيخ عبد الشكور علمي يحيي العيري. كان يلتف حوله بعض طلبة الشيخ يوسف دريد ليقرأ لهم بعض كتب الفقه مثل: كتاب (متن أبي شجاع) وشرحه للباجوري، وذلك بعد أن طلب منه شيخه الشيخ يوسف دريد أن يفعل ذلك ثقة فيه وفي علمه.

- حلقة الشيخ عبد الله عبد حسن، وهي حلقة فقهية تدرس كتب الفقه الشافعي بدءًا بكتابي (سفينة النجاة) و(سفينة الصلاة)، و(متن الغاية والتقريب) المشهور بمتن أبي شجاع، و(المنهاج) وغير ذلك. وقد تتلمذ على يديه كل من الشيخ محمود علي وعيس، والشيخ محي الدين حسن أنانلي.

منطقة الشمال الشرقي

١ - بَوصَاصَو:

- حلقة الشيخ أحمد طاهر حسين حسن من قبيلة عيسى محمود في مدينة بوصاصو الساحلية في شمال الشرق، وكانت حلقة الشيخ الفقهية تجري في مسجد رمضان ومسجد الروضة، وكان فضيلته يستفتح بها (سفينة الصلاة) و(سفينة النجاة)، ثم يتبعها بكتب الفقه الشافعي الأخرى حتى يصل إلى كتاب (منهاج الطالبين) للنووي. والشيخ أحمد طاهر حسين ينتسب إلى أسرة دينية عريقة فعمه معروف في قطرنا الصومالي وهو حاج آدم المجيرتيني.

- حلقة الشيخ محمد معلم أحمد من قبيلة محمد عمر في مسجد الرشيد في بوصاصو، وكان يدرس بعض كتب الفقه الشافعي المشهور بقطرنا الصومالي، مثل (كتابي السَّفينة) و(متن أبي شجاع) و(الزبد) لابن رسلان، وعُمدة الأحكام، حتى يصل إلى قراءة كتاب (المنهاج) للنووي. وإضافة إلى ذلك كانت له جهود جبارة في الفقه عندما كان عميدًا لكلية الشريعة بجامعة شرق أفريقيا.

- حلقة الشيخ عبد الحي الشيخالي القطبي في مسجد الرحمة في بوصاصو، وفيها يقرأ الشيخ بعض الكتب الفقهية، وخاصة الفقه الشافعي.

٢ - قرطو:

- حلقة حاج آدم حاج أحمد من قبيلة عيسى محمود في مدينة قرطو في شمال الشرق، وكان الشيخ آدم أحد العلماء المعروفين في المنطقة ويقوم بتدريس العلوم الإسلامية من الكتاب والسنة بالإضافة إلى الفقه الشافعي.

- حلقة الشيخ شريف محمد عبد الرحمن (شريف طويل) في مسجد عمر بن الخطاب، وكان يدرس في حلقته كتب الفقه المعروفة لدى أهل العلم في الصومال، ومن تلاميذه القاضي محمد عمر أحمد.

- حلقة الشيخ حسن بوق القطبي الشيخالي في مسجد عمر بن الخطاب في قرطو، وكان يدرس في حلقته بعض الكتب الفقه الشافعي.

٣ - غَرَوْوي:

- حلقة الشيخ حامد من قبيلة عيسى محمود في المسجد الكبير الجامع، وكان يدرس فيها مجموعة من كتب الفقه.

- حلقة الشيخ محمود حاج يوسف روبلي الليلكسي في مسجد حاج علي وغيره، وما زال يدرس فيها مجموعة من كتب الفقه.

- حلقة الشيخ جامع الليلكسي في ناحية بور أكر يقطنها آل الحسن، وكان يدرس فيها مجموعة من كتب الفقه الشافعي.

٤ - حافون:

- حلقة الشيخ محمد علي حريد، وكان يقرأ فيها أغلب كتب الفقه الشافعي بدءاً من كتاب (سفينة النجاة) و(سفينة الصلاة)، و(متن أبي شجاع). ويأتي إليها مجموعة من طلبة العلم، وقد ذكر فضيلة الشيخ نور الدين علي بن أحمد علو – رحمه الله – أنّه كان من ضمن الذين استمعوا من الشيخ محمد علي حريد.

- حلقة الشيخ محمد يوسف، وكانت هذه الحلقة أيضًا في مدينة حافون التاريخية في شمال الشرق للبلاد، وكان الشيخ محمد يوسف يقوم بتدريس الفقه وخاصة كتاب

(المنهاج القويم في شرح المقدمة الحضرمية)، للشيخ أحمد بن محمد بن حجر الهيتمي، وقد التف حوله جمع غفير من طلبة العلم، وكان من بين الذين أخذوا العلم منه فضيلة الشيخ نور الدين علي بن أحمد علو، رحمهم الله جميعًا.

منطقة الشمال الغربي

١ - هَرْغيسا

- حلقة الشيخ محمود صوفي أحد العلماء من منطقة الصومال الغربي في مسجد هيغدا Heegada في هرغيسا، وقد تخصص في قراءة كتب الفقه، وكان طلبة العلم من الشباب يحضرون إلى حلقته الفقهية، وكان من عادة الشيخ محمود صوفي أن يبدأ بصغار الكتب مثل: كتب (سفينة النجاة)، (وسفينة الصلاة)، و(متن أبي شجاع)، و(الزّبد)، وغيرها، ويترقَّى في تدريسه حتى يصل إلى كتاب (منهاج الطالبين) للإمام النووي رحمه الله.

- حلقة الشيخ محمد محمود عطور، كانت له حلقة في مسجد النور صباحًا، ومسجد علي متان مساءً في مدينة هرغيسا، وكان الشيخ يقرأ فيها فنونًا مختلفة منها كعلم الأصول، والفقه، والفرائض. أما علم الأصول فقد كان الشيخ يقرأ فيه: (متن الورقات) للجُويني، و(تسهيل الطرقات في نظم الورقات) للعمريطي، و(لب الأصول) لزكريا الأنصاري، وأما في الفقه فكان يقرأ: (سفينة النجاة) و(سفينة الصلاة)، و(المختصر اللطيف في الفقه الشافعي) لعبدالله بن عبدِالرحمن بافضل الحضرمي، وشرح ابن قاسم الغزي على أبي شجاع، ومنظومة صفوة الزبد لابن رسلان، و(عمدة السالك وعدة الناسك) لابن النقيب المصري، وأما علم الفرائض فكان يقرأ فيه الكتاب المشهور بـ(الرحبية في علم الفرائض). ويلتف حول الشيخ عدد كبير من طلاب العلم ليستفيدوا من دروسه.

- حلقة الشيخ عبد الله حسن حاشي المشهور بالبربراوي، وكانت حلقته في مدينة هرغيسا، وقرأ الشيخ عدة من كتب الفقه الشافعي مثل: متن (سفينة النجا)، و(متن أبي شجاع)، و(الياقوت النفيس) للشاطري، و(المقدمة الحضرمية) لبافضل الحضرمي، و(عمدة السالك وعدة الناسك) لابن النقيب المصري. أما في علم

أصول الفقه، فكان يقرأ فيه: (الرسالة اللطيفة في أصول الفقه المهمة) للشيخ عبدالرحمن السعدي، و(التذكرة اللطيفة في أصول الفقه المهمة)، و(إتحاف الطلاب بمهمات الأصول من علم الأصول) كلاهما للشيخ عبد الله البربرواي الصومالي، و(متن الورقات) للجويني، و(نظم الورقات) للعمريطي، و(إمتاع العقول) لعبدالقادر شيبة الحمد، و(اللمع في أصول الفقه للشيرازي). وفي علم القواعد الفقهية، فقد قرأ الشيخ لطلابه كتاب: (منظومة أصول الفقه وقواعده) للشيخ محمد صالح العثيمين.

- حلقة الشيخ أحمد معلم عبد الله في مسجد الشيخ نور محمد في هرغيسا، وكان يقرأ كتب الفقه الشافعية المعروفة في بلاد الصومال بدءًا بكتاب (سفينة النجاة) و(سفينة الصلاة)، ثم (متن أبي شجاع) وشروحه، كما اشتهر الشيخ بتدريسه كتاب " منهاج الطالبين " للنووي.

- حلقة الشيخ عثمان الشيخ عبد العزيز حاج سعيد في مسجد هيغدا Heegada، وكذا في الجامع القديم في هرغيسا، وكان الشيخ عثمان يلتف حوله جمع غفير وغالبيتهم من طلبة العلم عند ما كان يدرس الفقه وأصوله، وخاصة كتب الفقه التالية: (سفينة النجاة) و(سفينة الصلاة)، و(متن الغاية والتقريب وهو متن أبي شجاع)، و(القاسمي)، و(متن الزبد) لابن رسلان، و(المنهاج) للنووي، وكتاب (الإرشاد) لابن المقري اليمني.

- حلقة الشيخ أحمد عاب في زاوية أنصار الدين خلف الجامع الكبير في هرغيسا، وكان له حلقة فقهية يدرس فيها بعض الكتب الفقه الشافعي المعروفة في القطر الصومال، بدءًا بكتاب (سفينة الصلاة)، وانتهاءً بكتاب (منهاج الطالبين). وقد تخرج على يده عدد كبير من طلبة العلم الذين استفادوا من حلقته.

- حلقة الشيخ محمد بن الشيخ عمر درر في مدينة هرغيسا، والشيخ محمد له نشاط علمي ودعوي كثيف، وفيما يتعلق بدروسه المنظمة بالفقه وأصول، فقد قرأ الشيخ في مجال الفقه الكتب التالية: (متن الغاية والتقريب) لأبي شجاع، و(عمدة السالك وعدة المسالك) لابن النقيب المصري. أما في القواعد الفقهية فقد قرأ

الشيخ كتاب (الأقمار المضيئة شرح القواعد الفقهية) لإبراهيم بن محمد بن القاسم الأهدل.

- حلقة الشيخ علي جامع، أحد الفقهاء الملمين بالمذهب الشافعي، والشيخ يبذل أغلب وقته لنشر العلم في المساجد، سواء كان في مسجد عثمان بن عفان رضي الله عنه، أو مسجد علي متان في مدينة هرغيسا - حرسها الله - وله حلقة علمية مستمرة. ويلتف حوله مجموعات من طلبة العلم المنتظمين وغيرهم. ومن دروسه في كتب الفقه الشافعي: (سفينة النجاة فيما يجب على العبد لمولاه) على مذهب الإمام الشافعي، للعلامة سالم بن عبد الله الحضرمي، و(كتاب أبي شجاع)، للعلامة الشيخ أبي شجاع أحمد بن حسين بن أحمد الأصفهاني، و(متن الزبد) في علم الفقه على مذهب الإمام الشافعي، للشيخ أحمد بن حسين بن حسن بن رسلان الشافعي، و(تحرير تنقيح اللباب) في فقه الإمام الشافعي، لشيخ الإسلام زكريا بن محمد الأنصاري (ت ٩٢٦هـ)، و(الفقه المنهجي على مذهب الإمام الشافعي)، ألفه كل من: مصطفى سعيد الخن، والشيخ مصطفى البغا، والشيخ علي الشربجي، و(منهاج الطالبين وعمدة المفتين)، للعلامة يحيى بن شرف النووي محي الدين أبو زكريا، و(التنبيه)، للعلامة إبراهيم بن علي بن يوسف الفيروزآباذي الشيرازي أبو إسحاق، و(عمدة السالك وعدة الناسك)، للشيخ شهاب الدين أبي العباس أحمد ابن النقيب المصري.

- حلقة معلم خليف الحسني كان له حلقة عائلية يقرأ فيها بعض كتب الفقه الشافعي مثل: (سفينة الصلاة) و(سفينة النجاة)، وأخذ عنه العلم مجموعة من طلبة العلم، ومنهم الكاتب والباحث الكبير الأستاذ حسن حاج محمود عبد الله الحسني، حيث أخذ من حلقة معلمه خليف أساسيات الفقه وعلم الصرف، كما تعلم القرآن الكريم على يديه.

٢ - بُرعو:

- حلقة الشيخ عثمان القاضي في برعو، وكان يقرأ فيها بعض الكتب الفقه المشهورة في الصومال.

- حلقة الشيخ علي جوهر في مدينة برعو، وكان الشيخ علي جوهر متواجدًا في تلك الفترة في المدينة يطوف على المدن والقرى ينشر العلم ويخاطب الجماهير، وكان ذلك عام ١٩٦٣م.

٣- بربرا:

حلقة الشيخ عبد الله المجيرتيني في بربرا في الفقه الشافعي، وكان فضيلته - رحمه الله - يقوم بتدريس بعض كتب الفقه الشافعي، ويلتف حوله مجموعة من طلبة العلم.

٤ - لاسعانود:

حلقة الشيخ عبد الناصر حاج أحمد، وكان يقرأ فيها كتبًا كثيرة في مختلف فنون العلم، غير أننا نركز هنا على دروس الشيخ في الفقه وأصوله مثل: (سفينة النجا) لسالم الحضرمي، و(عمدة السالك وعدة الناسك) لابن النقيب المصري. أما فيما يتعلق بعلم أصول الفقه وقواعده، فقد قرأ الشيخ كتب (القواعد الفقهية)، و(منظومة القواعد الفقهية) كلاهما للسّعدي، وجمع الجوامع لتاج الدين السبكي، ومراقي السعود للشنقيطي، و(السياسية الشرعية في إصلاح الراعي والرعية) لابن تيمية الحراني.

جيبوتي

- حلقة الشيخ عثمان وعيس. ولد عام ١٩٢٩م بقرية هلهل (Holhol) من قرى مدينة علي صبيح بجنوب جيبوتي، ثم نقله أبوه ليلتحق بمدرسة النجاح الإسلامية بجيبوتي العاصمة، وتعلم فيها العلوم الشرعية على يد نخبة من علماء جيبوتي حتى أصبح مساعدًا لقاضي جيبوتي آنذاك السيد عبد الله بن علي بن الشيخ أبي بكر رحمه الله، وكان ماهرا في الخطابة، مناضلًا ضد الاستعمار الفرنسي، وشارك في تأليف المناهج الدراسية لمدرسة النجاح الإسلامية بجيبوتي، وكانت له حلقة في مسجد الشيخ عبد القادر يدرس فيها العلوم الشرعية، توفي عام ١٩٦٦م، وله تلاميذ كثيرون، وعلى رأسهم الشيخ عمر عجة.

- حلقة الشيخ عبد الله علي جيلة في جيبتوتي. ولد الشيخ عام ١٩٥٤م بهرغيسا، وحفظ القرآن الكريم بها، فالتحق بالحلقات العلمية بجوامع هرغيسا التي نال فيها أساسيات العلوم الشرعية، ثُمّ توجه منها إلى الصومال الغربي لطلب العلم فدرس

مختلف الفنون على مجموعة من كبار علمائها، ثم رجع إلى جيبوتي عام ١٩٧٧م ليبدأ التدريس في عدد من مساجدها. وكان يدرس في حلقاته فنونًا عدة منها التفسير، والحديث وعلومه، والنحو، والصرف، والعقيدة، والفقه وأصوله. أما الفقه فكان يدرس في حلقته عددًا من الكتب في القواعد الفقهية مثل: (مقدمة في مبادئ القواعد الفقهية) من تأليفه، و(منظومة القواعد الفقهية) للسَّعدي، و(شرح منظومة القواعد الفقهية) للسعدي أيضًا، و(الفرائد البهية نظم القواعد الفقهية) للشيخ أبي بكر بن أبي القاسم الأهدل، و(الوجيز في شرح القواعد الفقهية في الشريعة الإسلامية) لعبدالكريم زيدان. أما فيما يتعلق بعلم أصول الفقه، فقد قرأ الشيخ الكتب التالية: (متن الورقات) لإمام الحرمين الجويني، و(شرح الورقات) لعبدالله بن صالح الفوزان، و(نظم الورقات) للعمريطي، و(تسهيل الوصول إلى فهم علم الأصول) لعبد المحسن العبَّاد، و(الواضح في أصول الفقه) لمحمد سليمان الأشقر، و(اللُّمع في أصول الفقه) للشيرازي، و(جمع الجوامع في أصول الفقه) للتاج السبكي رحمه الله، و(الكوكب الساطع نظم جمع الجوامع) للسيوطي. وفي المعاملات المالية قرأ الشيخ عبد الله علي جيله كتاب: (بحوث في المعاملات المالية المعاصرة) من تأليفه. وللشيخ مؤلفات علمية منها: شرح على القصيدة الجُرجانية للقاضي الجرجاني – وهي قصيدة في الاعتزاز بالعلم وعُلو الهمة–، وتخريج أحاديث تعليم المتعلم، ومقدمة في مبادئ القواعد الفقهية، ولمحات في آيات وأحاديث الصفات، وبحوث في المعاملات الفقهية. وقد تلقى العلم على يديه عدد كبير من طلبة العلم لا يمكن حصرهم، ومن أشهرهم الشيخ محمود أحمد أبسيه، والشيخ حسن غيله محمد، وغيرهما كثير.

- حلقة الشيخ علي إيراهيم وعيس، ولد بجيبوتي عام ١٩٦٥م ثم تخرج على علمائها، فأصبح إمامًا لجامع النوراني في الحي السابع بجيبوتي العاصمة من عام ١٩٨٠م. وكان يدرس في حلقته بالجامع المذكور فنونًا عدة منها: التفسير، وعلوم القرآن، والحديث وعلومه، وفقه الإمام الشافعي، والسيرة النبوية، والفرائض، وعلوم اللغة العربية. أما الفقه فكان يدرس فيه (عمدة السالك) لابن النقيب المصري، و(مغني المحتاج إلى معرفة معاني ألفاظ المنهاج) للخطيب الشربيني، و(متن أبي

شجاع)، و(التذهيب في أدلة متن الغاية والتقريب المشهور بمتن أبي شجاع) لمصطفى ديب البغا، ودرَّس في الفرائض كتاب (الرَّحبية في علم الفرائض) لموفق الدين أبي عبد الله محمد الرَّحبي بشرح العلامة سبط المارديني. وقد أفلح من علمه وحلقاته كثيرون يصعب حصرهم.

- حلقة الشيخ محمد إيمان آدم، ولد الشيخ عام ١٩٦٩م، وحفظ القرآن في الخلاوي، ثم ارتحل لطلب فنون العلم على أيدي علماء هرغيسا، والصومال الغربي، ومقديشو وغيرها، وعلى رأسهم: الشيخ عبد القادر شيخ إبراهيم شيخ عبد الصمد، وعبد الرحمن محمد خليف، وأحمد نور شيخ محمود، والشيخ محمود علي جُهاد، والشيخ عبد القادر حاشي شيخ عبد الحكيم يوسف، والشيخ محمود صوفي وغيرهم. ولما رجع إلى جيبوتي بدأ يدرِّس كتبًا كثيرة في علوم مختلفة في حلقته بمسجدي الروضة، وخالد بن الوليد كالعقيدة، والتفسير، وعلوم القرآن، والحديث وعلومه، والسيرة النبوية، والنحو، والصرف، والبلاغة، والعروض، والمنطق، والآداب، إضافة إلى الفقه الشافعي، وأصول الفقه، والقواعد الفقهية، والفرائض. أما الفقه فكان يدرس فيه (سفينة النجاة)، و(المختصر الصَّغير في الفقه) لابن عبد الحكم المصري، و(متن أبي شجاع)، و(عمدة السالك) لابن النقيب المصري، و(أنوار المسالك شرح عمدة السالك) لمحمد الزهري، و(المقدمة الحضرمية) لبافضل الحضرمي، و(متن الزبد) لأحمد بن رسلان الشافعي، و(منهاج الطالبين) للنووي، و(إرشاد الغاوي إلى مسالك الحاوي) لابن المقري اليمني. وأما في القواعد الفقهية فكان يدرس فيه (الفرائد البهية في نظم القواعد الفقهية) لأبي بكر بن أبي القاسم الأهدل، بينما كان يدرس في أصول الفقه (متن الورقات) للجويني، و(شرح متن الورقات) للجلال المحلِّي، و(نظم الورقات) للعمريطي، و(لب الأصول) لشيخ الإسلام زكريا بن محمد الأنصاري، و(جمع الجوامع) لتاج الدين السبكي. وفي علم الفرائض كان يدرس كتاب (الرَّحبية في علم الفرائض) لموفق الدين أبي عبد الله محمد الرَّحبي. وللشيخ تلاميذ مشاهير أفلحوا من علومه ودروسه ثم نشروها في الآفاق كالشيخ عبد الكريم شيخ إبراهيم، ومحمد عبدي قودن، والشيخ محمد معلم عمر، والشيخ مهد شكري، وغيرهم.

منطقة الصومال الغربي

١ - قبردهري:

حلقة الشيخ عبد القادر الشيخالي، كان يدرس الفقه الشافعي، وكانت حلقته أولًا في قرية غربو قرب مدينة قبردهري، ثم انتقل منها إلى راسو، وله طلاب كثيرون انتشروا في شمال شرق الصومال.

٢ - عيل كري:

حلقة الشيخ معلم عبد الواحد حسن. كانت هذه الحلقة في منقطة الصومال الغربي، وخاصة في بادية (عيل كري Ceel Kare)، وكان يقرأ الشيخ في حلقته كتبًا كثيرةً، منها كتب في المذهب الشافعي مثل: كتاب (سفينة النجاة) و(سفينة الصلاة)، و(المقدمة الحضرمية) للشيخ بافضل الحضرمي. وقد استفاد من هذه الحلقة مجموعة من طلبة العلم، وعلى رأسهم أبناء الشيخ وأحفاده. وممن استفاد من الحلقة حفيد الشيخ وابن بنته حواء، وهو فضيلة الدكتور أبو عبد الرحمن هارون شيخ عثمان إسحاق، وهو أستاذ العقيدة والدراسات الإسلامية في أكثر من جامعة في مقديشو –الصومال، كما أن له عدة مؤلفات مثل: دراسة حول منظومة (الشُّهب المرمية على المعطلة والجهمية) لابن مُشْرِف الوهيبي – شرحًا وتحقيقًا. والشيخ معلم عبد الواحد كان يحرص على أهله وذويه وكان يقوم بتعليمهم وأوله القرآن الكريم. وهو والد فضيلة الشيخ محمد ياسين الشيخ عبد الواحد، أحد أبرز الدعاة في القطر الجنوبي للصومال، وصاحب الحلقات المشهورة في مدن بيدوا، ومركة، ومقديشو.

٣ - غَودي:

- حلقة القاضي الشّيخ محمّد عبد الصمّد من آل الشبليّ Shibli حاج عبد الصمد الأبسمي الويتيني، وهذه الحلقة كانت في مدينة غودي Godey في منطقة أغادين، ومن بين الذين استفادوا من هذه الحلقة صهره الشيخ يوسف سيد علي طوح شيخ أحمد حيث التحق بحلقته، وتلقى عنه الفقه الشافعي ككتاب (سفينة الصلاة) و(سفينة النجاة)، وقسم العبادات من كتاب (المنهاج) للإمام النووي، كما تلقى عليه تفسير القرآن الكريم من سورة الكهف إلى سورة الأحزاب. وقد اشتهر

القاضي الشبلي بقراءة كتب الفقه الشافعي مثل كتب (سفينة الصلاة) و(سفينة النجاة)، و(متن أبي شجاع) مع (شرح ابن قاسم)، و(حاشية الباجوري)، و(منهاج الطالبين) للإمام النووي. والشيخ القاضي محمد شبلي هو والد فضيلة العلامة الدكتور محمود محمد شبل أبو عبد الباري، صاحب المؤلفات العلمية، والجهود الدعوية.

- حلقة الشيخ عبد الوهاب الملقب بـ"هاجر" معلم علي نور الأغاديني، وممن حضر حلقته ابن عمه الشيخ يوسف سيد علي طوح شيخ أحمد شيخ محمد الأوغاديني، وقد تلقى عنه كامل كتاب (المنهاج) للنووي، وكذا كتب الزهد من كتاب (كفاية الأتقياء ومنهج الأصفياء) للدمياطي، ومنظومة (تبارك ذو العُلا والكبرياء) المنسوبة للحسين بن علي رضي الله عنهما، وكتاب (تعليم المتعلم آداب التعليم) للزَّرنوجي، كما تلقى منه أيضًا علم التجويد، والسيرة النبوية الشريفة.

٤ - طَغَحْبُور:

حلقة الشيخ عبدي علي الشيخالي القطبي. كان أحد الدعاة في منطقة طغحبور في الصومال الغربي، وكان يعقد لأسرته دروسًا خاصة بهم في بيته ويقرأ لهم القرآن والفقه الشافعي، ومن بين هؤلاء ابنه فضيلة الدكتور الشيخ إبراهيم شيخ عبدي علي بحيث تعلم القرآن الكريم على يديه، وأخذ منه بعض الكتب الشافعية مثل: (سفينة الصلاة) و(سفينة النجاة)، و(المنهاج) للنووي، و(عمدة السالك) لابن النقيب المصري، و(حاشية الباجوري على شرح ابن قاسم على أبي شجاع). وقد أصبح ابنه أحد أعلام العلماء النابغين في الصومال، ومن أساتذة الجامعة الإسلامية في مقديشو – الصومال، ويشرف ويناقش الرسائل العلمية المختصة بالفقه وأصوله. وله مؤلفات منها: كتاب "طهارة أهل الأعذار في الفقه المقارن"، وكتاب "إجماعات واتفاقات ابن هبيرة في المعاملات المالية في كتابه الإفصاح عن معاني الصحاح ".

٥ - قَلافو (Qallafe) :

- حلقة الشيخ علي بن الشيخ عبد الله شيخ محمود كانت هذه الحلقة في مدينة قلافو في منطقة الصومال الغربي، وكان يدرس فيها (منهاج الطالبين) للإمام النووي، ومن بين الذين أخذوا الفقه عنه فضيلة الشيخ العلامة عمر الفاروق رحمه الله .

- حلقة الشيخ حسين طقنى الحسني. كانت في مدينة قلافو وكان الشيخ يدرِّس فيها مختصرات كتب فقه الشافعية مثل كتاب (سفنة الصلاة) و(سفينة النجاة)، وقد استفاد من حلقته مجموعة كثيرة من طلبة العلم في تلك الفترة، وكان أغلبهم من ذويه بني آل الحسن – رير أو حسن – ومن بين هؤلاء فضيلة الشيخ عمر الفاروق، ولم يكن الشيخ حسين طقني مجرد معلم للشيخ عمر الفاروق فحسب، وإنّما كان أيضًا عمه.

- حلقة الشيخ إسماعيل القلافي في مدينة قلافو في منطقة الغرب الصومالي، ومن بين الكتب التي كان يدرسها الشيخ كتاب (منهاج الطالبين) للإمام النووي، وأخذ الفقه عنه عدد كثير من طلاب العلم، وكان منهم فضيلة الشيخ عمر الفاروق حاج سلطان رحمهم الله جميعًا.

- حلقة الشيخ جامع أو حاشي المشهور بـ " الشيخ جامع ليلكسي" نسبة إلى قبيلة الليلكسي المعروفة في قطرنا الصومالي، كان من تلاميذ الشيخ يوسف دِريد الذي تقدَّم في حلقات غالكعيو، وأحد الفقهاء الشوافع في مدينة قلافة في منطقة الصومال الغربي. كان الشيخ جامع يدرس كتب الفقه الشافعي وخاصة كتاب (منهاج الطالبين) للنووي وشروحه، ويعتبر من العلماء الفقهاء المرموقين في ساحات العلم والمعرفة، كما كان له جولات وصولات علمية ودعوية في مناطق أخرى، وله تلاميذ كثيرون انتشروا في جميع الأقطار الصومالية، وكان ضمن طلبته الشيخ إبرهيم حاشي محمود، حيث قرأ على شيخه الشيخ جامع، وكان ذلك في منتصف الأربعينيات من القرن المنصرم. ومن العلماء الذين نهلوا مناهل العلم في مدينة قلافة وخاصة الفقه الشيخ إبراهيم عبد الله محمد الذي درس بعض كتب الشافعية فيها، وقلافة مسقط رأس فضيلته، وقد انطلق منها عند ما اشتدّ ساعده، ورحل إلى السعودية في وقت مبكر.

- حلقة الشيخ محمد ولى أبوبكر فرسلى "Farasley" في مدينة قلافو، وممن كان يحضر حلقته الفقهية فضيلة الشيخ عمر فاروق حاج عبد سلطان الحسني.

٦ - دِرْدَوا:

- حلقة الشيخ أحمد بشير معلم محمد، أحد العلماء الأعلام في مدينة در دوا Dir dawa في الصومال الغربي، وصاحب الفنون، أخذ الشيخ عبد الله علي جيله عنه علومًا كثيرةً مثل الفقه الشافعي عندما سمع منه كتاب (متن الزبد) لابن رسلان الشافعي، وكتاب (منهج الطلاب) لشيخ الإسلام زكريا بن محمد الأنصاري وغير ذلك، كما درس الشيخ عبد الله علي جيله على علماء دردوا وأخذ عنهم علومًا كثيرًا.

- الشيخ أحمد إبراهيم المشهور بشيخ أحمد أماطن Amadan نسبة إلى قبيلة أماطن الأوغادينية، عالم من علماء الصومال الذي برع في أكثر من فن، وكان يدرس لطلبته كتب الفقه الشافعي مثل الكتاب المعروف اختصارا بـ(القاسمي)، وهو (شرح ابن قاسم الغزي على متن أبي شجاع) المشهور عند الفقهاء الصوماليين. وممن نهل من حلقاته الشيخ عبد الله علي جيلة أحد أهم العلماء في جيبوتي، وصاحب المؤلفات العديدة. والشيخ أحمد إبراهيم كان يدرس أيضًا التفسير والحديث مثل (رياض الصالحين) للنووي، و(مختصر ابن أبي جمرة) لصحيح البخاري، و(جواهر البخاري وشرح القسطلاني) لمصطفى محمد عمارة، وكذا علم اللغة العربية وخاصة علم الصرف مثل كتاب (لامية الأفعال) لابن مالك الأندلسي، بالإضافة إلى كتب العقائد التي كانت منتشرة ذلك الوقت في المنطقة.

- حلقة الشيخ محمد آدم المعروف بشيخ محمد هرري. كانت له حلقة علمية في منطقة الصومال الغربي، سواء في مدينة دِردوا أو في مدينة هرر المحروسة، ومن طلابه فضيلة الشيخ عبد الله علي جيله الذي أخذ منه علومًا كثيرةً في الفقه الشافعي مثل كتاب (عُمدة السالك وعدّة الناسك) للعلامة شهاب الدين أبي العباس أحمد بن النقيب المصري، حيث استمع منه قسطًا من هذا الكتاب، علمًا بأنّ كتاب (عمدة السالك) مختصر مشهور على مذهب الإمام الشافعي - رحمه الله - يبدأ بباب الطهارة وينتهي بباب الشهادة، وقد اقتصر المؤلف في كتابه على الصحيح من المذهب عند الرافعي والنووي أو أحدهما. وقد استفاد الشيخ عبد الله علي جيل من حلقة شيخه محمد آدم هرري علومًا أخرى حيث استمع منه مثل: (رياض

الصالحين) للنووي، و(التجريد الصريح لأحاديث الجامع الصحيح) للزبيدي، و(هداية المستفيد في أحكام التجويد) للشيخ محمود أبي ريمة، حتى أجاز له الأمهات الستة ومسانيد أحمد والشافعي وأبي حنيفة ومالك. والمعروف أنّ الشيخ عبد الله علي جيلة هو صاحب الحلقات العلمية في جيبوتي، وله عدة مؤلفات في علوم الشريعة، واللغة، والعقيدة، وغيرها.

٧ - وَرْطَير:

- حلقة الشيخ حسن وعظ في ورطير بمنطقة الصومال الغربي، وكان الشيخ يقرأ بعض الكتب الفقه الشافعي، وقد استمع دروسه جمع غفير من أهل العلم في المنطقة وضواحيها.

- حلقة الشيخ محمد طاهر في مدينة ورطير، وكان يحضر عدد من طلبة العلم لينهلوا مناهل العلم على يد شيخهم محمد طاهر الفقيه، مثل فضيلة الشيخ عمر فاروق حاج عبد سلطان الحسني.

منطقة شمال شرق كينيا (NFD)

١ - مَنديرا:

- حلقة الشيخ عبد الكريم الشيخالي في مسجد بول جمهوريا (Bula Jamhuriya) في وسط منديرا. أصله من الصومال الغربي ثم استقر في منديرا أيام الاستعمار البريطاني وما بعدها، وكان متفننًا متضلعًا من علوم شتى، ويقرأ التفسير إضافة إلى فنون اللغة العربية، والفقه الشافعي، وتخرج على يديه تلاميذ كثيرون، رحمه الله.

- حلقة الحاج إسماعيل بن شيخ علي (سِيْد عَلِي) عبد النور الكَرِّي الدَّراوي. درس علوم الشريعة على والده سِيْد علي عبد النور شيخ الطريقة الصَّالحية، وكانت له حلقة بمسجد التاون (Town) بمنديرا يقرأ فيها تفسير الجلالين، رحمه الله.

- حلقة الشيخ العلَّامة المتمكن عبد العزيز حاج عمر الكرنلي. أصله من الصومال الغربي، ثم استقر في منديرا، وسكن الحي المعروف ببول إمبيا (Bula Mpya) فيها مجاورا لمسجد بول إمبيا الذي اشتهر باسمه لاحقًا نظرًا لاشتهار حلقته فيها. وكان

يقرأ (متن أبي شجاع)، و(المنهاج) للنووي وغيرهما من كتب ومختصرات الشافعية، إضافة إلى كتب التفسير، والحديث، و(ألفية بن مالك)، و(لامية الأفعال) كلاهما لابن مالك الأندلسي، والبلاغة، ومولد البرزنجي في المولد النبوي، وتوفي في الثلاثين من يناير عام ٢٠٢٠م عن عمر يناهز تسعين سنة، وله تلاميذ كثيرون يصعب حصرهم.

- حلقة الشيخ محمود طغني الشيخالي. أصله من الصومال الغربي، ثم استقر في منديرا، وسكن الحي المعروف بتاون (Town)، وكان مشتهرا بقراءة (ألفية ابن مالك)، و(لامية الأفعال) لابن مالك الأندلسي، إضافة إلى كتب الفقه الشافعي، وله تلاميذ كثيرون، وعلى رأسهم ابنه عبد الحكيم الشيخ محمود، خريج معهد نور الإسلام بمنديرا، ومعهد كساؤني الإسلامي بممباسا، وإمام أحد المساجد بأوروبا حاليا.
- حلقة الشيخ إبراهيم آدم دَرُور المشهور بـ(الشيخ إبراهيم بَأْرِيَوْ) الكرَيِّ الدراوي. كانت له حلقة في مسجد بول جمهوريا (Bula Jamhuriya) في وسط منديرا، وكان يقرأ فيها التفسير، و(متن أبي شجاع)، و(بلوغ المرام) لابن حجر العسقلاني، إضافة إلى تدريسه في معهد نور الإسلام بمنديرا. وكان تقيًا فاضلًا داعية اشتهر بالأمر بالمعروف والنهي عن المنكر، توفي عام ٢٠٠٧م في حادث سيارة رحمه الله.
- حلقة الشيخ حسين الدغوذي. كانت له حلقة في (مسجد قُرَعِلْي) بغرب حي بول جمهوريا بمنديرا، واشتهر بقراءة (المنهاج) للإمام النووي، وكتب الفقه الشافعي، وله تلاميذ كثيرون.
- حلقة العلامة الدَّاعية الشيخ عبد الرحمن شيخ مرسل الليساني الرَّحويني، خريج كلية الحديث بالجامعة الإسلامية بالمدينة المنورة، ومدير معهد نور الإسلام بمنديرا سابقًا. حفظ القرآن الكريم على والده، ثم درس الفقه الشافعي في بارديرا على العلامة الشيخ عبد الرحمن الإرطي التي تقدم في حلقات بارديرا، وعلى الشيخ عبد الرحمن دينسور الدَّبَرِي في دينسور، ثم سافر إلى الصومال الغربي عام ١٩٦٧م وتضلع من فنون اللغة العربية مدة، ثم سافر منها إلى مقديشو فدرس التفسير على

العلامة المفسر الشهير الشيخ محمد معلم حسن الحوادلي؛ واشتهر بأنه كان يعيد الدرس على الجماهير بعد انتهاء الشيخ محمد مُعَلم منه، كما أن الشيخ كان يخلفه في الدرس عندما يسافر لأمور علمية وغيرها، ثم رجع إلى كينيا فمنها واصل دراسته بكلية الحديث بالجامعة الإسلامية بالمدينة المنورة ليرجع منها إلى كينيا في أوائل الثمانينيات من القرن المنصرم. درَّس (المنهاج) للنووي لزملائه الطلاب عام ١٩٦٧م في دينسور، وكانت له حلقات متعددة بمساجد منديرا وفي بيته إضافة إلى تدريسه بمعهد نور الإسلام فيها، قرأ فيها التفسير، والصحيحين، وكتب السنن، وكتب العقيدة، ومصطلح الحديث، إضافة إلى (بلوغ المرام) لابن حجر العسقلاني، ولا زال يقرؤها حتى الآن، حفظه الله، وله تلاميذ كثيرون متفرقون في العالَم يصعب حصرهم.

- حلقة الشيخ العلَّامة جامع شوري الشيخالي، خريج الجامعة الإسلامية، والمدرس بمعهد نور الإسلام بمنديرا، ثم مدير مدرسة جوهرة الإسلام بمنديرا. أصله من الصومال الغربي، ثم استقر في منديرا بعد تخرجه من الجامعة الإسلامية بالمدينة المنورة مدرسًا بمعهد نور الإسلام بمنديرا، وكانت له حلقة بمسجد التاون (Town) بمنديرا يقرأ فيها (رياض الصَّالحين) للإمام النووي، إضافة إلى أنه كان يدرس (سفينة الصلاة)، و(سفينة النجاة)، و(متن أبي شجاع) لبعض طلاب المدارس الإسلامية بمنديرا. وله تلاميذ كثيرون يصعب حصرهم.

- حلقة الشيخ الفاضل رشيد حسن عبده الكرِّي، خريج كلية الشريعة بالجامعة الإسلامية بالمدينة المنورة، ومدير معهد نور الإسلام بمنديرا والمدرس فيها. كانت له حلقة في مسجد بول جمهوريا (Bula Jamhuriya) في وسط منديرا، وكان يدرس فيها (بلوغ المرام) لابن حجر العسقلاني، علاوة على تدريسه كتاب الشيخ محمد علي الصابوني (المواريث في الشريعة الإسلامية) لطلاب معهد نور الإسلام بمنديرا.

- حلقة الشيخ العلَّامة محمود عبد الكريم الدغودي المشهور بـ (بِلِبِلِ). درس الفقه على علماء جنوب الصومال، ثم انتقل إلى منديرا، وكانت له حلقات بـ (مسجد قُرَعْلِي) بغرب حي بول جمهوريا و(مسجد السوق) منذ الثمانينيات من القرن

المنصرم، يدرس فيها مختصرات الشافعية كـ(سفينة الصلاة)، و(سفينة النجاة)، و(متن أبي شجاع)، (والمنهاج) للنووي، إضافة إلى تدريسه التفسير بمسجد مركز بويس تاون (Boys Town) على الضفة الجنوبية لنهر دَاْوَاْ بمنديرا.

٢- عيلواق:

- حلقة الشيخ محمد حاج عدو حسين الليساني الرَّحويني في عيلواق من أعمال ولاية منديرا. ولد بعلواق، وحفظ القرآن الكريم على عمه معلم آدم حسين، وأحكام الشافعية على والده، ثم سافر إلى مقديشو بعد استقلال الصومال فدرس فيها الفقه على الشيخ علي طيري الحَرِيني الرَّحْوَيني، ثم اتجه إلى بيدوا ثم كسمايو فدرس فيها النحو والصرف والتفسير والحديث على الشيخ عبد الرحمن الشيخ محمد الدينسوري الدَّبَرِيِّ، ثم رجع إلى علواق فبدأ حلقته بمسجد الحاج حيدر عبد دَاْرَاْ بقرب مدرسة الروضة الإسلامية (معهد الروضة الإسلامية حاليا)، ثم انتقل منها إلى الجامع الكبير بعيلواق. وكان يدرس في حلقاته المتون الفقهية مثل:(سفينة الصلاة)، و(سفينة النجاة)، و(متن أبي شجاع)، و(التوشيح) و(فتح المعين) للمليباري، (والمنهاج) للنووي، إضافة إلى التفسير، و(رياض الصالحين) للنووي. كان يواظب دروسه الفقهية بانتظام، بالإضافة إلى أنّه كان إمامًا وخطيبًا بالجامع الكبير بعيلواق لمدة تزيد على عشرين سنة. والحدير بالذكر أنّ الشيخ محمد حاج عدو عند ما كان طفلًا صغيرًا كان يستمع بعض الحلقات الفقهية في مدينة بارطيرا.
- حلقة الشيخ حسين قلَّ السَّبطوي الكرِّي في علواق من أعمال منديرا. درس الفقه في جنوب الصومال، وكانت له حلقة بمسجد النور بجنوب عيلواق، وكان يدرس فيها (سفينة الصلاة)، و(سفينة النجاة)، و(متن أبي شجاع)، و(فتح المعين) للمليباري، (والزبد) لابن رِسلان الشافعي، و(بلوغ المرام) لابن حجر العسقلاني، وغيرها من الكتب.

٣- وَجَير:

- حلقة الشيخ عبد الله الدغوذي الفايي المعروف بـ(مَرَوَيْنَي). درس الفقه في بارديرى بجنوب الصومال، وكانت له حلقة بمسحد النور في وجير، يُدَرِّس فيها

مختصرات الشافعية إضافة إلى (المنهاج) للنووي وبعض شروحه، وكان مشهورًا بالتواضع، يأمر الناس بجمع الزكوات للمساكين، وتوفي - رحمه الله - ضمن مجموعات من أهالي وجير الذين اقتادهم الجيش الكيني في حملة أمنية، وماتوا ضربًا وعطشًا في قرية بغرب وجير حوصروا فيها تسمى بـ(وَاغَالَا) في فبراير عام ١٩٨٤م.

- حلقة الشيخ عبد الله حسين الدغودي الدمالي. درس الفقه في بارديرى بجنوب الصومال، ثم استقر في وجير بعد تأهله، وكانت له حلقة بمسجد النور في مدينة وجير الصومالية التي تقع في كينيا، وكان الشيخ فقيهًا لغويًا ومفسرًا مشهورًا بارعًا في المنطقة، غير أنه كان يركز في حلقاته على كتب الفقه الشافعي، وخاصة على (المنهاج) للنووي بشرحه (مغني المحتاج إلى أدلة المنهاج) للخطيب الشربيني، وتوفي – رحمه الله – في أواسط الثمانينيات من القرن المنصرم، وله طلاب كثيرون يصعب حصرهم.

- حلقة الشيخ محمد شكري الأغاديني الإمام الأسبق للمسجد الجامع (مسجد السلام) بمدينة وجير والمدرس في (معهد الفتح الإسلامي) فيها. درَس الشيخ الفقه في شبابه على علماء قلافو بالصومال الغربي بصحبة الشيخ جامع ليلكسي وغيره، ثم استقر في وجير بشمال شرق كينيا داعية ومعلمًا، ودرَّس الفقه الشافعي في مساجد وجير من السبعينيات حتى التسعينيات من القرن المنصرم واشتهر بقراءة كتاب (المنهاج) للنووي و(إرشاد الغاوي إلى مسالك الحاوي) لابن المقري اليمني، وقد أخذ عنه الفقه فضيلة الأستاذ عبد الله إسحاق بولي، وغيره، وتوفي في أوائل الألفين، رحمه الله.

- حلقة الشيخ عبد فارح الأغاذيني، إمام مسجد النور في وجير. كان إمامًا قرابة ثلاثين عامًا، وكان يدرّس الفقه الشافعي في معظم حلقاته مثل (متن أبي شجاع) وما أسفل منه من مختصرات الشافعية، وكان شديد التمسّك بالمذهب، يقيم الصلوات والجماعات على المنوال الشافعي، ولا يكاد يترك القنوت في صلاة الفجر لأيّ حال في الحلّ والترحال، وشديد التمسّك بخطبة الجمعة التابعة للمساجد

المصرية الشافعية، ولا يقبلُ غيرها، توفي في منتصف التسعينيات من القرن العشرين، رحمه الله.

- حلقة الشيخ عبد إيمان أحمد من آل محمد زبير الأغاذيني، خريج جامعة أفريقيا العالمية عام ٢٠٠٦م. ولد عام ١٩٦٠م ودرس الفقه على علماء بارديرا، ثم استقر في وجير منذ عام ١٩٨٥م ودرَّس الفقه الشافعي والعلوم الشرعية واللغوية في حلقاته بمسجد السلام ومسجد النور في وجير، إضافة إلى مساجد مَوْيَالي، ودِيْف، ونيروبي. ومما يميز الشيخ - كما حكاه عن نفسه - أنه كان يقرأ كتب المذهب الشافعي على الطريقة المشهورة في المدارس الشافعية بجنوب الصومال التي تسمى بطريقة (الكتب الاثني عشر)، ابتداء من (سفينة الصلاة)، (وسفينة النجاة)، ثم (المقدمة الحضرمية) لبافضل الحضرمي، فـ(الرياض البديعة في أصول الدين وبعض فروع الشريعة)، للشيخ محمد حسب الله، ثم (متن أبي شجاع)، و(التوشيح) لمحمد عمر نووي الجاوي، فـ(عُمدة السالك) لأحمد بن النقيب المصري، وشرحه (أنوار المسالك) للغمراوي، ثم (حاشية الباجوري) على شرح ابن قاسم على متن أبي شجاع، و(فتح المعين) للمليباري، ثم (المنهاج) للنووي، فانتهاء بـ(إرشاد الغاوي إلى مسالك الحاوي) لابن المقري اليمني. وعلاوة على الفقه الشافعي فإن الشيخ قرأ أيضًا طائفة من كتب أصول الفقه كـ(الورقات) للجُويني، و(جمع الجوامع) للسبكي، (ومراقي السعود) لعبد الله الشنقيطي. ولا زال الشخ حيًّا يُعلِّم الناس الفقه الشافعي والعلوم الشرعية في وجير وفي غيرها من المدن الكينية، وله تلاميذ كثيرون يصعب حصرهم.

٤ - غَارِيسا:

- حلقة الشيخ عبد الستار الأغاذيني. شيخ فاضل معروف في غاريسا، وكان إمامًا لمسجد التوبة بها ثمّ مسجد الجامع، وكانت له حلقات علم يدرّس فيها كتب الفقه الشافعي مثل (سفينة الصلاة)، و(متن أبي شجاع)، وكذا (السراج الوهَّاج على متن المنهاج) للشيخ محمد الزهري الغمراوي، إضافة إلى (درّة الناصحين في الوعظ والإرشاد) لعثمان بن حسن بن أحمد الشاكر الخويري، وكان متواضعًا، يشجع الطلبة على الزهد العلمي، وتوفي في عام ٢٠٠١م رحمه الله.

- حلقة الشيخ محمد خليف الآبدواقي الأغاذيني، من مشاهير علماء غاريسا، وكان مدرّسًا في (مدرسة النجاح الإسلامية) بغاريسا، ويدرّس الفقه لاسيما الفقه الشّافعي الذي أخذه من حلقات بارطيري في صغره. وزيادة على ذلك كانت له حلقات تعليمية فقهية يقوم فيها بتدريس متن (سفينة النجاة)، ثم سفينة الصلاة، ومن ثمّ (الدرر البهية) لأبي بكر بن محمد شطا الدمياطي، و(الرياض البديعة) للشيخ محمد حسب الله، واستفاد من تدريس المدارس النظامية في كيفية إعداد الدروس وتقييم الطلبة بالامتحانات الموسمية، وكان إماما في مسجده المعروف بمسجد خليفة الواقع في وسط المدينة، وتوفي رحمه الله أثناء أدائه فريضة الحج في ليلة الثلاثاء العاشر من ذي الحجة عام ١٤٣١هـ الموافق السادس عشر من نوفمبر ٢٠١٠م.

- حلقة الشيخ محمد عبد من آل محمد زبير الأغاذيني المشهور بـ(إلكَ دَهَبْلَي)، أحد مشاهير علماء غاريسا. أسس (مدرسة النجاح الإسلامية) بغاريسا عام ١٩٦٣م وسط حشد من معارضي النظام المدرسي حتّى سانده الشيخ محمد أول الأرتري، مبعوث دار الإفتاء بالسعودية، فقامت (النجاح) على قدم وساقٍ مثبتين. كان يدرّس الفقه الشافعي الذي تخصص فيه لا سيما (المنهاج) للنووي، و(المقدمة الحضرمية) لبافضل الحضرمي، وغيرهما، وعلى يديه، تخرج معظم العلماء الغارسيين الجامعيين، والشيخ محمد عبد ما زال حيًّا حتى يومنا هذا (٦/ ٧/ ٢٠٢٠م)، إلا أن بصره ضعُف منذ فترة قريبة مما ألزمه البقاء في منزله القريب من مسجد التقوى بغاريسا، حفظه الله.

نوعية الدروس والكتب في الحلقات الفقهية

وإذا كنا عرضنا فيما سبق نماذج من بعض الحلقات الفقهية التي كانت يقدمها الفقهاء في فترات متباينة وأماكن مختلفة في منطقة القرن الأفريقي وخاصة تلك المناطق التي يقطنها المجتمع الصومالي، فإنّه يجدر بنا أن نعرض هنا بعض الكتب الفقهية التي كانت تدرس في تلك الحلقات العلمية في المدن والأرياف سواء في المساجد والمدراس أو الأروقة والزوايا العلمية المختلفة، ولا سيما الكتب الفقهية للمذهب الشافعي، وليس معنى ذلك أننا نشير إلى جميع الكتب الفقهية التي قام أهل العلم في بلاد الصومال بتدريسها خلال رحلتهم العلمية بل المقصود الإشارة إلى ما اشتهر منها، علمًا بأنّ ما نقدمه هنا ليس جديدًا، كما أشار أيضًا بعض الباحثين(1). ومن هذه الكتب ما يلي:

- سفينة الصلاة، للسيد عبد بن عمر بن يحيى الحضرمي.
- سفينة النجاة في أصول الدين والفقه، للشيخ سالم بن سمير الخضري .
- المقدمة الحضرمية في فقه السادة الشافعية، للشيخ عبد بن عبد الرحمن بافضل الحضرمي اليمني الشافعي.
- متن الغاية والتقريب؛ للقاضي أبي شجاع أحمد بن الحسين بن أحمد الأصفهاني الشافعي.
- فتح القريب المجيب في شرح ألفاظ التقريب، للشيخ أبي عبد محمد بن قاسم الغزي الشافعي.
- قوت الحبيب الغريب على فتح القريب المجيب، ويسمى بـ" التوشيح على ابن قاسم"، للشيخ محمد بن عمر نووي الجاوي.
- قرة العين بمهمات الدين، للشيخ زين الدين بن عبدالعزيز بن علي المعبري المليباري الشافعي.

---

(١) أحمد شيخ حسن أحمد قطبي: طرق تدريس القرآن الكريم والعلوم الإسلامية واللغة العربية في الصومال، السودان، الخرطوم ، جامعة أم درمان الإسلامية، كلية التربية، أبريل ٢٠٠٠م . رسالة مقدمة لنيل درجة الدكتوراه في التربية .ص ١٤٩ - ١٥٢.

- منهاج الطالبين وعمدة المفتين في فقه الإمام الشافعي، للإمام النووي، أبي زكريا يحيى بن شرف.

- عمدة السالك وعدة الناسك، للإمام شهاب الدين أبي العباس أحمد بن النقيب المصري الشافعي.

- أنوار السالك شرح عمدة السالك وعدة الناسك، للشيخ محمد الزهري الغمراوي.

- الزبد في الفقه، للشيخ أحمد بن حسين بن حسن بن رسلان الرملي الشافعي.

- غاية البيان شرح زبد ابن رسلان، للرملي، محمد بن أبي العباس.

- إرشاد الغاوي إلى مسالك الحاوي (متن الإرشاد)، للإمام شرف الدين إسماعيل بن أبي بكر اليمني الشافعي ابن المقري، وهو مختصر على (الحاوي الصغير) للإمام عبد الغفار بن عبد الكريم القزويني.

- التنبيه؛ لأبي إسحق إبراهيم بن علي بن يوسف الشيرازي.

- حاشية الباجوري على شرح ابن قاسم الغزي على متن أبي شجاع، للشيخ إبراهيم الباجوري، (جزءان).

- الإقناع في حل ألفاظ أبي شجاع، للخطيب الشربيني.

- السراج الوهاج، للشيخ محمد الزهري الغمراوي.

- التمشية بشرح إرشاد الغاوي في مسالك الحاوي، لمؤلف المتن.

جهود أهل الصومال في الفقه وأصوله عمومًا

لقد أشرنا سابقا إلى جهود أهل الصومال في خدمة تراث الإمام الشافعي، ودورهم في خدمة المذهب الشافعي عمومًا من دراسة وتحقيق وتأليف، وإنتاجهم العلمي في ذلك إضافة إلى ما له علاقة بذلك من أمور الفتوى والاستفتاء والقضاء، والعلاقات الفقهية في منطقة شرق أفريقيا، وحضور كبار الشافعية في مخيلة أهل الصومال، وإبداعهم في خارج إطار المذهب الشافعي، وعدم تعصبهم له، وغير ذلك من الأمور.

وإذا كان ذلك كله في إطار المذهب الشافعي عموما، فقد أحببنا في هذا الفصل أن نشير إلى جهود أهل الصومال في عموم الفقه الإسلامي وأصوله ليتبين لنا مدى ارتباط أهل الصومال بعالمهم الإسلامي، ومشاركاتهم العلمية في عموم الفقه الإسلامي وأصوله.

والمتتبع لإسهامات المدارس الفقهية في بلداننا الإسلامية ودورها في خدمة المذاهب الفقهية المختلفة يجده أمرًا في غاية الأهمية ويحمل المزيد من المتعة العلمية، بحيث إنه يمكن للباحث أن يحس كثافة الجهود العلمية المتنوعة التي بذلها علماؤنا قديمًا وحديثًا في خدمة المذاهب الفقهية الأربعة، وأنّ نشاط الفقهاء لم يهدأ في جميع الظروف العصيبة التي مرت بها الأمة الإسلامية.

ومن خلال السطور القادمة سوف نرى بأنّ العلماء وطلبتهم في بلاد الصومال كان لهم نصيب وافر في إثراء عموم الفقه الإسلامي وأصوله في قوالب مختلفة، سواء في التأليف والإبداع، أو في الشرح والتحقيق، أو في التلخيص ووضع الحواشي والتذييلات. وهذا العطاء لم يتوقف عند جانب من الجوانب الفقهية المعينة، بل امتد لجميع أبواب الفقه ومسائله المعروفة بدءًا بالطهارة مرورا بأحكام العبادات الأخرى من الصلاة والصيام والزكاة والحج، وكذا المعاملات من البيوع وغيرها، والنكاح وما يتعلق به، والجنايات وما يتعلق بها، إضافة إلى الأشربة والأطعمة، وأحكام الجهاد، والأيمان والنذور، والكفَّارات، والقضاء والشهادات، وأحكام الرق وما إلى ذلك، كما ألّفوا مختصرات فقهية لها صلة بالفقه وأصوله.

ومحاولتنا هنا تنصبّ على إبراز جهود فقهاء أهل الصومال وما قدموه من تأصيل للفقه وأصوله، علمًا بأنّ هذه الجهود تضمنت بعض البحوث الأكاديمية التي تناولت قواعد وأصول ومقاصد الشريعة من مباحث أصول الفقه مما يسهم في حركة الإبداع والتأليف بهذا الخصوص.

والجدير بالذكر أنّ قولنا هنا " أهل الصومال " نعني به ما تعنيه الكلمة من (الصومال الكبير) بدون اعتبار للحدود الجغرافية التي اصطنعها الاستعمار، بحيث إننا نقصد الكلمة بتلك الجماعة الصومالية الكبيرة في منطقة شرق أفريقيا والمتجانسة من حيث الثقافة والعقيدة وجميع مرتكزات الحياة الاجتماعية.

وهناك كم هائل من الباحثين والعلماء من أهل الصومال تطرقوا إلى أبواب الفقه الإسلامي ومسائله في أكثر من وجه وحيثية، ومن الصعب حصر كل الجهود المبذولة عبر التاريخ في بحث واحد حتى ولو كان البحث مستقلًا ومستفيضًا فضلًا عن هذه العُجالة التي نحن بصددها في ملتقى أهل العلم والفضل من أحبابنا الكرام الذين لهم دراية في الفقه وأصوله، علاوة على أنّ بضاعتي مزجاة في هذا الباب، ولكننا من باب الفضول نحاول تأريخ وخدمة هذا التراث الثمين من خلال تتبع أقلام كُتَّابنا الصوماليين قدر المستطاع، علمًا بأن ما سنذكره مجرد نماذج ليس إلَّا.

وفيما يلي ذكر لبعض الجهود التي بذلها أهل الصومال في خدمة الفقه الإسلامي كالتالي:

أولا: عموم الفقه الإسلامي

وفي هذا الصدد أيضًا أَلَّف العلامة الشيخ الزاهد المحبوب فضيلة الشيخ عبد الله علي جيلة مقدمة لطيفة سماها (مقدمة في القواعد الفقهية)، وقد أراد المؤلف أن تكون مقدمته هذه مقدمة لكتاب (الأقمار المضيئة شرح القواعد الفقهية) للشيخ إبراهيم بن محمد بن القاسم الأهدل أحد فقهاء الشافعية، علمًا أنّ لفضيلة الشيخ أعمالًا علمية مفيدة أخرى.

وللشيخ عبد الرحمن بن عبد الله الشاشي منظومة في الفقه، وهذا الكتاب لم يكمله الشيخ بل وقف عند صلاة المسافر، وما زال مخطوطًا.

ومن أبرز الكتب في هذا المجال كتاب (الفقه الميسر)، للسيد محمد حسين جامع أبو عبد الرءوف. جمع الباحث في هذا الكتاب مبادئ الفقه الأساسية، وهو واضح الألفاظ والمعاني. وقد استخرجه الكاتب من مصنفات العلماء العاملين، مقتصرًا فيها على القول الصحيح الذي تدعمه الأدلة من الكتاب والسنة الصحيحة. وتطرق المؤلف فيه إلى أبواب الفقه المهمة، كالطهارة وأقسامها، والصلاة وأحكامها، والزكاة وأنواعها، والصيام وآدابه ومفسداته، والحج والعمرة ومفسداتهما، والبيع، والفرائض، والحدود، والجنايات، والجهاد، والقضاء، وغيرها. والكتاب يقع في ١٢٤ صفحة، وطبع في طبعته الأولى بمكتبة النور الإسلامية، عام ١٤٣١هـ الموافق ٢٠١٠م في هرغيسا.

وكذا المختار من الفقه، للشيخ أبي يحيى رشيد معلم محمود عجة، وقد انتخب الشيخُ مسائل وأحكامًا فقهية ثم عرضها بأسلوب سلس سهل، مرتبا إياها حسب الأبواب الفقهية مثل: أحكام الطهارة والمياه، والآنية وثياب الكفار، وما يحرم على المحدث عمله، وآداب قضاء الحاجة، والسواك وخصال الفطرة، والوضوء ونواقضه، والمسح على الخفين، والغسل، والتيمم، والحيض والنفاس. ثم تطرق إلى أحكام الصلاة بدءًا بالأذان والإقامة، ومرورًا بشروط الصلاة وأركانها وسننها، ومكروهاتها، كما تناول سجود للسهو، والأذكار بعد الصلاة، وغير ذلك من الأمور. والكتاب يقع في ٦٨ صفحة، من إصدارات مركز أبي هريرة للطباعة والنشر، في هرغيسا.

ومما له علاقة بعموم الفقه كتاب (المسائل الفقهية التي انفرد بها المذهب الشافعي في العبادات) لفضيلة الشيخ عيسى محمود عبد الله من أهل منطقة غبيلي Gabiley في أقصى شمال الصومال. وقد تتبع الشيخ المسائل الفقهية التي انفرد بها المذهب الشافعي في باب العبادات، وقام بجمعها وتنسيقها ومناقشتها، ثم عرضها بأسلوب علمي. والكتاب عبارة عن بحث أكاديمي نال الشيخ به درجة من كلية الشريعة بجامعة أفريقيا العالمية.

ومن هذا الباب أيضًا كتاب (الفقه الميسَّر)، للكاتب بلال طاهر طِمْبِل (بلى)، الذي وضعه المؤلف على أركان الإسلام بأسلوب مبسط مع عرضه على طريقة الأسئلة والأجوبة. وقد راجع الكتاب وقدم له كل من الدكتور أويس حاج عبد الله، والأستاذ محمد عبد الله عبد المعروف بـ (توشو).

وللشيخ أبي يحيى رشيد معلم محمود عجة كتاب (المقدمات الأساسية دروس في الفقه والعقيدة). من إصدارات مركز أبي هريرة للطباعة والنشر.

ثانيًا: أبواب الفقه المفصلة

أحكام الطهارة:

ومن الكتب التي ألفها أهل الصومال في هذا المجال ما يلي:

فقد كتب الباحث الأستاذ حسين حسن علي رسالة علمية سماها: (طهارة النجاسة بالاستحالة في الفقه الإسلامي)، وقد نال الباحث بها درجة الماجستير في الفقه الإسلامي من الجامعة الإسلامية بمقديشو –الصومال.

وأما فضيلة الشيخ أبو عبد الرحمن أحمد بن عبد الشكور فقد ساهم في هذا الباب عبر رسالته الفقهية (أحكام ملخصة تتعلق بطهارة المرأة ولباسها في الصلاة) ناقش فيها الأحكام المتعلقة بطهارة المرأة المسلمة كأحكام الحيض والاستحاضة والنفاس، كما تناول في الرسالة لباس المرأة المسلمة في الصلاة، وما يتعلق بلباسها عموما من أحكام. ورغم صغر حجم الرسالة إلا أنها تحمل في طياتها أحكامًا جمّة لا تستغنى عنها الفتيات المسلمات، وقد قام المؤلف بشرح بعض الألفاظ الغريبة من الأحادي، مع التعليق المناسب عليها إذا اقتضت الضرورة. والرسالة تقع في ٩٤ صفحة، وطبعت في طبعتها الثانية سنة ١٤٢٤هـ/ ٢٠٠٣م.

وفي باب التيمم كتب الباحث السيد محمود موسى محمد المعروف بـ(جوهري) بحثًا علميًا ناقش فيه أحكام التيمم، وهو بحثه (أحكام التيمم في الفقه الإسلامي)، دراسة فقهية مقارنة، ونال الباحث به درجة الماجستير في الفقه من المعهد العالي للدعاة والدراسات العليا في إقليم أرض الصومال بشمال جمهورية الصومال.

ومن الكتب التي ألفها علماء الصومال في أحكام الطهارة كتاب " طهارة أهل الأعذار في الفقه المقارن" من تأليف فضيلة الدكتور إبراهيم شيخ عبدي حيث تناول فيه أحكام الطهارة المتعلقة بأهل الأعذار مثل الحائض والمستحاضة والنفساء والمرضى وغيرهم، ويصل الكتاب إلى ١٥٠ صفحة.

وقد بذل فضيلة الشيخ عبد الرزاق حسين عيسى جهدًا علميًا في دراسته الأكاديمية المتعلقة بكتاب (القواعد الأصولية من خلال كتاب حاشية الجمل على شرح المنهاج) للعلامة سليمان بن عمر بن منصور العجيلي المصري الشافعي، وجاء كتاب الطهارة ضمن دراسة الباحث لهذا الكتاب، بحيث قام بدراسة تطبيقية أصولية في كتابي الطهارة والصلاة من خلال الكتاب المشار إليه آنفًا، علمًا بأنّ تفصيل هذه الدراسة سوف يأتي عند الحديث عن جهود أهل الصومال في خدمة أصول الفقه.

وكتب الأستاذ محمد معلم أحمد كتاب (اختيارات الإمام النووي الفقهية في العبادات من خلال كتابه المجموع)، وقد تناول المؤلف في هذا الكتاب آراء واختيارات الإمام النووي في الفقه من خلال كتابه المجموع، وقد اقتصر الأستاذ محمد على قسم العبادات المشتمل على كتاب الطهارة وغيره. وأصل الكتاب عبارة عن دراسة علمية نال المؤلف بها درجة الماجستير في الفقه المقارن من قسم الفقه وأصوله بكلية الشريعة والقانون بجامعة أم درمان الإسلامية بالسودان. وقد طبع الكتاب بمطابع دار العلم بمصر في طبعته الأولى عام ١٤٣٤هـ الموافق ٢٠١٣م.

ولفضيلة الشيخ الفقيه عثمان الشيخ عمر بن الشيخ داود (حدج) رسالة في (قص الشارب) طبعت مع رسالته (التبيين في أدلة التلقين) وكلا الرسالتين مؤلفتان على وفق المذهب الشافعي.

أحكام الصلاة:

ويأتي كتاب الصلاة في كتب الفقه والأحكام بعد كتاب الطهارة مباشرة. وفي هذا المجال خصص بعض المؤلفين الصوماليين رسائل فقهية في أحكام الصلاة من حيث تعليمها وتبسيط أو تبيين أحكامها كما فعله فضيلة الشيخ نور الدين علي بن أحمد الذي أنجز رسالة لطيفة تتعلق بالصلاة، بعنوان: (أحكام الصلاة)، وكذلك رسالته (أحكام الجنائز)، وكلا الرسالتين مخطوطتان حسب علمي. وللمؤلف – رحمه الله - كتاب آخر أيضًا سمّاه: (أحكام الفطرة) وهو أيضًا مخطوط لم ينشر بعد.

وهذا الأمر يؤكد بأن الصلاة عمومًا كانت من ضمن الأبواب الفقهية التي ألف فيها أهل العلم في الصومال، مثل كتاب (صلاة الجمعة والعيدين)، لفضيلة الشيخ محي الدين حسن أيانلي.

ومن جهود أهل الصومال في هذا المضمار ما يلي أيضًا:

- رسالة المسجد في الإسلام، للشيخ أمين محمد عمر في مدينة تاجورة بجيبوتي.

- حكم صلاة التهجد جماعة بعد صلاة التراويح، للدكتور حسن معلم داود حاج محمد.

- وفي أحكام خطبة صلاة العيد، ألَّف فضيلة الدكتور عمر إيمان أبو بكر رسالة سماها "استماع الخطبة بعد صلاة العيد عزيمة"، وبيّن وناقش فيها حكم استماع خطبة العيد. وقد أغنانا المؤلف مؤونة البحث والعناء في سبب تأليف رسالته العلمية القيمة حيث ذكر في مقدمتها: "كنتُ على تلك الحال من التردد برهة من الزمن حتى وقفت على كلام أبي داود صاحب السنن على حديث الترخيص في خطبة العيد حيث أعله بالإرسال فلفت ذلك نظري إلى أهمية الرجوع إلى الحديث للتأكد من حالة صحة وضعف فكان هذا التأليف.". وقد قسم المؤلف رسالته إلى عدة مباحث كمبحث تخريج ما ورد في جواز الانصراف عن الخطبة، ومبحث النظر في الاختلاف على ابن جريج حول...، ومبحث حكم صلاة العيد وأقوال أهل العلم فيها. وقد توصل المؤلف إلى أنّ صلاة العيد فرض عين على الرجال والنساء على حد سواء للأدلة الصريحة والأوامر الصارمة من النبي ﷺ بالخروج إليها. والرسالة تقع في ٤٢ صفحة، وطبعت بمطبعة الجيل الجديد بصنعاء –اليمن عام ١٤٣٣هـ-٢٠١٢م.

- وفي أحكام صلاة الجمعة وخطبتها أعدّ الأستاذ محمد بري علي يوسف كتابه (اللمعة في أحكام الجمعة)، وهو عبارة عن كتيب مطوّل عن الجمعة وأحكامها، على شكل بحث فقهي مقارن. وكانت خطبة الجمعة من اهتمام أهل العلم في بلاد الصومال بحيث قاموا بتأليف نماذج من الخطب الميسرة ليستخدمها طلبة العلم في إلقاء الخطبة وعدم خوفهم.

- كما اعتنى فضيلة الشيخ محمد الهادي بن قاضي حبيب محمد أبو بكر الملقب بشيخ نورچاندي الحاتمي بها عندما وضع رسالة لطيفة ومفيدة أطلق عليها: "مجموعة خطب الشيخ محمد الهادي قاضي الحاتمي" . والكتاب عبارة عن الخطب التي ألقاها

الشيخ محمد الهادي قاضي محمد الحاتمي في مناسبات مختلفة وأغلبها في خطب الجمعة والعيدين. ويعطي ابنهُ الأستاذ الشاعر محمد الأمين عنايةً خاصةً لتخريج الكتاب في صورة حسنة يفيد بها الخطباء في انتقاء خطب الجمعة بمساجد الصومال وغيرها.

- أما في أحكام صلاة العيدين ـ الفطر والأضحى ـ فهناك كتاب: (إعلام النبيل في حكم اجتماع العيدين)، للأخ عبد الرحمن حسن فارح أبو عبد الباري. وهذه الرسالة ألفت لكشف أحكام اجتماع العيدين، فقام الأستاذ عبد الرحمن بجمع النصوص وأقوال الفقهاء وتخريج الأحاديث والآثار الواردة في ذلك، كما حاول الربط بين القواعد الأصولية والفروع الفقهية في هذه المسألة، والرسالة تصل إلى حوالي ٥٠ صفحة.

- وقد ناقش فضيلة الدكتور الشيخ عمر إيمان أبو بكر صلاة الجماعة عند النساء في رسالة سماها: (صلاتهنّ في بيوت الله جماعة خير من صلاتهنّ في بيوتهنّ منفردات)، وهي رسالة مُستلة من كتاب (المحلى) للإمام أبي محمد ابن حزم الظاهري الأندلسي. وقد شرع فضيلة الدكتور بعد أن تيسر له جمع المادة العلمية المتعلقة بالموضوع، وبعد أن وقف على كلام لابن حزم حول ما ذهب إليه فيما يتعلق بالمسألة. ورغم أن المؤلف نقل بعض المعلومات عن ابن حزم الأندلسي إلا أنه أضاف الكثير من المعلومات والفوائد الجمة لرسالته العلمية التي تدور حول مسألة تفضيل صلاة المرأة في المسجد على صلاتها في بيتها، لكنّ الدكتور أشار – لأجل الأمانة العلمية – إلى أن أصل المسألة من كتاب المحلى لابن حزم. والكتاب من مطبوعات مطابع الجيل الجديد بصنعاء –اليمن عام ١٤٣٣هـ/ ٢٠١٢م، بحوالي ٦٤ صفحة.

- وقد جمع أحد فقهاء الشافعية في جنوب بلاد الصومال وهو فضيلة الشيخ هِلَو تِفَو بعض المسائل الفقهية المتعلقة بالصلاة والنكاح في رسالة مشكولة سماها: (مجموعة مشتملة على أربع رسائل: كيفية صلاة الجنازة، تلقين الميت، خطبة النكاح، أذكار التراويح)، والكتاب صغير الحجم حيث يقع في ٢٦ صفحة، وقد نقل المؤلف معلوماته في الكتاب من حلقات شيخه الشيخ حسين بن محمد بن محمود حيث كان

من طلاب الشيخ حسين بن محمد بن محمود الملقب بشيخ حسين عدي رحمه الله، وطبعت هذه الرسالة في ١٨/ ١٢/ ١٤٢٣هـ الموافق ٩/ ٢/ ٢٠٠٣م بمقديشو في الصومال.

- وأنجز فضيلة الدكتور أحمد حاج محمد عثمان جوليد المشهور بالشيخ أحمد إمام دراسة علمية في منتهى الروعة، وهي دراسته التي قام فيها بتحقيق كتاب (زهر الرياض في الرد على ما شنعه القاضي عِياض على من أوجب الصلاة على البشير النذير في التشهد الأخير) للعلامة محمد بن محمد بن خيضر قطب الدين الخيضري الشافعي المتوفى سنة ٨٩٤هـ. وقد صدَّر فضيلة الدكتور الكتاب بمقدمة بلور فيها ما قال به الإمام الشافعي في المسألة التي يناقشها الكتاب، وهي الصلاة على النبي في التشهد الأخير، وحكمها الفقهي، والآراء التي وردت فيها، لاسيما الرد الشنيع الذي قام به القاضي عِياض في رده على الإمام الشافعي في ذلك. وكذلك قام فضيلة الدكتور بدراسة مستفيضة حول المؤلف وكتابه بعد المقدمة المذكورة، حيث قدم ترجمة ضافية للعلامة الشيخ محمد بن محمد بن خيضر قطب الدين الخيضري الشافعي المتوفى سنة (٨٩٤هـ)، وجعله مبحثًا خاصًّا به في ذلك. كما قدم مبحثًا مستقلًا بالمسألة التي يدور الكتاب حولها.

والكتاب يقع في ١٦٧ صفحة وطبع بمطابع أضواء السلف بالرياض، ط/ ذ، عام ١٤٢٥هـ - ٢٠٠٥م.

- ووضع الشيخ الشاب محي الدين حسن أيانلي رسالة فقهية ناقش فيها حكم الدعاء بعد الصلاة، فرادى أو جماعة من خلال رسالته (الدعاء بعد الصلاة). وهذا الكتاب عبارة عن رسالة صغيرة لكنها مليئة بالعلم والملكات الفقهية، حيث تناقش الرسالة مشروعية وحجية الدعاء بعد الصلاة فرادى أو جماعة. واستدل صاحب الرسالة ببعض الأحاديث التي يرى أنها تؤيد ما ذهب إليه،كما يستدل ببعض آثار السلف الصالح المتعلقة بهذا الموضوع. ويعجبني نقل المؤلف رأي العلامة ابن القيم الجوزية في المسألة لأنه - أي ابن القيم الجوزية - يرد على مسألة الدعاء بعد الصلاة، بل إنه يراها أمرًا لم يرد عن الرسول ﷺ ولا عن سلف الأمة. ومن هنا يقول مؤلفنا أنه حينما كثر إنكار المنكرين على دعاء الإمام للمأمومين بعد الصلاة شرعت في جمع ما

تناثر من الأقوال المأثورة لرد هذا الادعاء والإنكار. وفي ذلك يقول المؤلف: (فقد كثر إنكار المتطرفين دعاء الإمام للمأمومين بعد الصلاة وجعلوا ذلك بدعة سيئة لا دليل لها من الكتاب والسنة، وعابوا أئمة المسلمين المصلّين على ذلك، وأطلقوا ألسنتهم عليهم بالسّبّ والشّتم، والازدراء سفاهة وجهلًا، وظنا منهم أنه ليس هناك دليل من الشرع يدل على ما فعله هؤلاء الأئمة، ووقع أيضًا تساهلهم في الدعاء بعد الصلاة مطلقًا، وعلمنا أن أصل ذلك ما ذكره شيخهم ابن القيم الجوزية في كتابه: (الهدي النبوي)، من إنكاره الدعاء بعد الصلاة سواء كان فردًا أو جماعة، ونتعقب على شيخهم المذكور كلامه في هذا الصدد، ونردّ عليه تلبيساته وتخليطاته ونعيد الحق إلى نصابه... انتهى كلام المؤلف). ومهما كان الأمر فقد قسم الشيخ محي الدين حسن أيانلي رسالته إلى أربعة فصول وخاتمة، علمًا بأنه ابتدأ رسالته بمقدمة نفيسة يبين فيها سبب تأليفه للرسالة وأقسامها، كما أن الرسالة لها تقريظات لطالبيْن من طلاب المؤلف هما محمد بن عبد الله وبشير عبد القادر علي، وعلى العموم فإن الرسالة طبعت بمقديشو في طبعتها الأولى عام ١٤٢٧هـ الموافق ٢٠٠٦م.

- ومن الكتب الفقهية أيضًا رسالة وضعها أحد الفقهاء الصوماليين، وهو العلاّمة الشيخ حاج علي بن عبد الرحمن فقيه -رحمه الله- وسماها: (كشف الغمام عن أحكام مخالفة الإمام). والجدير بالذكر أنّ حاج علي له كتب ورسائل مفيدة أخرى في علم الفقه وأبوابه المختلفة. وكما سبقت الإشارة إليه فإنّ العلامة حاج علي بن عبد الرحمن المجيرتيني له كتب ورسائل عديدة لها علاقة بالفقه، ومن ذلك رسالته الفقهية: (القول المقول لتحريم الملاهي والطبول)، وكذلك رسالته (كشف القناع عن أهل التعصب والابتداع).
- وألّف الأخ علي عبد الرحمن طبلاوي كتابًا يتناول فيه أحكام صلاة السفر، وهو كتابه: " صلاة المسافر " كما وضع الأستاذ علي عبد الرحمن طبلاوى رسالة أخرى سماها: (رخص السفر في الصلاة: دراسة فقهية مقارنة)، وهذا الكتاب عبارة عن رسالة ماجستير في علوم الحديث من كلية الدراسات العليا بالجامعة الإسلامية بمقديشو في الصومال.
- ولخضر بن حسن بن أحمد الصومالي السعدي رسالة سماها (تحقيق مذهب ابن عمر رضي الله عنهما في التطوع والسفر).

ومن الكتب التي ألفها علماء الصومال أيضًا في أمور متعلقة بالصلاة ما يلي:

- تعليم صلاة النبي ﷺ بالأدلة، تأليف أبي عثمان سيد علي بن محمد الكري الصومالي، وهو من مطبوعات دار الحديث العامرة- دماج - اليمن. ويمتاز هذا الكتاب بأنّ فضيلة الشيخ العلامة أبي عبد الرحمن بن علي الحجوري كتب تقديمًا رائعًا للكتاب ولمؤلفه.

- انتبه على الأخطاء في الصلاة، وهي رسالة جمعها وقدمها الأستاذ حسن معلم نور علي، وطبعت بمكتبة دار الحنين في مقديشو -الصومال.

- مختصر في فقه العيدين والأضاحي، للشيخ أبي يحيى رشيد معلم محمود عجة، وهذه الرسالة تحوي أيضًا "الأربعون في الصيام"، "والأربعون في التوحيد". والكتاب يقع في ٥٧ صفحة، وصدر من مركز أبي هريرة للبحوث والدراسات في هرغيسا.

- البيان في أحكام الموتى والقبور، للشيخ عبد القادر شيخ محمد متان، وتستند هذه الرسالة إلى جملة من الأدلة في الكتاب والسنة وأقوال العلماء في بعض الأحكام المتعلقة بالأموات. نشر في الخزانة الصومالية.

- التبيين في أدلة التلقين، للشيخ عثمان الشيخ عمر الشيخ داود المشهور بـ " شيخ عثمان حدغ"، ورغم صغر حجم هذه الرسالة، إلا أنّ فضيلة الشيخ عثمان حدغ تمكن من عرض مسألة التلقين عند دفن الميت، وما ورد فيها من الأوراد والأذكار التي تقرأ عند دفن الميت، وتصل عدد صفحات هذه الرسالة إلى ٧٢ صفحة، وطبعت في عام ١٤٢٨هـ.

أحكام الصيام:

ونبدأ هنا بقضية اختلاف المطالع والتي تسبق الإمساك أو الإفطار، ومعنى ذلك أن قضية اختلاف المطالع لها علاقة كبيرة بموضوع الصوم، سواء عند استهلال شهر رمضان، أو عند نهاية رمضان، والآراء المتباينة في ذلك قديمة، وقد اخلتف فيها الفقهاء قديمًا وحديثًا، لأنّ شهر رمضان يثبت دخوله برؤية الهلال، فإذا رُؤي الهلال بعد غروب شمس اليوم التاسع والعشرين من شهر شعبان، فإنّه قد دخل بذلك شهر رمضان، فإذا لم يُر الهلال بعد غروب الشمس ليلة الثلاثين من شعبان، بسبب غيم وما شابهه، أكمل

شعبان ثلاثين يومًا. وقد ذهبت الحنفية والمالكية والحنابلة إلى عدم اعتبار اختلاف المطالع في إثبات شهر رمضان، وهو قول عند الشافعية أيضًا، ويرى هؤلاء أنه إذا ثبت هلال رمضان أو شهر شوال في بلد ما لزم الصوم أو الفطر جميع المسلمين في جميع البلاد، مستدلين بقول نبينا محمد ﷺ: " صوموا لرؤيته وأفطروا لرؤيته؛ فإن غم عليكم فأكملوا العدة ثلاثين"(1). وذهب آخرون إلى اعتبار اختلاف المطالع، وهذه المسألة كغيرها من المسائل الفقهية التي تنازع فيها أئمة العلم قديمًا وحديثًا.

وأهل الفقه والدراية في بلاد الصومال ناقشوا ذلك وأنجزوا كتبًا في هذا المنحى، ومن هؤلاء فضيلة الشيخ علي حاج إبراهيم بحيث وضع رسالة ناقش فيها قضية اختلاف المطالع ضمن مسائل فقهية تناولها الشيخ في كتابه: (القلائد المتنورة في العلوم المتنوعة). وعلى العموم فالكتاب مفيد، ويشتمل على مجموعة من المسائل الدينية والعلمية بحيث جمع أربع رسائل مفيدة، ونحن يعنينا الرسالة الرابعة والأخيرة والتي أطلق عليها فضيلة الشيخ علي حاج (الدرر اللوامع في اختلاف المطالع) وهي تتعلق بمسائل من أحكام الصوم المتعلقة بعلم الجغرافيا كزمن الإفطار، وتحديد رؤية هلال شهري رمضان وشوال، وغيرها. وقد تحدث المؤلف في الرسالة عن خطوط الطول والعرض، وتعيين مواقع الأرض، واختلاف الساعات والجهات في الليل والنهار بواسطة خطوط العرض. ثم تساءل المؤلف عن معرفة مكة المكرمة من أي جهة كانت. ولا شك أنّ هذا الكتاب برسائله الأربعة يعد مجموعة علمية فريدة حيث احتوت مواضيع متعددة، وعلوما متنوعة، يحتاج إليها المبتدئ، وفي نفس الوقت لا يستغني عنها العالم. وقد بذل المؤلف جهدًا مباركًا جمع فيه مسائل مهمة وقرائح نفيسة وضع أغلبها على أسلوب الأسئلة والأجوبة النثرية، والكتاب عمومًا تناول مسائل في العلوم الشرعية والعقلية والعربية كالنحو والصرف وفنون البلاغة، صاغها نثرا تارة وتارة على البحور الشعرية. والكتاب طبع عام ١٣٩١هـ الموافق ١٩٧١بدون ذكر مكان الطبع واسم المطبعة. ولفضيلة الشيخ علي كتاب سماه: (درر العناية في دروس العبادة)، وهي رسالة فقهية تُعنَى بنظم العبادة.

---

(١) رواه مسلم في باب وجوب صوم رمضان لرؤية الهلال والفطر لرؤيته برقم ١٠٨١، والنسائي برقم ٢١٢٤.

وقد أخرج فضيلة الشيخ علي حاج إبراهيم رسائل علمية أخرى مثل:

- التوضيح في مسائل التشريع.
- تحقيق الجناية في حكم قتيل السيارة.
- الروضة البهية في الأسئلة والأجوبة الجلية.

والجدير بالذكر أنّه نظرًا لأهمية موضوع اختلاف المطالع فقد جرد فضيلة الشيخ علي حاج إبراهيم رسالة اختلاف المطالع الميسومة بـ (الدرر اللوامع في اختلاف المطالع) وجعلها مستقلة بعد إضافات وزيادات علمية من فضيلته -رحمه الله -. وهذه الرسالة تتناول أمورًا جغرافية لها علاقة باختلاف المطالع في بداية شهر رمضان وعند نهايته، ومراقبة الهلال في عيد الفطر المبارك.

وممن ألّف في المسائل المتعلقة ببداية الصوم أيضًا الدكتور حسن معلم داود حاج محمد، حيث وضع كتاب (تحقيق الكلام في مسألة الشك في نية الصيام)، وقد قام الدكتور بتحقيق النصوص الواردة في تلك المسألة، مستندًا إلى أقوال الفقهاء. وليس من الغرابة أن يقوم المؤلف بهذا الجهد العلمي، لأنّه ينحدر من أسرة علم ودين، فعمه هو فضيلة الدكتور أحمد حاج عثمان المشهور بأحمد إمام وصاحب المؤلفات العديدة، والتحقيقات العلمية الكثيرة، وله حلقات علمية في دار الحديث النبوية في مقديشو، ولعله استفاد من مجالس العلم لعمه المذكور.

أما فيما يتعلق بالصوم، فقد تقدم الحديث عن كتاب (الفقه الميسر) للسيد محمد حسين جامع أبو عبد الرءوف، وقد تناول الصوم ضمن الأحكام الفقهية التي أوردها في كتابه كـ(الصيام وآدابه ومفسداته).

كما أنجز أيضًا الباحث الأستاذ حسن عبد الله حسن بحثًا فقهيًّا تناول فيها الصيام، وهو كتابه (آراء الإمام ابن خزيمة الفقهية من أول كتاب الصيام إلى نهاية أبواب الصدقات والحساب من كتاب الزكاة جمعًا ودراسةً). ويأتي الحديث عن الكتاب في باب الزكاة.

وفي هذا الصدد ما أنجزه الباحث الأستاذ محمد معلم أحمد عبر رسالته العلمية (اختيارات الإمام النووي الفقهية في العبادات من خلال كتابه المجموع)، وقام الباحث

بدراسة فقهية مقارنة. وجاءت أغلب أبواب العبادات ضمن حديثه طالما تناول كتاب العبادات، كالطهارة والصلاة والصيام والزكاة.. وقد تقدم الحديث عنه في باب أحكام الطهارة.

ومن الكتب التي ألفها علماء الصومال في أمور تتعلق بأحكام الصيام:

- كتاب (إعلام الأنام بأحكام الصيام)، بقلم رضوان حاج محمد شيخ حرسي، وقد صحح الكتاب كل من فضيلة السيد العلامة حسن أبشر إيمان، وفضيلة السيد العلامة عبد الله معلم عبد. والكتاب من مطبوعات مكتبة دار حنين للطباعة والنشر في مقديشو - الصومال.

- خلاصة الكلام في أدلة أحكام الصيام، للشيخ عباس بن المعلم بن سبتو - جامع الخير -، وقد خرج أحاديثه الشيخ عبد الله معلم عبد، ونشرته مكتبة الرحمن للطباعة والنشر، مقديشو -الصومال، ط/ ٣، رجب ١٤٤١هـ/ ٢٠٢٠م.

- تحفة المتطوع في بيان مسألة لزوم القضاء على من أفطر في صوم التطوع، للشيخ أحمد محمود محمد المشهور عند أوساط أهل العلم بـ " أحمد يري ".

- كتاب الصيام من روض الطالب مع تهذيب شرحه من أسنى المطالب للدكتور حسن معلم داود. الإصدار الأول، شعبان عام ١٤٤١هـ. و(روض الطالب) هو لشرف الدين إسماعيل بن المقري، و(أسنى المطالب) هو شرح شيخ الإسلام زكريا بن محمد الأنصاري على (روض الطالب)، وكلا الكتابين في الفقه الشافعي.

- دروس رمضانية للصغار، للباحث بلال طاهر طمبل، وطالما أعد المؤلف رسالته هذه للصغار فقد بسطها وعرضها على قالب أسئلة وجواب بغية التسهيل والتبسيط.

- رسائل رمضانية أحكام فقهية وآداب شرعية، جمع وترتيب الشيخ عبد الشكور معلم عبد فارح، ١٤٤١هـ/ ٢٠٢٠م.

- مسائل في السواك، للكاتب محمد علي الأزهري، ورغم أن هذه الرسالة صغيرة الحجم إلا أنّ لها فوائد جمة، بحيث قام الكاتب بجمع كل ما يتعلق بالسواك حسب

قدرته. وذكر الكاتب في رسالته عدة مسائل كتعريف السواك والأحاديث التي وردت، وحكمه واستحبابه، وفوائده.

- تهذيب كتاب أحاديث الصيام أحكام وآداب، للدكتور حسن معلم داود حاج محمد. وأصل هذا الكتاب كان لفضيلة الشيخ عبد الله بن صالح الفوزان، ثم جاء فضيلة الدكتور حسن معلم داود فهذبه وزاد عليه حتى أخرج بثوبه الجديد. والكتاب من مطبوعات دار الحديث والسنة في مقديشو - الصومال، عام ١٤٣٧هـ.

- الأربعون في الصيام، للشيخ أبي يحيى رشيد معلم محمود عجة، وهذه الرسالة تحتوي أيضًا مختصرًا في فقه العيدين والأضاحي، والكتاب يقع في ٥٧ صفحة، وصدر من مركز أبي هريرة للبحوث والدراسات في هرغيسا.

أحكام الزكاة:

- ومن المسائل الفقهية التي أسهم فيها أهل العلم في الصومال الزكاة، مثل: كتاب "الزكاة في مال الصبي والمجنون" الذي وضعه فضيلة الشيخ الدكتور إبراهيم شيخ عبدي، وهنا تناول فضيلة الدكتور إبراهيم قضية الزكاة في مال الصبي الذي لم يبلغ، وكذلك مال المجنون المرفوع عنه القلم، وناقش في رسالته الأحكام المتعلقة بزكاة الصبي الذي لم يبلغ الحلم، والمجنون مناقشة علمية.

- ومن الكتب: كتاب "دور الزكاة في إعادة توزيع الدخل" لمؤلفه الأستاذ محمد الأمين شيخ عثمان، وقد نال الباحث من خلال بحثه العلمي درجة الماجستير في التنمية الاقتصادية والتخطيط الاستراتيجي من جامعة الزعيم الأزهري بالسودان.

- الدرة النفيسة فيما قيل عن إخراج زكاة الفطرة بالقيمة، للكاتب مسعود يونس شيخ إبراهيم أحمد الشافعي، الطبعة الأولى، ١٤٤١هـ/ ٢٠٢٠م، مقديشو -الصومال.

- زكاة الأسهم والسندات والمستغلات وأجور الوظائف دراسة فقهية، للباحث الأستاذ حسين آدم علي، ونال الباحث بهذا البحث درجة الماجستير في الفقه من الجامعة الإسلامية بمقديشو -الصومال.

أحكام الحج:

وكما أشرنا من قبل فقد أنجز فضيلة الدكتور أحمد جامع إسماعيل ميري تحقيق إخراج كتاب " إرشاد السالك المحتاج إلى بيان أحكام أفعال المعتمر والحاج ليحيى بن محمد الحطاب (ت ٩٩٥ هـ) إخراجًا علميًا، عندما قام فضيلته بتحقيق هذه المخطوطة ودراستها، وهذا الكتاب يتناول أحكام الفقه الإسلامي، ولاسيما الأحكام المتعلقة بشعائر الحج والعمرة.

وهناك رسالة فقهية كتبها الشيخ القاضي عبد الله بن علي بن الشيخ أبي بكر حول شعيرة الحج، وهي رسالته: (قرة العين في الرحلة إلى الحرمين الشريفين)، والشيخ عبد الله كان مديرًا لأول مدرسة عربية أهلية تأسست في جيبوتي عام ١٩٣٦م وهي (مدرسة النجاح الإسلامية)، وقد حوى كتابه المذكور جميع ما يتعلق بشعيرة الحج من أركان وشروط وواجبات مع رسومات للأماكن المقدسة والبقع المباركة التي تهفو إليها الأنفس في وقت لم يكن الناس يعرفون الكثير عن مشاعر الحج نظرا لعدم توفر التقنيات الحديثة التي تنقل الصور الحية من المشاعر المقدسة.

أحكام البيع:

وأحكام البيع وما له علاقة بالتجارة، والاحتكار، والعربون، والحوالة، والربا، وأسهم التجارة، وبيع المرابحة كان له حضوره في إبداعات أهل العلم والثقافة بالصومال ومجالسهم العلمية، وخاصة فيما يخص قضية الحوالة التي أصبحت من ضروريات الحياة المعاصرة.

ويكفينا أن نشير إلى جهود فضيلة الدكتور أحمد جامع إسماعيل ميري – حفظه الله – الذي أنجز بحثًا في منتهى الروعة والجمال وهو كتابه " التحويلات المصرفية للنقود والشيكات وأحكامها الشرعية جمعًا ودراسةً"، وقد ناقش الدكتور الأحكام الشرعية المتعلقة بالتحويلات المصرفية للنقود والشيكات. وقد ركز المؤلف على التحويلات المصرفية للنقود والشيكات وما يتعلق به من الأحكام الشرعية، وقد قام بجمع كل ما يتعلق بالموضوع ثم عرضه على قالب دراسة علمية أكاديمية. وطبع الكتاب بمكتبة الثقافة العالمية، وكان أصل الكتاب رسالة نال بها المؤلف درجة الدكتوراه في علوم

الشريعة من الجامعة الإسلامية بالمدينة المنورة في السعودية. والكتاب كبير الحجم ويقع في ٦٩٠ صفحة.

شركات الحوالة الصومالية، التوصيف الفقهي والآثار الاقتصادية والتمويلية، لفضيلة الدكتور محمد عبدي آدم. وقد تناول الدكتور الظروف التي أدت إلى نشأة شركات الحوالة الصومالية وتطورها، كما تناول المراحل المختلفة التي مرت بها تلك الشركات بدءًا بالمراحل البدائية التي بدأت بالتحويل عبر التجار الموردين، ومرورًا بمرحلة التحويل عبر الأون لاين، ومرحلة التحويل عبر الجوال أو الهاتف المتنقل حتى انتهت بتحول بعض الشركات إلى مصارف تجارية متكاملة، كما ذكر ذلك الدكتور في مقدمة بحثه.

ولفضيلة الدكتور إبراهيم شيخ عبدي كتاب آخر وهو: (إجماعات واتفاقات ابن هبيرة في المعاملات المالية في كتابه الإفصاح عن معاني الصحاح) تحدث فيه عن قضيته المعاملات المالية بدءًا من كتاب البيع إلى نهاية كتاب الفرائض من الكتاب المذكور، ويصل عدده حوالي ٥٥٠ صفحة.

وفي مجال أحكام البيع والعقد، أَلّف الشيخ الشاب محمّد برّى علي يوسف رسالة لطيفة سماها:(بيع العَرَبون في ميزان الشّريعة الإسلامية)، وهو بحث فقهي مقارن حول بيع العربون، وهو غير مطبوع.

ومن بين المواضيع الفقهية التي تطرق فيها أهل العلم في الصومال أحكام الاحتكار وآثاره على الفرد والمجتمع، وممن أَلّف في ذلك الأستاذ آدم إبراهيم عثمان، بحيث وضع رسالة سماها: (الاحتكار أحكامه وأضراره). وقد نال الباحث من خلال هذا البحث الفقهي المفيد درجة الماجستير في الفقه المقارن، من قسم الفقه وأصوله في كلية العلوم الإسلامية بجامعة المدينة العالمية في ماليزيا.

وفي مجال المال والبيع أيضًا أنجز الباحث الشاب الأستاذ عبد الرحمن أبو بكر معلم رسالة علمية في هذا المنحى، وهي: (العلة في الربويات، دراسة فقهية مقارنة)، وهذه الرسالة نال الباحث من خلالها درجة الماجستير في الفقه الإسلامي من كلية الدراسات العليا والبحث العلمي بالجامعة الإسلامية بمقديشو في الصومال.

وناقش الباحث الأستاذ أحمد توريري جمعالي قضية الأسهم وأحكامها في رسالته العلمية المسماة (الأسهم وأحكامها في الفقه الإسلامي "شركة هرمود تطبيقًا")، ونال الباحث من خلال البحث المذكور درجة الماجستير في الفقه الإسلامي من الجامعة الإسلامية بمقديشو –الصومال.

وأعدّ الباحث شعيب عبد الرحمن عبد الله بحثًا ناقش فيه بيع المرابحة في كتابه (المرابحة وتطبيقاتها المعاصرة في البنوك الإسلامية)، وقامت عملية التطبيق في بحثه من خلال دراسة قام بها في بنك ذهب شيل الدولي تطبيقًا. ونال الباحث به درجة الماجستير في الفقه الإسلامية من الجامعة الإسلامية بمقديشو –الصومال.

ومن ذلك كتاب (أحكام الإجارة.. دراسة فقهية مقارنة) للباحث محمد شيخ أحمد حسن، ونال الباحث به درجة الماجستير في الفقه الإسلامي من الجامعة الإسلامية بمقديشو – الصومال.

أما كتاب (نظرية إتلاف أموال الغير) فقد كتبه الباحث الأستاذ محمد عول أحمد، وقام الباحث بدراسة فقهية مقارنة حول ذلك، ونال به درجة الماجستير في الفقه الإسلامي من الجامعة الإسلامية بمقديشو –الصومال.

ومن ذلك أيضًا:

- الاستثناءات وأثرها في اختلاف الفقهاء – دراسة تطبيقية على كتاب البيع والإقرار والطلاق من كتاب المنهاج للإمام النووي)، للباحث محمد أحمد نور حسين، وهو بحث تكميلي لدرجة الماجستير في أصول الفقه من جامعة أفريقيا العالمية في السودان.

- أثر العُرف في تقدير نفقة الزوج، للباحث آدم معلم حسين محمد، حيث قام بدراسة فقهية مقارنة، ونال درجة الماجستير في الفقه الإسلامي من الجامعة الإسلامية في الصومال.

- انتهاء الإجارة بالتمليك، للباحث أحمد محمد حسن مودي، ونال به درجة الماجستير في الفقه الإسلامي من الجامعة الإسلامية في الصومال.

- النظام القانوني لعقود البيع البحري، دراسة مقارنة، للباحث أبو بكر الشيخ محمود روبلي، ونال الباحث به درجة الماجستير في القانون الخاص من جامعة أفريقيا العالمية بالتعاون مع جامعة بنادر في الصومال.

- عقد المقاولة في القانون المدني الصومالي، دراسة تطبيقية على شركة بروج للبناء، وتال الباحث به درجة الماجستير من جامعة أفريقيا العالمية بالتعاون مع جامعة بنادر في الصنومال.

- عقود الإذعان وأحكامها في الفقه الإسلامي، دراسة تطبيقية على شركة بنادر للكهرباء " بكو"، للباحث يوسف شيخ عثمان أحمد، ونال به درجة الماجستير في الفقه الإسلامي من الجامعة الإسلامية في الصومال.

- صيغ العقود المالية عند بنك سلام في الصومال، دراسة فقهية مقارنة تطبيقية من الباحث علي عبدي أحمد فارح، ونال به درجة الماجستير في الفقه من الجامعة الأمريكية المفتوحة، كلية الدراسات الإسلامية واللغة العربية، فسم الشريعة.

- اليتيم وحكم استثمار أمواله في الشريعة الإسلامية، دراسة فقهية مقارنة، للباحث عبد الفتاح حسن أحمد، ونال به درجة الماجستير في الفقه الإسلامي من الجامعة الإسلامية في الصومال.

- آثار التعامل بالربا في المجتمع الصومالي، للباحث حسين عيد يوسف فيدو المشهور بحسين جمال، والبحث عبارة عن أطروحة نال بها الباحث درجة الماجستير في الشريعة الإسلامية من الجامعة الأمريكية المفتوحة.

- بحوث في المعاملات المالية المعاصرة، لفضيلة الشيخ عبد الله علي جيلة.

- كشف الغوامض في أحكام اتحاد المقبض والقابض، للدكتور خضر حسن أحمد، والكتاب من البحوث الفقهية العلمية التي تخص الاستشارات الشرعية الصادرة من مركز القرن للبحوث والدراسات في مدينة هرغيسا.

- فتاوى الشيخ الشريف عبد النور، إعداد وترجمة الشيخ حسن محمد إبراهيم.

- بيع المرابحة مصدر من مصادر الاستثمار الإسلامي ومدى تطبيقه في بنكي (سلام) و(ذهب شيل) في ولاية بونت، وهذه الدراسة تهدف إلى توضيح بعض المفاهيم

الإسلامية للمعاملات المالية، مثل المرابحة، كما يهدف إلى الأخذ بوسائل التمويل الإسلامية، بدلا من المعاملات الربوية المنتشرة في العالم، وكذلك الربط بين التشريعات الإسلامية، والمعاملات الإسلامية الأخرى.

- عمل المرأة في الفقه الإسلامي والقانون الصومالي ـ للأستاذ علي محمد شيخ إسماعيل الملقب بـ (علي طيري)، ومن خلال هذه الأطروحة نال الأستاذ علي محمد شيخ علي درجة الماجستير في الشريعة والقانون من جامعة القرآن الكريم والعلوم الإسلامية بالسودان.

- التأمين بين مجيزيه ومانعيه في الشريعة الإسلامية، حولية الجامعة الإسلامية في أوغندا، لفضيلة الدكتور يونس عبدلى موسى يحيى آل الفقي المسّرِيّ، وهو بحث نفيس صدر في مجلة الجامعة في العدد الأول سنة ٢٠٠٠م.

- الحياة العقارية وأحكامها وآثارها - دراسة مقارنة في الشريعة والقانون السوداني والصومالي، للأستاذ عبد الوهاب أحمد علي، وقد نال الباحث عبر بحثه الأكاديمي هذا درجة الدكتوراه من قسم الشريعة بكلية الشريعة والقانون بجامعة أفريقيا العالمية، الخرطوم - السودان.

- المرابحة في الفقه الإسلامي وتطبيقاتها في البنوك الإسلامية في الصومال، بنك الأمل نموذجًا، للباحث عبد الولي محمد انشار، والبحث عبارة عن رسالة ماجستير في الفقه الإسلامي من الجامعة الأمريكية المفتوحة في الصومال.

المصارف الإسلامية في الصومال عقبات وحلول (دراسة فقهية تطبيقية)، للباحث عبد الصمد عبد الله عبدي، ومن خلال هذه الرسالة نال الباحث درجة الماجستير في الفقه الإسلامي من جامعة شرق أفريقيا في الصومال.

- بعض صيغ التمويل المعاصرة في الفقه الإسلامي، للشريف حسين يوسف، ونال الباحث به درجة الماجستير في قسم الدراسات الإسلامية، تخصص الفقه وأصوله من جامعة البطانة في السودان.

- الاجتهاد في المعاملات المالية المعاصرة – ضوابطه الأصولية، تطبيقاته الفقهية، للباحث عبد الله يوسف عبد الرحمن الحسني. والبحث عبارة عن رسالة ماجستير في الفقه وأصوله من كلية الشريعة والقانون بجامعة الإنسانية في ماليزيا.

- قاعدة التصرف في المال العام عند فَقْدِ الإمام العادل، للدكتور حسن معلم داود حاج محمد. وهذا الكتاب فيه توضيح لأحكام المال العام عند فَقْد السلطان العادل، وقسم الكاتب كتابه إلى قسمين: القسم الأول فيه كلام للإمام عز الدين بن عبدالسلام المشهور بسلطان العلماء والتعليق عليه، والقسم الثاني فيه مسائل مختارة تكون أمثلة موضحة لقاعدة الباب، وقد انتقى المؤلف فيها عبارات لأئمة الشافعية، مع التعليق عليها.

- حماية حقوق المودعين لدى البنوك: دراسة مقارنة بين النظام والفقه الإسلامي، للكاتب علي تواني محمود. وتهدف هذه الدراسة إلى كشف الوسائل النظامية التي تساعد على حماية أصحاب المصالح في البنوك، وسلّطت الضوء على موضوعات أهمها: الوديعة البنكية في النظام والفقه الإسلامي، وحماية حقوق المودعين لدى البنوك، وحق المودع في الوصول والتصرف والإدارة للمال المودع، وحق المودع ونسبته من الربح في الودائع الاستثمارية في النظام والفقه الإسلامي، وحق المودع في المحافظة على سرية بياناته في النظام والفقه الإسلامي. ونال الكاتب بهذه الدراسة درجة الماجستير من قسم السياسة الشرعية بالمعهد العالي للقضاء في جامعة الإمام محمد بن سعود الإسلامية بالرياض.

- حقوق العمال في الفقه الإسلامي والقانون الصومالي (دراسة مقارنة)، للباحث الأستاذ حسن محمد شيخ محمد، ونال الباحث به درجة الماجستير في القانون الخاص من قسم الشريعة والقانون بجامعة مقديشو -الصومال.

أحكام النكاح والطلاق:

وكتاب النكاح والطلاق من بين المواضيع التي تطرق إليها الكُتاب والباحثون الصوماليون مثل: كتاب "شرطية الولاية في عقد المنكوحة" للأستاذ الفاضل عبد الفتاح عبد الكريم صلاة، وقد أراد الباحث برسالته هذه إظهار الحق ودحض الباطل والفتن وجعلها رسالة مستقلة ليُستفاد منها، خاصة في بلادنا الصومال. وفيها دحض المؤلف بعض مزاعم من حلَّل أنكحة يراها المؤلف فاسدة مثل نكاح المسافة، ونكاح السر. ويقع الكتاب في ٤٨ صفحة وطبع الكتاب بمطابع دار التيسير للطباعة والنشر عام ١٤٣١هـ. ومن جهود أهل العلم في الصومال الكبير في مسألة الولاية تلك الجهود العلمية التي

قدمها فضيلة الأستاذ الدكتور يونس عبدلي موسى يحيى آل الفقي المسّريّ، وهي كثيرة جداً ولكننا هنا نشير فقط إلى جهده العلمي المعنون بـ(الولاية في الزواج بين الشريعة والتقليد في إقليم شمال شرقي كينيا). ورغم أنّ فضيلة الدكتور ناقش هذه المسألة من منظور فقهي وخاصة الفقه الشافعي إلا أنّه لم يهمل الجانب العرفي أو التقليدي كما يبدو من عنوان بحثه؛ لأنّ هذه المسألة لها علاقة بالعرف وعادات الأمة الصومالية التي تتمذهب بالمذهب الشافعي. وهذا الكتاب عبارة عن رسالة ماجستير غير منشورة، مقدمة للجامعة الإسلامية في أوغندا، كلية التراث الإسلامي، قسم الشريعة الإسلامية، ٢٠٠١م.

ومثله فضيلة الشيخ عبد القادر شيخ متان المشهور بـ (علو) في كتابه المسمى بـ (إقامة البراهين في مشروعية التحكيم والتولية في النكاح)، وهو جهد علمي يدور حول مناقشة مسألة الولاية في النكاح وما يتفرع منها من الأحكام. وقد جمع المؤلف نقولًا من مراجع كثيرة تصل إلى أكثر من مائة مرجع من أهم المراجع في هذا الموضوع. ويمتاز المؤلف بكونه قام بعزو الأقوال والآثار الواردة في الرسالة إلى مظانها الأصلية. وقد طبع الكتاب مرتين، حيث تمّت طبعته الثانية في سنة ١٤٢٨هـ الموافقة لسنة ٢٠٠٧م بمقديشو – الصومال. وأورد المؤلف في خاتمة الكتاب بعض التوصيات والنصائح له، إضافة إلى قائمة المصادر والمراجع التي اعتمد الكاتب عليها خلال بحثه وهي كثيرة ومتنوعة ومختلفة في مختلف الفنون والتخصصات.

ومسألة الولاية في الزواج أو النكاح تناولها أيضًا أبو عمر عبد العزيز بن آدم بن حسن الصومالي في كتابه (الإصابة في نقض نكاح المسافة)، وهي رسالة جيدة يناقش المؤلف فيها هذا النوع من النكاح – أي نكاح المسافة – مشدداً على تحريمه ومناديًا بابتعاد المجتمع عن هذا النوع من النكاح وهو نكاح مشهور عند أهل الصومال.

ومن جانب آخر فقد ناقش فضيلة الشيخ يوسف أحمد محمد قضية زواج المسافة المشهور في بلاد الصومال في كتابه "أحكام الوِلاية على الزواج وإبطال المسافة "، وقد فند فضيلته أمر ولاية المرأة، وبين أن الولاية شرط مهم في عقد النكاح وصحته، كما قام ببطلان ما يعرف عند أهل الصومال بزواج المسافة وعدم صحته. وهذا الكتاب طبع في ٩ ربيع الآخر عام ١٤١٦هـ الموافق ٥/ ٩/ ١٩٩٥م.

وناقش فضيلة الأستاذ الدكتور يونس عبدلي موسى مسألة اشتراط الولي في صحة النكاح أو عكسه في بحث علمي له سماه: (آراء الفقهاء في اشتراط الولي في صحة عقد الزواج – دراسة فقهية مقارنة)، . وقد نشر هذا البحث القيم في مجلة الجامعة الإسلامية في الصومال، العدد الأول عام ١٤٣٩هـ/ ٢٠١٨م.

كما كتب الدكتور أبو بكر خليفة محمد إبراهيم عن ولاية النكاح في كتابه (ولاية النكاح في الفقه الإسلامي) بحيث قام الباحث بدراسة فقهية مقارنة. وعبر هذا البحث نال الأستاذ أبو بكر خليفة درجة الدكتوراه في الفقه المقارن من كلية الشريعة والقانون من معهد بحوث ودراسات العالم الإسلامي بجامعة أم درمان الإسلامية في السودان.

وللباحث بلال طاهر طمبل(بلى) رسالة (النكاح بلا ولي، حكمه في الفقه الإسلامي - دراسة فقهية مقارنة)، وهي رسالة صغيرة طبعت بمقديشو، ونشرته دار طمبل للطباعة وكتابة البحوث وتطوير المدارس، ربيع الثاني ١٤٣٦هـ/ يناير ٢٠١٥م.

وللشيخ نور علي جامع كتاب (بطلان النكاح بغير ولي)، والكتاب من مطبوعات دار الحديث والسنة، مقديشو –الصومال، الطبعة الأولى عام ١٤٣٨هـ.

وكتب الباحث محمد شيخ عبد الواحد حسين رسالة علمية وهي رسالته (النكاح بغير ولي في الفقه الإسلامي - المجتمع الصومالي تطبيقًا)، وقد ناقش فيها حكم النكاح للمرأة بدون إذن وليها، وهي عادة منتشرة في أوساط المجتمع الصومالي. ونال الباحث بها درجة الماجستير في الفقه الإسلامي من الجامعة الإسلامية بمقديشو –الصومال.

ومن ذلك أيضًا: رسالة (أثر ظاهرة النكاح بدون الولي على المجتمع الصومالي، دراسة تحليلية تقويمية)، للباحث محمد موسى محمد المعروف بلعد، ونال الباحث من خلال بحثه هذا درجة الماجستير في الفقه من جامعة المدينة العالمية في ماليزيا.

وللباحث أبو عبد الباري عبدالرحمن حسن فارح كتاب (إعانة الطالب في أحكام الولاية)، ووضع المؤلف كتابه هذا توضيحًا دقيقًا لأقوال الفقهاء في هذه المسألة وبيان الراجح فيها، وذكر الحجج والبراهين.

كما أعدّ الباحث الأستاذ محي الدين محمود جابو كتابًا سماه: (موانع النكاح بين الشريعة وقانون الأسرة الصومالي)، وقد نال الباحث من خلال بحثه هذا درجة الماجستير في الفقه من الجامعة الإسلامية بمقديشو –الصومال.

ومن ذلك أيضًا كتاب (الزواج بين الشريعة الإسلامية وقانون الأحوال الشخصية الصومالي لسنة ١٩٧٥م - قانون رقم ٢٣)، للباحث الأستاذ محمد شيخ عبد السلام عبده، ونال الباحث به درجة الماجسيتر في الفقه الإسلامي من الجامعة الإسلامية بمقديشو -الصومال.

وفي المحرمات من النساء من حيث النكاح والزواج، فقد أنجز الباحث إبراهيم عمر أحمد المعروف بنله، رسالة علمية وهي رسالته: (المحرمات من النساء، دراسة فقهية مقارنة)، ونال الباحث عبر هذه الدراسة درجة الماجستير في الفقه الإسلامي، من الجامعة الأمريكية المفتوحة.

ومن البحوث العلمية في مجال أحكام النكاح أيضًا كتاب (نكاح نساء أهل الكتاب في منظور الشريعة الإسلامية) بقلم فضيلة الأستاذ الدكتور يونس عبدلى موسى يحيى آل الفقي المسّرِيّ، ونشر هذا البحث في حولية الجامعة الإسلامية في أوغندا العدد الثاني سنة ٢٠٠١م.

وأنجزت الباحثة آمنة عبد القادر حسن رسالة علمية، هي رسالتها (أحكام النفقة الزوجية بين الشريعة الإسلامية وقانون الأحوال الشخصية الصومالي)، وناقشت الباحثة الموضوع من منظور فقهي مع مقارنته بقانون الأحوال الشخصية المعتمدة لدى الصومال، ونالت الباحثة به درجة الماجستير في الفقه الإسلامي من الجامعة الإسلامية في الصومال.

أما الأحكام التي لها صلة بالطلاق فقد قام بعض العلماء والباحثين بدراسات لها علاقة بأحكام الطلاق والتفريق بين الزوجين، فلفضيلة الدكتور يونس عبدلي موسى بحث سماه (أسباب التفريق بين الزوجين بحكم القاضى: دراسة فقهية مقارنة مع المعمول به بالمحاكم الشرعية الكينية)، وهذا الكتاب عبارة عن بحث أكاديمي علمي نال المؤلف من خلاله درجة الدكتوراه في الفقه المقارن من قسم الفقه المقارن بجامعة أم درمان الإسلامية في السودان. والكتاب يقع تقريبا في ٤٦٥ صفحة، وقد ناقش فضيلة الدكتور المسائل الفقهية سيما تلك المسائل المتعلقة بالطلاق والتفريق بين الزوجين، وتمتاز هذه الرسالة العلمية بكون المؤلف خبيرا في ذلك المجال بالإضافة إلى أنّ فضيلته قام بدراسة مقارنة مع المعمول به في المحاكم الشرعية في كينيا.

كما أنّ لفضيلة الأستاذ الدكتور يونس عبدلي موسى بحوثًا فقهيةً أخرى لها علاقة بالموضوع مثل كتابه (التفريق بين الزوجين بسبب عدم الإنفاق)، وقد نشر في مجلة البحوث الفقهية المعاصرة سنة ٢٠٠٨م.

وهناك الكاتبة الأستاذة فاطمة بنت عبد القادر محمد عبد الله حيث أنجزت بحثًا لطيفًا حول أحكام الطلاق من خلال بحثها العلمي (الطلاق في المجتمع الصومالي مفهومه .. أسبابه .. آثاره .. وعلاجه). وقد تحدثت الباحثة في هذا البحث عن قضية الطلاق في المجتمع الصومالي: مفهومه، وأحكامه التي قد تعتريه، وأسبابه، وما الآثار الشرعية والاقتصادية له؟ وكيفية الوقاية منه؟ وما هو العلاج؟ ويحاول هذا البحث الإجابة على هذه الأسئلة، ويسعى لبيان أن الإسلام حوى من القواعد والتشريعات ما يتسم بالواقعية والفاعلية في معالجة بوادر الخلاف وعوامل الإثارة والاضطراب، فالأمن والسعادة سواء في نطاق الأسرة أو المجتمع لا يتحققان بمجرد البطش والإزعاج بل بتهذيب النفوس وتطهير الأخلاق وتصحيح المفاهيم والاستمساك بشرائع الإسلام والعمل بها في جميع مجالات الحياة. وقد بدأت الباحثة بحثها ببيان حقيقة الطلاق من حيث تحديد المعنى اللغوي والشرعي له، وبيان تأصيله الشرعي ثم تحدثتْ الباحثة عن أحكامه التي قد تعتريه من حيث الوجوب والحرمة والإكراه والإباحة والاستحباب مع بيان تأصيل كل حكم، ثم بيان آراء العلماء في الطلاق الثلاث مع أدلة كل فريق ثم مناقشة آرائهم، وبيان حكمته، وحكمة جعل الطلاق بيد الرجل، ثم تحدثتْ عن بيان ألفاظ الطلاق من حيث الصريح والكناية، ثم ذكرت تعليق الطلاق بشرط أو بالمستقبل. وتناولت الباحثة عن أسباب الطلاق المنتشرة، والآثار التي تترتب على الطلاق، ثم المنهج الإسلامي في علاج الطلاق خارج حدود الأسرة والطريقة الصحيحة في تدخل الوالدين لحل الخلاف، وبعث الحَكَمَيْن وما إلى ذلك، وقد خلصت الباحثة إلى جملة من النتائج والتوصيات وعلى رأسها أن الشريعة الإسلامية دين الله الخالد يصلح لكل زمان ومكان، وأن الفقه الإسلامي بحر زاخر وثروة عظيمة، وأن المجتمع الصومالي يشهد تفاقمًا في قضية الطلاق وازدياد وتيرتها بشكل كبير وظاهر. وقد وضعت الباحثة جملة من الاقتراحات للحد من هذه القضية وتعزيز مكانة الزواج وحمايته من كل محاولات التخريب والتفكك الهادفة للنيل منه وإضعاف دوره في تماسك المجتمع، والعمل على

تقوية الوازع الديني، والتوعية والإرشاد والإصلاح الشرعي بين الأسر في المجتمع الصومالي.

وكتب الباحث الأستاذ نور محمود علي رسالة حول الطلاق: (الطلاق بين الشريعة وقانون الأحوال الشخصية الصومالي)، وقد نال الباحث من خلال بحثه هذا درجة الماجستير في الفقه من الجامعة الإسلامية بمقديشو -الصومال.

وللأستاذ عبد الفتاح محمود عبد الصمد كتاب سماه (القول الناقد في أسطورة أن طلاق ثلاثة واحد)، وهنا يخالف المؤلف ما ذهب إليه المذهب الشافعي والمذاهب الثلاثة الأخرى من أن طلاق ثلاثة يعدّ بالثلاثة.

وكتبت الباحثة خديجة عبد الله علي بحثًا أكاديميًّا نالت من خلاله درجة الماجستير في الفقه الإسلامي، حيث كتبت عن موضوع الطلاق تحت عنوان: (الطلاق أسبابه وآثاره وعلاجه، دارسة فقهية اجتماعية)، من الجامعة الإسلامية في الصومال.

ومن الدراسات التي أُلِّفت في هذا المجال أيضًا ما يلي:

- أحكام العدة في الفقه الإسلامي للباحث محمد عبد الله أحمد، ونال الباحث به درجة الماجستير في الفقه الإسلامي من الجامعة الإسلامية في الصومال.
- سد الذرائع في النكاح والطلاق، دراسة أصولية تطبيقية، للباحث مختار محمد محمود، ونال الباحث به درجة الماجستير في أصول الفقه من جامعة مقديشو.
- خلاصة النقول والأبحاث في تحرير مجموع الطلقات الثلاث، للشيخ عثمان الشيخ عمر الشيخ داود المشهور بشيخ عثمان حدغ، ط/١ مقديشو، عام ١٤٤٠هـ.
- النشوز وأسبابه وآثاره وعلاجه في العلاقات الزوجية، للباحث عبد الوهاب موسى عمر عبد، ونال به درجة الماجستير في الفقه الإسلامي من الجامعة الإسلامية في الصومال.

وفي مسألة الخُلع وضع الباحث الأستاذ حسن محمد جوري بحثًا نفيسًا أطلق عليه (أحكام الخلع في الفقه دراسة مقارنة مع القانون الصومالي)، ونال الباحث من خلال بحثه درجة الماجستير في الفقه من الجامعة الإسلامية بمقديشو -الصومال.

وفيما يتعلق بالمعاشرة الزوجية والنفقة فقد أعدّ فضيلة الدكتور محمود شيخ محمد عبد الصمد أبو عبد الباري بحثًا تناول فيه حرمة الأفعال الخسيسة من خلال كتابه: (القول النفيس في تحريم ما بين الزوجين من الفعل الخسيس)، والبحث عبارة عن رسالة فقهية تعالج موضوعًا من أهم المواضيع التي أفرزتها العولمة، وأنتجتها الحضارة الغربية الزائفة، ونشرتها الوسائل الإعلامية، كما يراه المؤلف. والكتاب عبارة عن دراسة شرعية لمسألة لعق ومص الأعضاء التناسلية بين الجنسين. ومجمل الرسالة تناولت هذا الموضوع الشائك الذي يعد من أصعب المواضيع الفقهية لاسيما أن الفقهاء والعلماء القدامى لم يتناولوا هذا الموضوع كتابة أو بحثًا مستقلًّا، بل إنّ آراءهم وأقوالهم متناثرة في ثنايا الكتب وبطونها. وقد تناول المؤلف في كتابه هذا ما يتعلق بالعلاقات الزوجية بحيث حاول فيها تجلية الموضوع ومناقشته وبيان مآخذ القول بالتحريم مع بيان مآخذ القائلين بالإباحة في لعق ومص الأعضاء التناسلية بين الزوجين. وقد قام المؤلف في رد الأقوال والفتاوى التي تبيح مسألة اللحس والمص أي لحس الرجل فرج المرأة، ومص المرأة ذكر الرجل، علمًا بأن المؤلف لم يبال ببعض أقوال العلماء والفقهاء التي تبيح هذا الأمر، وترى برفع الحرج عنها متساهلة في حكمها. وقد بدأ المؤلف كتابه هذا بإيراد الأدلة الشرعية على تحريم هذه الفعلة واستهل بالآيات القرآنية التي استدل بها على تحريم الفعل ثم اتبعها بإيراد الأحاديث النبوية الشريفة.

وتمتاز هذه الرسالة بأن مؤلفها يورد الأدلة الشرعية ويناقشها ثم يظهر رأيه الصريح، ومع ذلك لم يهمل الأقوال المعارضة أو التي تؤدي إلى الرأي الآخر، ولا يكتفي بمجرد إيراد تلك الأقوال والأدلة التي استدلت بها على الإباحة، وإنما يناقشها ويفندها مقويا ما يراه أنه هو الصواب الموافق للكتاب والسنة، كما أن هذه الرسالة تمتاز أيضًا بأن المؤلف يخرج الآثار والأحاديث التي يوردها ويبيّن مرتبة كل أثر حسب قواعد علم الحديث. والظاهر أن المؤلف يمتلك ملكة نقد قوية، ولديه إلمام واسع في الأمور الفقهية وعلم الحديث، وكذا علم أصول الفقه. كما أن المؤلف لم يهمل الجوانب الطبية التي لها علاقة بالموضوع. والرسالة تقع في ١١٥ صفحة وطبعت بهولندا – أيندهوفن، بمكتبة Momtazah في ١٤٢٥هـ/ ٢٠٠٤م في الطبعة الأولى. والكتاب مطبوع.

وقد تطرق بعض الباحثين إلى قضية الحضانة في الشريعة الإسلامية، بحيث أنجز الباحث يوسف معلم حسين محمد بحثًا علميًا أطلق عليه (أحكام الحضانة في الفقه الإسلامي والقانون الصومالي)، وقد نال الباحث من خلال بحثه هذا درجة الماجستير في الفقه الإسلامي من الجامعة الإسلامية بمقديشو -الصومال.

ومن الدراسات المتعلقة بهذا الموضوع أيضًا ما يلي:

- أحكام الرضاعة وبنوك اللبن في الفقه الإسلامي، للباحث حسين نور جمعالي، ونال به درجة الماجستير في الفقه الإسلامي من الجامعة الإسلامية في الصومال.
- أحكام زوجة المفقود في الفقه الإسلامي، دراسة فقهية مقارنة، للباحث مختار محمد محمود علمي، ونال به درجة الماجستير في الفقه الإسلامي من الجامعة الإسلامية في الصومال.
- طرق معرفة براءة الرحم قديمًا وحديثًا، للباحث عمر شيخ يوسف محمد شيخ، ونال به درجة الماجستير في الفقه الإسلامي من الجامعة الإسلامية في الصومال.
- الأنحكة المنهي عنها في الشريعة الإسلامية وآثارها في المجتمع الصومالي، للباحث محمد عبد عبدلي حوشو، ونال به درجة الماجستير في الفقه الإسلامي من الجامعة الإسلامية في الصومال.
- أحكام النفقة الزوجية بين الشريعة الإسلامية وقانون الأحوال الشخصية الصومالي، للباحثة آمنة عبد القادر حسن التي نالت به درجة الماجستير في الفقه الإسلامي من الجامعة الإسلامية في الصومال.

أحكام الجنايات والحدود:

والجنايات في عرف الفقهاء هي الفعل الذي يكون فيه اعتداء على النفس أو الأطراف، ويدخل في هذا جرائم القصاص والديات، وغير ذلك، بل يدخل في هذا أيضًا الجرائم التي يكون فيها تعزير، كما يقول ذلك الإمام محمد أبو زهرة في كتابه "الجريمة والعقوبة في الفقه الإسلامي -الجريمة"[1].

---

(١) محمد أبو زهرة: الجريمة والعقوبة في الفقه الإسلامي: الجريمة، دار الفكر العربي، القاهرة، عام ١٩٨٨م، ص ٤٥.

وفي هذا الإطار تناولت بعض أقلام الباحثين في الصومال ما يتعلق بالتعازير والجنايات، ومن ذلك: كتاب "أحكام البُغاة في الفقه الإسلامي"، للشيخ عيسى محمود عبد الله. ومن خلال هذا البحث تحدث المؤلف عن الأحكام الشرعية التي تتعلق بالبغاة والمعتدين في نظر الفقه الإسلامي، كما تحدث المؤلف عن قضية التعبير عن الأمور السياسية والشرعية، وعلى العموم فإن هذا الكتاب يقع في ٨٠ صفحة.

وقد ألف فضيلة الشيخ علي جاح إبراهيم رسالة فقهية، وهي رسالة (تحقيق الجناية في حكم قتيل السيارة).

ومن ذلك كتاب (تداخل الجنايات وعقوبتها في الفقه الإسلامي)، لفضيلة الأستاذ الدكتور يونس عبدلي موسى يحيى آل الفقي المسّرِيّ، وقد نشرت هذه الدراسة في مجلة كلية الشريعة بجامعة أفريقيا العالمية سنة ٢٠١٣م.

ومن الكتب والبحوث والدراسات التي تناولت في مجال التعزير وإقامة الحد كتاب (عقوبة التعزير في الفقه الإسلامي)، دراسة فقهية مقارنة " لفضيلة الشيخ حسن عثمان أحمد (المشهور بحسن مهدي)، وهذه الدراسة عبارة عن رسالة علمية مقدمة لنيل درجة الدكتوراه في الدراسات القانونية من معهد البحوث والدراسات العربية بالقاهرة. وقد قسم بحثه إلى مقدمة وفصل تمهيدي وأربعة أبواب، وتحدث الباحث في الباب الأول عن مشروعية التعزير وإثباته، ويشمل فصلين. وفي الباب الثاني: تحدث عن العقوبات التعزيرية البدنية وفيه فصلان أيضًا. وفي الباب الثالث: تناول عقوبات التعزير المقيدة للحرية المعنوية والمالية، ويشتمل على أربعة فصول. وفي الباب الرابع: تحدث عن تنفيذ عقوبة التعزير وسقوطها، وفيه وفصلان. وتقع هذه الرسالة في ٤٣١ صفحة.

وللشيخ حسن عبد الله عثمان الحسني كتاب (جرائم الحرب في الصومال) جريمة القتل (دراسة مقارنة)، وهذا البحث له علاقة بالبحوث العلمية التي تناولت الجنايات والتعزير؛ لأنّ الباحث ناقش في بحثه النفيس قضايا كثيرة شرعية تتعلق بالقتل وأحكامه، كما يناقش الأسباب التي تؤدي إلى ارتكاب تلك الجرائم البشعة. ولم يهمل المؤلف أن تناول الأدب الصومالي وموروثه الثقافي تجاه القتل سلبًا وإيجابًا. وهذا البحث أصله أطروحة تقدم بها الباحث لنيل درجة الماجستير والتي قدمها إلى قسم قانون الجنايات بكلية القانون والسياسة بالجامعة الحرة في هولندا.

كما استطاع الباحث عبدالله عبدي شبيل تحقيق مشروعه العلمي من خلال إنجازه كتاب (القتل وأحكامه في الفقه الإسلامي دراسة مقارنة)، وهذا المشروع عبارة عن بحث علمي. وهذا البحث ينقسم إلى مقدمة وفصل تمهيدي وبابين وخاتمة. وتناول الباحث في المقدمة أهمية موضوع القتل وسبب اختياره ومنهج وطريقة البحث، وأما الفصل التمهيدي فهو كمدخل للموضوع يتناول فيه تعريف القتل وأنواعه ووسائل إثبات القتل. وأما الباب الأول فيتكون من فصلين يتناول الأول منهما مفهوم القتل العمد وتحريمه وأركانه، بينما يتناول الفصل الثاني عقوبات القتل العمد. وأما الباب الثاني فيتكون من أربعة فصول يتناول الباحث فيها الأنواع الأخرى من القتل، والانتحار والأعمال التفجيرية. وقد عرض الباحث في بحثه بعض النتائج التي توصل إليها أثناء البحث وبعض المقترحات للوقاية من تفشي هذه الظاهرة. ومن بين تلك النتائج أنّ إراقة الدماء بغير سبب أمر عظيم، وخطرها جليل، والفتنة التي تترتب عليها أعظم منها بكثير، وأن آراء الفقهاء اختلفت في أقسام القتل، وأنه إذا سقط القصاص يصار إلى الدية، وأن الانتحار محرم باتفاق العلماء.

وهنا نعرض محاولات الباحثين في مواضيع الجناية والتعزير لنيل درجات علمية في صروح العلم والمعرفة في القطر الصومالي، مثل:

- "الجناية على النفس وعقوبتها، دراسة فقهية مقارنة بالقانون الصومالي" للكاتب أبو بكر معلم قاسم عبد الرحمن، ونال به الباحث درجة الماجستير في الفقه بالجامعة الإسلامية بمقديشو -الصومال.
- "طرق الإثبات المعاصرة في الجنايات" دراسة في البصمة والتسجيل الصوتي والتصوير والكلاب البوليسية للباحث أبو بكر هلولة حسن، ونال به درجة الماجستير في الفقه الإسلامي بالجامعة الإسلامية بمقديشو -الصومال.
- وألف الباحث الأستاذ عبد الفتاح محمود عبد الصمد بحثًا فقهيًا نفيسًا وهو: "اشتراط الحرز في السرقة"، وهذا البحث عبارة عن رسالة علمية نال بها الشيخ عبد الفتاح محمود عبد الصمد درجة الماجستير في الفقه الإسلامي من كلية الشريعة والدراسات الإسلامية بالجامعة الإسلامية بمقديشو في الصومال. وتعتبر

هذه الرسالة أول دراسة جامعية في مرحلة الدراسات العليا تمنحها الجامعات الصومالية دون التعاون مع الصروح العلمية الأخرى في العالم.

- "مسقطات الحدود والتعزيز" لمؤلفه بدر الدين الطيب عبد الصمد، وقام الباحث بدراسة فقهية مقارنة تجاه مسقطات الحدود وقضية التعزير، وإخراج النصوص الفقهية ومناقشتها مناقشة علمية، ومن خلال بحثه هذا نال المؤلف درجة الماجستير في الفقه الإسلامي من كلية الدراسات العليا والبحث العلمي بالجامعة الإسلامية بمقديشو في الصومال.

- "دية النفس بين الفقه الإسلامي والعرف الصومالي"، ألفه الأستاذ عبدالرشيد يوسف عبد الله. وهذا البحث نال به المؤلف درجة الماجستير في الفقه الإسلامي من كلية الدراسات العليا والبحث العلمي بالجامعة الإسلامية بمقديشو في الصومال.

- وقد أعدّ الباحث الأستاذ عبد الرحمن شيخ محمد حسن رسالة علمية وهي رسالته "أحكام الدعاوى دراسة فقهية مقارنة بالقانون الصومالي". وقضية الدعاوى تابعة لموضوع الجنايات والتعزير، ونال به الباحث درجة الماجستير في الفقه من الجامعة الإسلامية بمقديشو –الصومال.

- جريمة القتل العمد في الفقه الإسلامي والقانون الوضعي، لسعيد عبدلي علي، وهو بحث علمي نال صاحبه به درجة الماجستير في القانون العام من جامعة البطانة في السودان.

- كما أعدّ الباحث الأستاذ عبد الرشيد يوسف عبد الله بحثًا أكاديميًا نال من خلاله درجة الماجستير في الفقه من الجامعة الإسلامية بمقديشو –الصومال، عندما كتب كتابه: "الدية بين الفقه الإسلامي والعُرف الصومالي".

- ومن البحوث الفقهية في هذا الموضوع رسالة "عقوبة القتل تعزيرًا في الفقه الإسلامي" للباحث الأستاذ محمد عبد الرحمن محمد طحل، وعبر هذا البحث نال الأستاذ درجة الماجستير في الفقه بالجامعة الإسلامية بمقديشو –الصومال.

- ومن ذلك أيضًا كتاب "جريمة القتل العمد وأثر عقوبته وجودًا وعدمًا في المجتمع، دراسة فقهية مقارنة" للباحث الأستاذ محمد حسين محمود علمي، ونال الباحث به درجة الماجستير في الفقه من الجامعة الإسلامية بمقديشو –الصومال.

- " موانع المسؤولية الجنائية في قانون العقوبات الصومالي لسنة ١٩٦٢م "، دراسة مقارنة، للباحث أحمد عبد الله محمد المعروف بأحمد ناصر، ومن خلال هذه الدراسة حصل الباحث على درجة الماجستير، من جامعة أفريقيا العالمية بالتعاون مع جامعة بنادر في الصومال.

- "حقوق السجناء في قانون السجون الصومالي لسنة ١٩٧٢م"، للباحث محمد عبدالله عثمان، ونال به الماجستير في القانون العام من جامعة أفريقيا العالمية بالعاون مع جامعة بنادر في الصومال.

- "حكم الدماء الخارجة من البدن ونقلها للمحتاج"، دراسة فقهية مقارنة، للباحث أحمدمحمد عبد حسن، ونال به درجة الماجستير في الفقه الإسلامي من الجامعة الإسلامية في الصومال.

- "حقيقة الجثة والأحكام المتعلقة بها في الفقه الإسلامي"، للباحث علي معلم حسن محمود، ونال به درجة الماجستير في الفقه الإسلامي من الجامعة الإسلامية في الصومال.

- "السرقة وعقوبتها في الفقه الإسلامي"، للباحث أحمد نور حسين خليف، وحصل به على درجة الماجستير في الفقه من جامعة البطانة في السودان.

- "أثر تطبيق الحدود في إصلاح المجتمع "، للباحث عبد الرزاق حسين علي، ونال به درجة الماجستير في الفقه الإسلامي من الجامعة الإسلامية في الصومال.

- "أحكام الاشتراك في الجريمة دارسة مقارنة بين الفقه الجنائي الإسلامي وقانون العقوبات الصومالي١٩٦٢م"، للباحث الأستاذ محمد عبد ورسمة، وهو بحث تكميلي لنيل درجة الماجستير، تخصص في القانون العام من جامعة أفريقيا العالمية بالاشتراك مع جامعة بنادر في الصومال.

- "الوسائل الواقية من الاعتداء في الفقه الإسلامي"، للأستاذ الباحث عبد الهادي عيديد أحمد عمر. وهي رسالة تدور على الوسائل الشرعية الواقية من الاعتداء، وقد شرع الباحث في التأصيل الشرعي لهذه المسألة، ومناقشة الأدلة للتوصل للرأي الراجح فيها، وعمومًا هذه الدراسة تهدف إلى بيان وسائل الشريعة في الوقاية من الاعتداء على الإنسان، وتوضيح معنى القتل، وأنواعه عند الفقهاء، وكذلك تبيين الوعيد الشديد لمن اعتدى على النفس المعصومة، وإبراز مقاصد الشريعة من تحريم الاعتداء على الإنسان. وعبر فصول الكتاب تحدث الباحث عن الاعتداء على الإنسان حيث تناول مفهوم القتل وأنواعه عند الفقهاء، وما له علاقة بالموضوع، وكذا الوسائل العامة في إعداد البيئة الآمنة. ومن خلال هذا البحث نال الباحث درجة الماجستير في الفقه وأصوله من جامعة شرق أفريقيا في بوصاصو في شرق الصومال.
- "أحكام الزنا في الفقه الإسلامي"، لمحمد طاهر عبد، ونال الباحث به درجة الماجستير من قسم الشريعة والقانون في جامعة البطانة في السودان.
- "الاستثمار وحمايته الجنائية - دراسة تأصيلية تطبيقية على جمهورية جيبوتي"، للدكتور محمد معلم أحمد الشيخ، وهي دراسة علمية أكاديمية نال صاحبها درجة الدكتوراه في التشريع الجنائي الإسلامي من جامعة نايف العربية في الرياض في شهر إبريل ٢٠١١م.
- "ضمان القتيل بين الصفين"، للدكتور خضر حسن أحمد السعدي.

أحكام الشهادة:

أحكام الشهادة وأثرها في الفقه الإسلامي والقانون الكيني والسُّودان، للشيخ عبدالولي حرب جامع أبو جعفر من أهل منطقة غاريسا بكينيا. وتناولت الرسالة موضوع الشهادة التي هي من أهم وسائل الإثبات في الشريعة الإسلامية والقانون الوضعي، وعالج الأستاذ عبد الولي مسائل الشهادة والشاهد، وإجراءات الإدلاء بالشهادة ونتائجها في إقامة الحجة، وما يستثنى من الشهادة. كما تناول الشهادة في القانون الوضعي وذلك بدراسة حول أحكام الشهادة والشاهد في القانون الكيني والسوداني، وشخَّص الباحث

اختلاف الفقه الإسلامي عن القانون الوضعي حول الشهادة والشاهد. ومن خلال هذا البحث نال الباحث درجة الماجستير من كلية القانون بجامعة النيلين في السودان.

الخصومات:

ديوان قضايا الخصومات والمرافعات في محكمة جالكعيو، للشيخ محمد محمود طيري المريحاني. وهذا الكتاب أعده القاضي محمد وهو عبارة عن بعض القضايا والخصومات التي حكمها القاضي بين المتنازعين في المجتمع الصومالي ولاسيما ما كان يجري في محكمة جالكعيو علمًا بأن محكمة جالكعيو كانت تشمل مناطق مختلفة وأراضي شاسعة من طوسمريب وحتى منطقة وورطير في غرب الصومال. وكان الشيخ محمد محمود متبحرًا في الفقه وأصوله، ولذلك كان من البديهي أن يُسند إليه منصب القضاء في زمنه. ورغم أن القاضي قد جمع في الكتاب ما كان يتعلق بعمله القضائي والذي كان يستلزم فصل الخصومات وردّ المظالم إلى أهلها إلا أن هذا الديوان يمتاز بأن صاحبه زجّ فيه بعض القضايا الفقهية والأصولية التي لها علاقة بالحكم والقضايا المحكومة، وتفنيد بعض المسائل على ضوء ذلك، وكشف الملابسات، مبينًا كيفية وصول القاضي إلى حكمه. ومن خلال هذا الديوان نستشف بأن القضاء كان له علاقة قوية بسلطة عصره حتى ولو كانت تلك السلطة غير مسلمة مثل الاستعمار الإيطالي طالما أن الحكم يسير وفقصا على الشريعة الإسلامية حتى يكون القاضي بموقع القوة وذا شوكة يستمد سلطته من السلطات الحاكمة ليسهل له تنفيد القضايا والأمور التي تمكن القاضي من الحكم عليها.

تسوية النزاعات في ضوء القانون الدولي والفقه الإسلامي، للدكتور محمد نور جعل. وناقش الدكتور فك المنازعات بين الدول في ضوء القانون الدولي والفقه الإسلامي. وهي دراسة علمية نال الكاتب بها درجة الدكتوراه في قسم الفقه المقارن من جامعة أم درمان الإسلامية.

آداب الأكل والشرب:

ونستهل هنا برسالة فضيلة الدكتور محمود شيخ محمد عبد الصمد وهي رسالة مفيدة تحت عنوان: "تحفة الأحباب بآداب الطعام والشراب"، وعموم الرسالة دراسة فقهية حديثية شاملة لجميع الآداب الشرعية للطعام والشراب أمرًا ونهيًا مقرونة بأدلتها وأقوال العلماء فيها، وتبرز بأنّ الشريعة كاملة وموضحة لكل ما يحتاجه المرء في حياته حتى آداب

الطعام والشراب التي لا أحد يستغني عنها في حياته. والكتاب يقع في ١٠٤ صفحات، وطبع بدار السلام بالقاهرة- مصر في عام ١٤٢٥هـ/ ٢٠٠٥م في الطبعة الأولى.

وفي باب أحكام الأكل وخاصة حكم أكل الضبع وضع فضيلة الشيخ يوسف علي عينتي رسالة سماها: "إلهام الحيارى فيما يقال عن الضبع (طُروا)"، وعلى الرغم من أنّ هذه الرسالة صغيرة الحجم إلا أنّ المؤلف ناقش فيها حكم أكل الضبع المعروف لدى أهل الصومال بـ(طُروا) أو (وَرَابه)، وخاصة حينما انتشر في القطر الصومالي في عام ٢٠٠٨م، ووجد في بعض الأسواق في مدينة كسمايو الساحلية في الجنوب لحم الضبع يباع علنًا إضافة إلى أن بعض الدعاة أفتوا بأن أكله حلال ويجوز ذبحه وأكله. والشيخ يوسف علي عينتي يفند هنا هذه المسألة الشائكة من حيث الشرع والعقل مستدلًا بأدلة يراها معتمدة وتوحي بحرمة ذلك، وقد استهل رسالته هذه بتعريف الضبع، ثم ساق بعض الأحاديث الواردة بحرمة أكله، كما أورد أقوال المفسرين والمحدثين والفقهاء في أكل لحم الضبع. والرسالة كما ذكرنا صغيرة الحجم وتصل إلى ٢٤ صفحة من غير ذكر لمكان وتاريخ الطبع والنشر.

الفرائض والمواريث:

وقبل الدخول في الموضوع لا بد أن نشير إلى أنّ علم الفرائض يسمى أيضًا بعلم المواريث، وتارة بعلم التركات، وكل هذه الألفاظ الثلاثة عبارة عن أسماء تدل على مسمى واحد، وسوف نرى هنا بأن أهل العلم في الصومال قد استخدموا تلك الألفاظ والأسماء المختلفة، كما جرى اصطلاح أهل هذا الفن. ويعرف طلبة العلم وخاصة أولئك الذين في مجال علم الفقه وأصوله بتلك التعاريف المتقاربة التي أطلقها الفقهاء على هذا الفنّ، غير أننا نقتصر هنا فقط بأنه – أي علم الفرائض – هو العلم بقسمة المواريث فقهًا وحسابًا، بمعنى هو علم الحساب الموصل لمعرفة ما يخص كل ذي حق من التركة. ومن ذلك يظهر لنا أنّ هذا العلم الذي له صلة بالفقه له علاقة أخرى بعلم الحساب الذي يمكن من خلاله معرفة نصيب كل وارث من التركة.

وأهل العلم في الصومال تناولوا علم الفرائض ولهم إسهامات في ذلك قديمًا وحديثًا، ليس في مجال تحقيق ودراسة تراث الشافعية فحسب، وإنما أيضًا في مجال التأليف والإبداع، وهذا الأمر يدلّ على أنّ الأقلام الصومالية طرقت أبوابًا عديدةً وفصولًا متغايرة في علم

الفقه بحيث لم تقتصر جهودهم على نوع معين من أنواع الأحكام الشرعية وفروع الفقه الإسلامي، أو في مجال تحقيق المصادر والموسوعات الفقهية ودراستها.

ومن بين هؤلاء المؤلفين والكُتّاب الذين أنتجوا كتبًا ورسائل نفيسة تتعلق بعلم الفرائض، الشيخ الفاضل أبو محمد نور الدين علي بن أحمد السلفي رحمه الله، وله رسالة صغيرة سمّاها: (الفرائض). ولأهمية هذه الرسالة صارت مقررة على طلاب معهد كساؤني الإسلامي بممباسا في دولة كينيا بعد تصوير المخطوط. والشيخ نور الدين علي بن أحمد كان يشار إليه بالبنان في أوساط أهل العلم فيما يتعلق بعلم الفرائض، حيث كان –رحمه الله – بارعًا ومتبحرًا فيه، وقد تتلمذ عليه أعداد كثيرة من طلبة العلم وأخذوا عنه علومًا كثيرةً، وكان علم الفرائض من أهمّ ما أخذوه عنه، على الرغم من أنّ الشيخ اشتهر في بدايات أمره بعلم التوحيد، ومحاربة البدع والمبتدعين، والجدير بالذكر أن رسالته في علم الفرائض ما زالت مخطوطة لدى أحد أبنائه .

وممن اشتهر بهذا الفنّ – أي علم الفرائض – وله إسهام علميّ فيه، الشيخ علي بن مؤمن الشافعي الصومالي الذي له كتاب سمّاه: (فتح الغوامض لمريد علم الفرائض)، وهو كتاب يشرح فيه كتاب الفرائض من كتاب (المنهاج) للإمام النووي – رحمه الله . والمؤلف استطاع أن يخرج كتابًا يشرح فيه ذلك العلم. وكتابه أحد الكتب المعتبرة في الفرائض لدى علماء الشافعية في القطر الصومالي لأنه قام بشرح وافٍ يستطيع القارئ من خلاله أن يفهم المقصود. وذكر المؤلف أن سبب تأليفه هو طلب بعض أصحابه وطلابه منه أن يضع لهم شرحًا يُسَهِّل لهم فهم كتاب الفرائض من كتاب (المنهاج) المعروف، وفي ذلك يقول المؤلف في مقدمة كتابه: "طلب منى بعض المحبّين أن أجعل شرحًا وجيزًا على كتاب الفرائض من منهاج الإمام النووي ﷺ ونفعنا به، فأجبته لما طلب راجيًا من الله الإعانة ومؤملًا الدخول في حديث (والله في عون العبد ما كان العبد في عون أخيه)[(1)]، وليس لي فيه إلا النقل من كتب الفقهاء المعتبرين، ومن أفواه من لقيت منهم – رضي الله عنهم – وذلك هو الإتيان بالمقدور، والميسور لا يسقط بالمعسور وسمّيته: (فتح الغوامض لمريد علم الفرائض..)". ويمتاز هذا الكتاب بأن مؤلفه كتب بعض الفوائد التي ظهرت لديه من خلال شرح الكتاب،كما أنّه ظهرت براعته في هذا الفنّ وإتقانه فيه. ويعدّ هذا المؤلف

(١) جزء من حديث أبي هريرة الذي رواه الإمام مسلم في صحيحه.

من العلماء القلائل الذين كان يضرب بهم المثل في الصومال في علم الفرائض . والكتاب عمومًا صغير الحجم ويقع في ٦٧ صفحة، وطبع بدار العالم العربي بالقاهرة عام ١٤٠٧هـ/ ١٩٨٧م .

ومن الكتب الفقهية وخاصة في علم الفرائض كتاب: (الإيجاز في علم التوارث) للشيخ بشير محمد عثمان المقدشي الصومالي. والكتاب يتناول بعض المواضيع التي تتعلق بعلم الفرائض بأسلوب سهل العبارة، ولطيف الإشارة، واستخدم أعذب الألفاظ وأحلاها وأسهلها وأجلها، وبدأ كتابه بمقدمة مختصرة تناول فيها معنى كلمة الفرائض لغةً واصطلاحًا، وذكر واضع هذا العلم، وموضوعه، وثمرته، وحكمه، ثم ذكر التركة وما يتعلق بها من حقوق، وشروط الإرث، وأركانه، وأسبابه، كما تناول موانع الإرث والورثة، والفروض ومن يرث بها، وذكر توريث الجدات، والعصبة سواء العصبة بنفسه والعصبة مع غيره، والولاء، وتناول إرث بيت المال والردّ، والمشركة، وذكر الحجب والمحجوب وحاجبه، وكذا أحوال ذوي الفروض، ثم بعد ذلك ذكر أبواب النسب والمناسخات وما يتعلق بعلم الفرائض من أمور أخرى. والمؤلف حرص على أن يسهل الموضوع لطلبة العلم ويقرب مسائل علم التوارث حيث استخدم ألفاظًا رفيعة ومقاصد أنيقة، علمًا أنّ هذا الكتاب طبع بمقديشو بمطبعة مركز الصومال Somali Printing Center عام ١٤٢٠هـ/ ١٩٩٩م.

ومن الكتب التي تتعلق بعلم الفرائض والتي استطاع أن ينتجها أهل الصومال كتاب: (الغيث الفائض في علم الفرائض) وهذا الكتاب ألفه المؤلف السابق نفسه وهو الشيخ بشير محمد عثمان المقدشي الصومالي، وهو كتاب نفيس ومطول جدًا، ويتناول علم الفرائض. ولشدة طوله اضطر المؤلف إلى اختصار الكتاب، فشرع في ذلك حتى أخرج الكتاب السابق المسمى: (الإيجاز في علم التوارث).

وقد أنجز الشيخ الشيخ عبد الله معلم عبد عد أحد طلبة العلم الصوماليين النابغين في القطر الجنوبي للبلاد، ومن أشهر طلبة الشيخ محمود جود المشهور في بلاد الصومال رسالة مفيدة في محتواها، صغيرة في حجمها، وهي رسالته (خلاصة الفرائض)؛ كأنّه يقدم للأمة عصارة ما نهله من العلوم والمعارف من تلك الحلقات المباركة. والرسالة بعمومها تتحدث عن علم الفرائض، وقد استهل صاحبها بتعريف الفرائض لغة واصطلاحا، ثم

تحدث عن شروط الفرائض، وأسبابه، واحتياجاته، وموانعه، وموجبات التوقف، ثم ذكر بعض الفوائد المتعلقة بعلم الفرائض. وعن كيفة وضعه الكتاب وأسبابه، قال المؤلف في مقدمة كتابه: "التقطت دررها من أفواه العلماء وكتبهم، جمعتها ليسهل حفظها وفهمها لطلبة علم الفرائض، وسميتها خلاصة الفرائض".. وقام المؤلف أيضًا بتقديم مقدمة ضافية لعلم الفرائض ومباحثه ودروبه، حيث بدأ بتعريف هذا الفن والنصوص التي وردت فيه، وأركانه، وشروطه، وأسبابه، واحتياجاته، وفوائده، وممن اشتهر به من أصحابه. ومن فصول أبحاثه التي تناولها المؤلف فصل في المجمع على إرثهم من الرجال والنساء وما يتبع ذلك كالردّ ممثلًا بأمثلة واضحة في الفرائض، وتوريث ذوي الأرحام. كما تناول فصلًا في الفروض المقدرة في كتاب الله تعالى وأصحابها، وفصلًا في الحجب، وفي إرث الأولاد وأولاد الابن انفرادًا واجتماعًا، وفصلًا في إرث الأب والأم والجد والجدة، وفصلًا في ميراث الحواشي، وفصلًا في الإرث بالولاء، وفصلا في ميراث الجد مع الإخوة والأخوات لأبوين أو لأب، وفصولا أخرى تتعلق بعلم الفرائض مثل: موانع الإرث، وموجبات التوقف، وغير ذلك. وحجم الكتاب صغير حيث يصل إلى ٧٣ صفحة، وتمّت طباعته الأولى في ٢٠ من محرم عام ١٤٢٧هـ في مطابع الأهرام للطباعة في مقديشو - الصومال.

ومن الكتب والرسائل في علم الفرائض والتي أنتجها علماء البلاد الصومالية ما يلي:

- ثمرة الفؤاد في قواعد الإرشاد، للشيخ إبراهيم بن عبد الله بن إبراهيم الشافعي الأشعري الصومالي، طبع في عام ١٤٣٩هـ الموافق ٢٠١٨م.

- شرح المقدمة الحضرمية، من الفرائض إلى آخر الكتاب، للشيخ إبراهيم بن عبد الله ابن إبراهيم الصومالي، ونصيحة من شيخه العلامة الشيخ أبيكر بن علي شَرَعَ الكاتبُ في تكملة رسالته. أما أول الكتاب - المقدمة الحضرمية - إلى باب الهبة كتبه الشيخ عبد الله بن عبد الرحمن أفضل الحضرمي التريمي فيما كتب الشيخ شهاب الدين أحمد بن محمد بن علي بن حجر الهيتمي من الهبة إلى الفرائض.

- الورثة والحقوق المتعلقة بالتركة، للباحث عبد الله علي عدي أحمد، ونال به درجة الماجستير في الفقه الإسلامي من الجامعة الإسلامية في الصومال.

- وقد طور بعض المؤلفين في الصومال علم الفرائض وقاموا بتسهيله على طلبة العلم، كما فعل ذلك الشيخ عبد الشكور معلم عبد فارح حيث وضع كتابًا سماه: "الفرائض الميسر"، حيث عرض الشيخ عبد الشكور كتابه بطريقة ميسرة وبأسلوب سهل مع الحلول والجداول والتدريبات، وهذا الكتاب يشمل على أغلب أبواب علم الفرائض، وهو كتاب مناسب لحلقات العلم وأروقته، وأن يكون مقررًا لدى المعاهد والجامعات. ويمتاز هذا الكتاب بمقدمة علمية كتبها فضيلة الدكتور علاء الدين جابر خليفة زغلول. وطبع الكتاب بدار العلم للنشر والتوزيع والترجمة، القاهرة، عام ٢٠١٨م.

- وممن أتى ليخدم في مجال علم الفرائض في الفقه الشافعي الشيخ عبد الله علي عد أحمد، بحيث وضع كتابًا هدفه تسهيل الأحكام التي تتعلق بالفرائض والميراث وأطلق كتابه باسم (تسهيل الميراث). وهذا الكتاب يتناول الميراث وما يتعلق به من الأحكام مثل باب ما يتحقق به الميراث، وأنواع الورثة وكيفية توريثهم. ومن بين الأبواب التي تناولها المؤلف باب الحجب، وميراث الجد مع الإخوة والأخوات لغير أم، وباب الحساب، وباب الإرث بالتقدير، والاحتياط للمفقود، والخنثى، والحمل. ويقع هذا الكتاب في ١٥٧ صفحة.

- أما السيد علي بن حسين بن آدم البُور أيلي buur ayle فقط وضع رسالة لطيفة سماها (عون الرحمن في تسهيل علم الفرائض) وقد استهل المؤلف في مقدمة كتابه هذا بسبب تأليفه للرسالة حيث قال: " ... ولما رأيت قلة من يعرف علم الفرائض أردت أن أؤلف لعلم الفرائض كتابًا مفهمًا مع أهليتي لذلك فاجتهدت وألفت هذا الكتاب بعون الله تعالى وسميته: عون الرحمن في تسهيل علم الفرائض، وقد ذكرت فيه أمثلة كثيرة ليفهمه القاصدون به، وجعلت في بعض الأمثلة محجوبًا ليعلم الطالبون حجب الحرمان، وقد ذكرت في تقريراته شرح دقائقه، وأصول المسائل وتصحيحها، وتقسيم السهام لئلا ينبهم على القاصدين به شيء من ذلك...إلخ". ويمتاز الكتاب بأن المؤلف بسط ما يراه من الكلام موجزًا، وفسر العموم في الحاشية التي عممها تقريبا على الكتاب. ورغم صغر حجم الرسالة إلا أنها تناولت فصولًا وأبوابًا متعددة في علم الفرائض، وتقع الرسالة في ٤٠ صفحة، وتمّت

طباعتها في ذي الحجة سنة ١٤٢٦هـ الموافق يناير سنة ٢٠٠٦م في مطبعة درييل في مقديشو –الصومال.

- وكنتُ أعرف زميلنا وحبيبنا فضيلة الدكتور يوسف محمد علمي حق المعرفة بحكم احتكاكنا مع فضيلته أيام الدراسة في رحاب جامعة أم القرى بمكة المكرمة في التسعينيات من القرن المنصرم. وقد نهل فضيلة الدكتور –حفظه الله – من قسم الكتاب والسنة من كلية الدعوة وأصول الدين بالجامعة، وكان متخصصًا في القرآن الكريم وعلومه ثم الحديث وعلومه، مما جعل هموم فضيلته وميوله تتجه نحو علم القراءات والدراسات القرآنية، والسنة النبوية، وقد أنجز في هذا المضمار بعض البحوث. ولكن فضيلته فاجأني بأنّ لديه كتابًا حول المواريث بحيث إنني لم ألاحظ في تلك الفترة التي قضيناها معًا أي اهتمام يعيره فضيلته لقضايا الأحكام والمسائل التشريعية فضلا عن المواريث، رغم قدرته الكبيرة وعلمه الواسع في مجالات الفقه والأحكام الشرعية. وقد برهن فضيلته على ذلك عندما وضع كتابًا سماه (كتاب المواريث)، الذي تناول فيه علم المواريث الذي عرضه بطريقة مبسطة، وما زال الكتاب مخطوطًا غير مطبوع ويقع في ١٥٠ صفحة.

- ومن ذلك ما قام به فضيلة الدكتور أحمد حاج محمد شيخ ماح، عندما أنجز مشروعه العلمي المتعلق بكتاب (الفرائض والوصايا من الحاوي الكبير للإمام أبي الحسن علي بن محمد الماوردي ٣٦٤ – ٤٥٠هـ)، والكتاب عبارة عن أطروحة نال المؤلف بها درجة الدكتوراه في الفقه من قسم الفقه وأصوله بكلية الشريعة والدراسات الإسلامية في جامعة أم القرى بمكة عام ١٤٠٨هـ/ ١٩٨٤م.

- ومن ذلك أيضًا فضيلة الشيخ عبد العزيز علي أحمد الصومالي فقد وفقه الله في تحقيق مشروعه العلمي، عندما قام بجمع النصوص والآثار المتعلقة بأحكام العصبة ثم دراستها حسب قواعد البحث العلمي، ومن هنا استطاع إنجاز بحثه (أحكام العصبة في الفقه الإسلامي جمعًا ودراسة). وهذا البحث نال المؤلف به درجة العالمية العالية الدكتوراه من قسم الفقه بكلية الشريعة بالجامعة الإسلامية في المدينة المنورة بالمملكة العربية السعودية. وقد اشتمل البحث على جميع الأمور المتعلقة بأحكام العصبة، ويستطيع القارئ للبحث أن يلاحظ في أول وهلة أن في دراسة

فضيلة الشيخ الدكتور وفرة معلوماتية، وتنوعًا في المراجع، بصياغة جميلة، ولغة لائقة سليمة، وأسلوب علمي قوي معتنيًا بالتخريج، مما أعطى الدراسة رونقها وعذوبتها للقراء. ومما لا شك فيه فإنّ هذا الجهد العلمي المبارك من جمع النصوص، واختيارات أقوال العلماء والفقهاء لا يخلو من إبداعات العلماء الشافعية وأقوالهم الفقهية ولاسيما فيما يتعلق بأحكام الفرائض.

- المفاتيح الفضية على باب الخلاصة الإرثية، للشيخ علي حسين آدم الشافعي. هذا الجزء الأول من خلاصة الدروس الإرثية، في باب الفرائض، والكتاب عبارة عن حاشية تقتصر على شرح مواضيع رآها المؤلف بحاجة إلى شرحها، وفي ذلك يقول المؤلف: "وهذا الكتاب كالحاشية يقتصر على شرح مواضيع رأيتها شديدة الحاجة إلى الشرح، فتحًا للباب، وتنبيهًا على المهم، وتتميمًا للفائدة، وبعدًا عن الحشو والتطويل، ويربط بين المتن والرحبية، لأنّ المتن معاصر سهل الدراسة سهل الحفظ ومشهور عند العلماء، فقصدت أن تصير كالنظم للمتن، ويشرح أيضًا ما كان شديد الاحتياج إلى الشرح من ألفاظها، فإن لم يوجد منها مطابق صراحة فيربطه بالبرهانية، فإن لم يوجد فبغيرهما من الكتب المعتمدة". ويقع الكتاب في ١٧٥ صحفة، الطبعة الثانية، مقديشو، ١٤٣٩هـ/ ٢٠١٨م.

- السراج المنير في بيان علم الفرائض، للشيخ محمد بن طاهر بن الشيخ عبد خليف الصومالي اللوبغي نسبًا الحررطيري بلدًا، وطبع الكتاب طبعته الأولى في ١٤٤١هـ/ ٢٠٢٠م، مقديشو –الصومال.

- لب الفرائض، جمعه ورتبه الكاتب إبراهيم الشيخ عبد الناصر محمد علي (ابن الفرضي). منشور في الخزانة الصومالية.

- المواريث الشرعية في المذاهب الأربعة، للشيخ نور الدين علي بن أحمد، مخطوط لم يطبع حتى الآن.

ثالثًا: الأبواب الفقهية الأخرى

بعد عرضنا جهود أهل الصومال في الفقه حسب تقسيم أهل الفقه وأبوابه المتنوعة، نقدم هنا بعض المواضيع فقهية التي أنجزها بعض الفقهاء والباحثين، ولكنها غير مفهرسة وغير مرتبة ترتيبًا فقهيًا مع أنّها تجمع في طياتها سمة الفقه، من خلال عناوينها

التي لها علاقة مباشرة بالفقه وأحكام الشريعة الإسلامية، سواء كانت رسائل وكتبًا علمية، أو بحوثًا أكاديمية نال أصحابها بها درجات علمية لم تخرج إلى النور، ولكنها في طريقها إلى النشر والطباعة، بغية التسهيل على الباحثين والمهتمين بالدراسات الفقهية.

ويُعدّ فضيلة الشيخ أبو بكر بن علي الصومالي أحد العلماء الصومال المجتهدين المنحدرين من قبائل دغل، وخاصة (شنتا علين) التي تقطن منطقة دافيد بشمال غرب مقديشو، وقد أخرج فضيلته – رحمه الله - كتاب " مرويات أبي بكرة ﷺ في مسند الإمام أحمد "، بحيث قام الشيخ بترتيب الأحاديث على الأبواب الفقهية على غرار ما سار عليه أصحاب المصنفات من المحدثين القدامى. وأثناء عمله بيّن فضيلته فقه الأحاديث وما يستفاد منها من آداب إسلامية مع عزو الأقوال إلى مصادرها الأصلية،كما أنّه جمع الأحاديث المتعلقة بكل موضوع في مكان واحد، ثم تكلم على أسانيد الأحاديث ورجالها حيث ترجم لكل راو منهم بترجمة موجزة، مع تخريج الأحاديث والحكم عليها حسب ما كان يظهر له من قوة وضعف، وعناية بضبط غريب الأحاديث، وبيان معانيها بعبارة واضحة. والجدير بالذكر أن هذا الكتاب عبارة عن أطروحة ماجستير نال بها الكاتب درجة الماجستير من فرع الكتاب والسنة بكلية الشريعة والدراسات الإسلامية بمكة المكرمة في جامعة الملك عبد العزيز، في مطلع الثمانينيات من القرن المنصرم.

وهناك رسالة "الثبات في خطر القات"، للباحث الشاب عبد المؤمن بن يوسف بن عالم الغلدي (الجلدي)، وهذا الكتاب يتحدث عن حكم شجرة القات التي لها أضرار جسيمة وآثار سيئة على الفرد والمجتمع، ولا شك أن مثل هذا الموضوع الذي يُعالج القضايا الاجتماعية جدير بأن تؤلف فيه كتب وأن يهتم به كل الاهتمام. وقد أحسن المؤلف في اختيار الموضوع من حيث خطورة القات وتحطيمه للأخلاق، وتضييعه الحقوق الكثيرة. وعلى العموم فالمؤلف قام بتعريف القات وطرق تعاطيه، ثم ناقش ما إذا كان القات نوعًا من أنواع المخدرات، كما ناقش أضرار القات المختلفة، وأدلة تحريمه من الكتاب والسنة، إضافة إلى أقوال العلماء فيه قديمًا وحديثًا، وكذا الأطباء، وقام بالرد على من أباح تعاطيه. وفي الختام عرض الكاتب بعض نصائح من ابتلي بهذا الداء. والكتاب صغير الحجم، وقد اعتمد صاحبه على مجموعة من المصادر والمراجع القوية التي لها صلة بالموضوع. وقد اطلعت على مصورة من مخطوط الكتاب والتي ما زلت أحتفظ بنسخة منها غير أنه بلغني أن الرسالة قد طبعت في مصر، ولكني لم أقف عليها.

ومن البحوث والرسائل الأكاديمية التي ألفها علماء الصومال في هذا المجال الذي له علاقة بالفقه أيضًا ما يلي:

- المخدرات أضرارها في المجتمع الصومالي، دراسة مقاصدية تطبيقية، للباحث عبدالرحمن عدو علسو محمد، ونال بها الباحث درجة الماجستير في الفقه الإسلامي من الجامعة الإسلامية في الصومال.
- الحكم الشرعي في تناول القات وآثاره على المجتمع الصومالي، دراسة فقهية تطبيقية، للباحث خليف حاج حسين عبد، ونال بها الباحث درجة الماجستير في الفقه من جامعة البطانة في السودان.
- الحجر على فاقد الأهلية والسَّفيه والمفلس في الفقه الإسلامي، للباحث حسن محمد عبد الله، وقد قام الباحث بدراسة فقهية مقارنة بالقانون المدني الصومالي لسنة ١٩٧٣م، ونال بها درجة الماجستير في الفقه الإسلامي من الجامعة الإسلامية في الصومال.
- الصلح ومجالاته في الفقه الإسلامي، للباحث حسن محمود علي ورسمة، ونال به درجة الماجستير في الفقه الإسلامي من الجامعة الإسلامية في الصومال.
- القرائن وأحكامها في الفقه الإسلامي، للباحث بشير محمد محمود، ونال به درجة الماجستير في الفقه الإسلامي من الجامعة الإسلامية في الصومال.
- أحكام دفع الصائل في الفقه الإسلامي، للباحث عبد الكافي سعيد عبد الله، ونال به درجة الماجستير في الفقه الإسلامي من الجامعة الإسلامية في الصومال.
- المسؤولية المدنية المترتبة عن الخسائر البحرية المشتركة، دارسة مقارنة، للباحث حاشي عسبلي فيدو، ونال الباحث به درجة الدكتوراه في الفقه المقارن من معهد بحوث ودراسات العالم الإسلامي التابع لجامعة أم درمان الإسلامية.
- أحكام النظر إلى المرأة الأجنبية في الفقه الإسلامي، دراسة فقهية مقارنة، للباحث طاهر حاج حسن أحمد، ونال به درجة الماجستير في الفقه الإسلامي من الجامعة الإسلامية في الصومال.
- حكم أخذ الأجرة بالقرآن الكريم - دراسة فقهية مقارنة – للأستاذ إبراهيم عبد علي السعدي، وهذا الكتاب لم يطبع حتى الآن.

- أحكام الشهيد في الشريعة الإسلامية، للكاتب الأستاذ إبراهيم عبد علي السعدي، هرغيسا.

- رسالة الغناء، للشيخ عبد القادر حاج آدم إبراهيم، الطبعة الثانية عام ١٤٣٩هـ/ ٢٠١٧م، بمقديشو –الصومال.

- بغية المتفقه، للشيخ يوسف أحمد، والكتاب عبارة عن الجزء الأول، وقد كتب المؤلف في مقدمته: " ... سطرتُه على عجالة وتوخيتُ فيه الإيجاز والوضوح، سائرًا على نور الكتاب والسنة، وأوردتُ فيه أمهات المسائل في كل باب ليتناسب مع الغرض الذي وضع له، وهو الدورات العلمية التي تعقد بين حين وآخر". والكتاب من منشورات الرابطة الإسلامية، لينشوبن –السويد.

- إرشاد الطالب إلى أحكام الشارب، للشيخ عثمان عمر حدغ، وطبع الطبعة الأولى شعبان سنة ١٤٣٠هـ، مقديشو –الصومال.

- عون المتعبد، للدكتور حسن معلم داود حاج محمد. وهذا الكتاب من مطبوعات دار الحديث والسنة، مقديشو –الصومال، الطبعة الثانية، ١٤٤٠هـ.

- الإشارات والدلائل في الكشف عما وقع من الخلل في أجوبة المسائل، لفضيلة الدكتور محمود محمد حسن أبي عبد الباري.

- مسألة حكم أخذ الأجرة علي تعليم القرآن الكريم بين المجيزين والمانعين، للدكتور عبد الرزاق حسين أحمد. نشره كرسي القرآن الكريم وعلومه بجامعة الملك سعود في طبعته الأولى عام ١٤٣٦هـ.

- إرشاد الطلاب إلى نهج الصواب، لعبد الله حنبلي الحاج عبد سلطان، دار العلم، الطبعة الأولى عام ١٤٣٦هـ/ ٢٠١٥م، القاهرة –مصر.

- نظرية التفسير الجغرافي لنشأة الفقه الإسلامي عرضًا وتصحيحًا، لفضيلة الأستاذ الدكتور علمي طحلحو جعل. وهي دراسة نشرت في مجلة المرابطون في عددها الثامن عام ١٤٢٠هـ/ ٢٠٠١م، وفي مجلة النور الصادرة في تطوان بالمغرب في عددها ٤٣٣ و٤٣٤ عام ١٤٢٤هـ/٢٠٠٣م. وهذه الدراسة تهدف إلى كشف

المحاولات اليائسة للنيل من الفقه الإسلامي من المستشرقين وتلامذتهم ردًّا وتصحيحًا لأنها صارت ظاهرة يظن الغيورون غير الدارسين للفقه الإسلامي حقائق مسلمة، رغم أنها مغالطات.

- درر العناية في دروس العبادة، للشيخ علي حاج إبراهيم، وهي رسالة تعني بنظم في العبادة، مخطوط.

- وسائل حماية الحقوق الخاصة في الشريعة الإسلامية والمواثيق الدولية، للدكتور محمد ديريه صبرية، والكتاب عبارة عن بحث علمي نال به الباحث درجة الدكتوراة من معهد البحوث ودراسات العالم الإسلامي بجامعة أم درمان الإسلامية عام ٢٠١٠م.

- أحكام الفطرة، للشيخ نور الدين علي بن أحمد، مخطوط.

- حُجِية المستندات في الإثبات في الفِقه الإسلامي والقانون المدني الصومالي (دراسة مقارنة)، لإبراهيم معلم محمد، وهي رسالة ماجستير في الشريعة الإسلامية، من كلية الدراسات الإسلامية والعربية، قسم الشريعة، الجامعة الأمريكية المفتوحة، مكتب شرق أفريقيا.

- الإقرار وأحكامه وتطبيقاته، دراسة فقهية مقارنة، من الباحث مختار معلم وهليه عبد الله، ونال به درجة الماجستير في الفقه الإسلامي من الجامعة الإسلامية في الصومال.

- أسياسات في التربية الإسلامية، للكاتب عبد الله حسن فارح، وقام الكاتب بجمع مادة هذا الكاتب ثم رتبه حسب ما رآه، ثم عرضه على طريقة أسئلة وأجوبة. والكتاب تناول مواضيع لها علاقة بالفقه، كما تناول أخرى متنوعة ومهمة في الأسس الدينية، مثل العقيدة، والأخلاق، والسيرة، وقصص الأنبياء، ورجال ونساء حول الرسول. وطبع الكتاب الطبعة الأولى بدار الحديث والسنة في مقديشو -الصومال، عام ١٤٣٨هـ.

- حاجتنا إلى التأصيل الشرعي لفقه الأقليات المسلمة، عبد الرزاق حسين أحمد. هذا الكتاب صنفه المؤلف في فقه الأقليات المسلمة، وهو نوع جديد من الفقه

الإسلامي المعاصر. وتهدف هذه الرسالة إلى تحريك همم العلماء والباحثين لوضع تأصيل فقهي للكيان الإسلامي المعروف بـ " الأقليات المسلمة " لعل ذلك يساهم في قيادة الأقليات الإسلامية المتناثرة في العالم روحيًّا وعلميًّا واجتماعيًّا.

- حق تقرير المصير في الفقه الإسلامي والقانون الدولي العام المعاصر دراسة مقارنة، للباحث بشير محمد عبدي عثمان حيث قام بدراسة علمية فقهية حول قضية حق تقرير المصير للشعوب مقارنًا بالقانون الدولي، ونال الباحث من خلالها على درجة علمية من جامعة أم درمان الإسلامية عام ٢٠٠٧م.

الخلاصة:

ومن خلال غوصنا في بحر الإنتاج الفقهي لأهل الصومال اتضح لنا أنّهم طرقوا أغلب أبواب الفقه وإن كان أكثرهم تناول كتاب العبادات وأبوابه المختلفة من الطهارة والصلاة والصيام والزكاة والحج. ومع ذلك فهناك بحوث عالجت أحكام البيوع، والنكاح، والطلاق، وآداب الأكل والشرب، والجنايات، والحدود، والشهادات، والخصومات، والفرائض، كما أشرنا إليه من قبل. ولا شك أنّ هناك كمًّا كبيرًا من الإنتاج العلمي والثقافي الذي أصدره أهل العلم في الصومال ولكننا لم نستطع الوصول إليه لأسباب مختلفة، ولعله يأتي من الباحثين من يقوم بإبراز تلك الكنوز فيما بعد.

رابعًا: مجال أصول الفقه

وأصول الفقه كان له حضوره أيضًا عند أهل العلم في الصومال وإن لم يصل إلى الدرجة التي وصل إليها الفقه نفسه. ومن البديهي بين أهل العلم أنّ الفقه وعلم الأصول متلازمان، ولا يكون المرء فقيهًا حتى يجيد علم أصول الفقه والذي بدوره لا ينفصم عن الفقه واستنباط الأحكام من الأصلين والآثار؛ من أقوال الصحابة والتابعين وأئمة هذا الدين، علمًا بأنّ علم أصول الفقه هو الذي يبين لنا ما هي طبيعة الأحكام الشرعية بصفتها الإجمالية، وما خصائص كل نوع من الأحكام، وكيفية ارتباط أنواعها ببعض، فهو علم قائم على الدليل الشرعي التفصيلي، من الكتاب أو السنة أو غيرهما، كما يبين كيف استنباط الحكم الشرعي من دليله، كاستنباطه من صراحة نص الآية القرآنية، أو الحديث النبوي، أو من مفهومهما، أو من القياس عليهما، أو غير ذلك.

ومهما كان الأمر فإنّ أهل العلم والثقافة في الصومال ساهموا في مجال أو أكثر من مجالات هذا الفنّ. وممن أبدع في مجال أصول الفقه المختلفة فضيلة الأستاذ الدكتور يونس عبدلى موسى يحيى آل الفقي المسّرِيّ حيث إن له دراسات وتحقيقات حول هذا المجال مثل كتاب "أنوار العقول في علم الأصول"، والكتاب سِفْر كبير يصل حوالي ٤٥٠ صفحة ويشمل سبعة فصول.

أما فضيلة الدكتور باشنا بن إبراهيم محمود فيُعد من أهل العلم والدراية في مجال علم أصول الفقه في منطقة الحدود الشمالية التابعة لكينيا، وله بحث نفيس في ذلك المجال سمّاه "التقليد والتلفيق عند الأصوليين: دراسة مقارنة". وهذا الكتاب عبارة عن أطروحة علمية نال المؤلف من خلالها درجة الدكتوراه في الشريعة من قسم أصول الفقه بكلية الشريعة والقانون بجامعة أم درمان الإسلامية في السودان. ويناقش المؤلف في كتابه هذا قضية التقليد والتلفيق عن الأصوليين، وقارن أغلب الأقوال والآراء الواردة في مجال الدراسة مع تعيين الراجح في ذلك. ويقع الكتاب في حوالي ٣٩١ صفحة.

ولفضيلة الدكتور محمد شيخ أحمد محمد، المشهور بـ "محمد حاج" كتاب " مقاصد الشريعة الإسلامية وأثرها في رعاية حقوق الإنسان: "دراسة تأصيلية مقارنة "، وأصل هذا الكتاب رسالة علمية حصل الدكتور محمد شيخ أحمد محمد من خلالها على درجة الدكتوراه في تخصص أصول الفقه من جامعة أفريقيا العالمية في السودان. وقد طبع الكتاب ضمن سلسلة يصدرها مجمع الفقه الإسلامي بالسودان عام ٢٠١٢م.

ومن بواكير مؤلفات فضيلة الدكتور محمد شيخ أحمد شيخ محمد كتاب "المدخل لدراسة الشريعة الإسلامية"، وهو كتاب له أهمية كبيرة، وفضيلة الدكتور محمد قسم كتابه إلى بابين. الأول تناول فيه المبادئ العامة عن الشريعة والفقه، وتشمل: التعريف، والخصائص، والمقاصد، والقواعد الكلية، وذلك في خمسة فصول. وفي الباب الثاني تناول أدوار الفقه الإسلامي ومذاهبه، وقد تضمن هو أيضًا فصولًا خمسةً. والكتاب يقع في ٢٨٠ صفحة، وطبع في شركة مطابع السودان للعملة المحدودة في طبعته الثانية، في رجب ١٤٢٧هـ الموافق أغطس عام ٢٠٠٦م.

وقد أنجز الشيخ الفاضل عبدالرزاق حسين عيسى الأمانلي المجيرتيني كتابًا سماه: "القواعد الأصولية من خلال كتاب حاشية الجمل على شرح المنهاج للعجيلي الشافعي". وهذا البحث عبارة عن رسالة علمية نال بها صاحبها درجة الماجستير في أصول الفقه من جامعة أم درمان الإسلامية بالسودان، وجاءت دراسته دراسة تطبيقية أصولية في كتابي الطهارة والصلاة من كتاب المذكور.

ولفضيلة الدكتور محمد إيمان آدم المشهور بالشيخ الشاطبي بحث نفيس في ذلك، وهو بحثه: "التطبيقات الفقهية لقاعدة: "الميسور لا يسقط بالمعسور جمعًا ودراسةً"، وقد تناول فضيلة الدكتور في أطروحته العلمية قضايا علمية تتعلق بالفقه وأصوله، ممهدًا المحتوى الذي تحمل رسالته بمقدمة مقتضبة. ومن خلال هذا المشروع العلمي نال الباحث درجة الدكتوراه في الفقه من كلية الشريعة بالجامعة الإسلامية بالمدينة المنورة في المملكة العربية السعودية في ١٤٣٢هـ، الموافق٢٠١١م.

- وللباحثة صفية علي معلم حسين رسالة أكاديمية بعنوان "القواعد الأصولية عند الإمام ابن رشد من خلال كتابه بداية المجتهد -البيوع نموذجًا "، ومن خلال البحث حازت الباحثة درجة الماجستير في تخصص أصول الفقه من جامعة أفريقيا العالمية بالتعاون مع جامعة بنادر في الصومال.
- وللشيخ خضر بن حسن بن أحمد الصومالي السعدي كتاب بعنوان "الـمُصَفَّى من مقدمة المستصفى"، وقد اختصر الشيخ مقدمة كتاب المستصفى بحيث حذف منه ما لا تشتد الحاجة إليه، والأمثلة غير المألوفة، مع الحفاظ على عبارته الجزلة. وقد نشره مركز القرن الأفريقي للبحوث والدراسات في مدينة هرغيسا.

وقد وضع الأستاذ محمد جبريل حسين أبو العباس كتاب "من فقه الفتن النازلة". وكان سبب تأليفه من أجل تحذير الناس من الفتن النازلة، مقتبسا من بعض الوقائع المعاصرة في العالم العربي، وقد أطنب المؤلف في كتابه هذا بذكر نقولات من بعض العلماء، والكتاب عمومًا يتناول فصولًا مهمة، ويعتبر من أهم مؤلفات المؤلف، وقد طرح الكاتب بعض الأسئلة مهمة ثم ناقشها بطريقة علمية. والكتاب من مطبوعات دار سبيل المؤمنين للنشر والتوزيع بالقاهرة في مصر عام ١٤٣٠هـ / ٢٠١١م.

وللأستاذ الباحث جامع محمد حسن علي كتاب "أوجه النسخ وأساليب معرفته عند الأصوليين"، وعموم الدراسة تتعلق بعلم الناسخ والمنسوخ المعروف عند الأصوليين، وهو العلم الذي يبحث عن الأدلة المتعارضة التي لا يمكن التوفيق بينها إلا من حيث الحكم على بعضها بأنه ناسخ، وعلى بعضها الآخر بأنه منسوخ. ومعرفة الناسخ والمنسوخ من أهم ما يجب أن يعرفه كل من يتصدى للبحث العلمي في أحكام الشريعة، إذ لا يمكن للباحث أن يستنبط الأحكام من أدلتها على الوجه الصحيح من غير معرفة بأدلة الناسخ والمنسوخ. وعموم البحث ينسجم مع مبدأ التدرج في التشريع الذي اتسم به الإسلام في عصر الوحي. وقد قسم المؤلف كتابه إلى مقدمة وتمهيد وثلاثة فصول. ويقع الكتاب في حوالي ٢٠٧ صفحة، وهذه الدراسة عبارة عن بحث مقدم لنيل درجة الماجستير في أصول الفقه من جامعة أم درمان الإسلامية في السودان.

وفي هذا الاتجاه ألف الباحث حسن حسين إبراهيم رحمه الله – رسالة علمية حول خبر الآحاد وأثره في الأحكام الفقهية بعنوان: "خبر الواحد إذا عارضه القياس وأثره في الفروع الفقهية". وهذا الكتاب أصله رسالة علمية نال به صاحبه – رحمه الله – درجة علمية، وله قيمة علمية في مجاله بالإضافة إلى أنه له أهمية كبيرة في أوساط أهل العلم وطلبة العلم والمعرفة نظرا لمسائل أصول الفقه التي تندرج تحته، وتوصل صاحب الكتاب إلى عدم تعارض الأدلة الشرعية كونها تخرج من مصدر واحد وهو الله سبحانه وتعالى وأن الأحاديث الصحيحة ومنها الأحادية يجب تقديمها على غيرها من الأدلة التي هي دون رتبتها.

وقد أنجز فضيلة الشيخ عبد الله علي جيله رسالة علمية كتبها حول موضوع الناسخ والمنسوخ بعنوان: " أوراق في الناسخ والمنسوخ". وقد تتبع المؤلف في هذه الرسالة كتاب (الكوكب الساطع نظم جمع الجوامع) لجلال الدين السيوطي المتوفى عام ٩١١هـ، وقام بدراسة علمية حول الكتاب، كما قام بإخراج أحاديث (الواضح في أصول الفقه) للدكتور محمد سليمان الأشقر.

وقد ألف الأستاذ يحيى عثمان صوفي كتابًا له علاقة بعلم أصول الفقه، وهو "القواعد والضوابط الأصولية المؤثرة في فقه الأقليات المسلمة جمعًا ودراسة". وهذا الكتاب عبارة

عن رسالة علمية نال بها صاحبها درجة الماجستير من قسم أصول الفقه بكلية الشريعة في الجامعة الإسلامية بالمدينة المنورة. والحقيقة أن موضوع فقه الأقليات المسلمة من المواضيع العصرية المهمة. وقد أجاد الشيخ في اختيار البحث لكونه يحمل الجنسية الأمريكية، وقد عاش مدة طويلة في تلك الدولة وعرف أحكام الأقليات المسلمة عن قرب، وكما يقال: فإن صاحب البيت أدرى بما فيه.

وكتب الباحث الشاب الدكتور أويس حاج عبد الله محمود رسالة علمية لها علاقة بعلم أصول الفقه بعنوان: " المكلف وأثر الأحكام الشرعية على تصرفاته ". وتناول المؤلف في كتابه هذا التعريف بماهية التكليف ومشتقاته التي تصحبه وصيغ وروده وأساسه وما يشترط فيه، كما تناول عمومه وأهدافه ومقتضاه بالإضافة إلى توضيح معنى المكلف الذي تلزمه التكاليف الشرعية، ودوافعه وحكمة تكليفه، وما يتبع ذلك من شروط لازمة له، وما يحول بينه وبين ذلك الواجب الذي كلف به من موانع مكتسبة كانت أو غير مكتسبة علاوة على الآثار المترتبة من تصرفاته. وأصل الكتاب كان بحثًا مقدمًا لنيل درجة الماجستير في أصول الفقه من قسم أصول الفقه بكلية الشريعة والقانون في جامعة أم درمان الإسلامية عام ١٤٢٩هـ/ ٢٠٠٨م.

وللدكتور أويس حاج عبد الله إنجاز علمي آخر في مجال أصول الفقه ولكن في ميدان التحقيق ودراسة التراث المتعلقة بعلم أصول الفقه، وقد استطاع دراسة وتحقيق كتاب "الأنوار الهادية لذوي العقول إلى معرفة مقاصد الكافل بنيل السؤل في علم الوصول" لشمس الدين أحمد بن يحيى بن حابس الصَّعدي المتوفى سنة ١٠٦١هـ. وهذا الكتاب من مصادر أصول الفقه التي اعتنت بنقل آراء الأصوليين من المتكلمين والفقهاء. وجاء جهد فضيلة الدكتور أويس عبر دراسة علمية أكاديمية قام بها حول المؤلف وكتابه هذا معًا. ويتكون الكتاب من مقدمة وقسمين وخاتمة بالإضافة إلى فهارس عامة. وقد بدأ الدكتور عمله التحقيقي ودراسته العلمية من باب القياس حتى باب الأمر والنهي من الكتاب المذكور. ومن خلال هذا العمل العلمي أنجز المؤلف درجة الدكتوراه في أصول الفقه من قسم أصول الفقه بكلية الشريعة والقانون في جامعة أم درمان الإسلامية بالسودان.

ومن الشباب الباحثين الذين قاموا بإصدار بحوث لها علاقة بعلم الأصول الأستاذ خليف عثمان محمد الحسني، وقد أنجز الأستاذ خليف كتاب "الوصف المناسب عند الأصوليين". وهذا الجهد عبارة عن دراسة علمية في أصول الفقه نال بها صاحبها درجة الماجستير في أصول الفقه من قسم الشريعة بكلية القانون بجامعة الخرطوم في السودان.

ومثل ذلك فعل الشيخ عثمان يوسف حاجي أحمد حيث قام فضيلته بتحقيق كتاب "غاية المأمول في شرح ورقات الأصول" للشيخ شهاب الدين أحمد الرّملي المتوفى عام ٩٥٧هـ. وقد أبدع المحقق في تحقيق الكتاب على وجه أكمل وأوضح لطلبة العلم، كما قسم المحقق عمله هذا إلى قسمين: قسم للدراسة وقسم للتحقيق. وقد شمل القسم الدراسي مقدمة وتمهيدًا وثلاثة فصول. وأما قسم التحقيق فاشتمل على أمور منها: تحقيق اسم الكتاب ونسبته إلى الشيخ شهاب الدين الرملي، وزمن تأليفه. ثم وصف المخطوطة نفسها وطريق المؤلف في الشرح وما فيها من المحاسن وما عليها من المآخذ. ونستطيع القول بأن الشيخ عثمان قد اتبع المنهج التحقيقي العلمي الذي يوافق منهجية البحث العلمي المعروف لدى أهل التحقيق والدراية، سواء كان ذلك في ضبط النصوص الواردة في الكتاب أو تحقيق النصوص التي اقتبسها الرملي وذلك بالرجوع إلى مصادرها وما إلى ذلك مما يتعلق بالتحقيق والبحث العلمي. وعلى كل حال فالكتاب مطبوع في ٤٠٠ صفحة، ونشرته مؤسسة الرسالة في طبعته الأولى عام ١٤٢٦هـ/ ٢٠٠٥م. ومن ميزة هذا الكتاب أنه شرح لـ (متن الورقات) الذي وضع إمام الحرمين عبد الملك الجويني. وقد اشتهر الشيخ عثمان بهذا الفن أي فن علم الأصول حتى لقب به بالشيخ عثمان الأصولي.

ومن المؤلفين في مجال أصول الفقه أيضًا سعادة الدكتور محمود شيخ عثمان محمد الملقب بِدِييشي، حيث أخرج لنا كتابًا بعنوان "مقاصد الشريعة من العقوبات". وهو كتاب يتناول مقاصد الشريعة الإسلامية ولا سيما ما يخص أحكام العقوبات، وهذا الكتاب عبارة عن رسالة علمية في الفقه وأصوله بجامعة أم درمان الإسلامية في السودان.

وقام الكاتب عبد الله أحمد روبلي بإعداد رسالة تناول فيها القواعد الفقهية، وهي رسالته " المنح الإلهية في تلخيص القواعد الفقهية"، عام ١٤٢٦هـ بمقديشو.

وكتب الباحث أبو عبد الباري عبدالرحمن حسن فارح رسالة سماها: "إشارة الأخرس كعبارة الناطق"، وهي رسالة في تأصيل هذه القاعدة وبيان تفريعاتها الفقهية، والرسالة محفوظة لدى المؤلف وغير مطبوعة.

كما كتبت الباحثة سمية عبد القادر محمد بحثًا يعالج قضية البراءة الأصولية بعنوان "البراءة الأصلية وأثرها في إثبات الأحكام الشرعية "، وهذه الدراسة عبارة عن رسالة علمية أكاديمية أنجزتها الباحثة لنيل درجة الماجستير في أصول الفقه من كلية الشريعة التابعة لجامعة شرق أفريقيا بالصومال.

ومن مؤلفات أهل الصومال في علم أصول الفقه ومتعلقاته ما يلي أيضًا:

- تخصيص العام عند الأصوليين، للباحثة زينب عبد السلام حاج، ومن خلال هذا البحث حصلت الباحثة على درجة الماجستير من قسم الفقه وأصوله بكلية الشريعة والقانون في جامعة المستقبل في غاريسا - كينيا، العام الدراسي ١٤٤١هـ / ٢٠٢٠م.
- شرع من قبلنا حقيقته، أقسامه، وحجيته عند الأصوليين، (دراسة أصولية) مقدمة من الباحث عبد الله رشيد محمد، ونال بها درجة الماجستير في تخصص أصول الفقه من كلية الشريعة والقانون، قسم الفقه وأصوله بجامعة المستقبل في قاريسا –كينيا، العام الدراسي ١٤٤٠/ ١٤٤١هـ الموافق ٢٠١٩م/ ٢٠٢٠م.
- قاعدة " المشقة تجلب التيسير، وتطبيقاتها في بعض مسائل الصلاة والصوم" للباحث أحمد عيسى جبريل، ونال به درجة الماجستير في الفقه وأصوله من جامعة القرآن الكريم والعلوم الإسلامية في السودان.
- الحكم الوضعي عند الأصوليين، للباحث عبد الله عبيد محمود، ونال به درجة الماجستير في أصول الفقه من جامعة البطانة في السودان.

- الاستصحاب عند الأصوليين وتطبيقاته المعاصرة على منازعات الحيازة، للباحث محمد حسن محمد، ونال به درجة الماجستير في أصول الفقه من جامعة أفريقيا العالمية بالتعاون مع جامعة بنادر في الصومال.

- أصول الاستنباط عند الشافعية وتطبيقاتها العملية - دراسة تطبيقية على التحويلات النقدية عبر الجوال المحمول " وعبر هذا البحث نال الباحث السيد علي محمد شيخ إبراهيم درجة الماجستير في أصول الفقه، من جامعة أفريقيا العالمية بالتعاون مع جامعة بنادر في الصومال.

- أثر السنة النبوية في اختلاف الفقهاء - الحديث المرسل نموذجًا، للباحث عبدالشكور عبدالله عبده، ونال به درجة الماجستير في أصول الفقه من جامعة أفريقيا العالمية بالتعاون مع جامعة بنادر في الصومال.

- صيغ العموم المتفق عليه وتطبيقاتها على آيات الأحكام في سور النور، للباحث عبدالله شيخ محمد شيخ نور، ونال به درجة الماجستير في أصول الفقه من الجامعة الإسلامية في الصومال.

- الإقرار وأحكامه وتطبيقاته، دراسة فقهية مقارنة، من الباحث مختار معلم وهليه عبد الله، ونال درجة الماجستير في الفقه الإسلامي من الجامعة الإسلامية في الصومال.

- استدلال الأصوليين باللغة العربية، الضوابط والتطبيقات، للباحث إبراهيم إدريس إسحاق، ونال به درجة الماجستير في أصول الفقه من كلية العلوم الإسلامية من جامعة المدينة العالمية في ماليزيا عام ١٤٣٧هـ/ ٢٠١٥م.

- التطبيقات الفقهية لقاعدة الحكم يدور مع علته وجودًا وعدمًا في كتاب الفرائض ابتداء من أسباب الإرث إلى نهاية الوارثين السدس جمعًا ودراسةً، للباحث عمر أحمد حسن، ومن خلال هذا البحث نال الباحث درجة الماجستير في قسم الفقه المقارن من المعهد العالي للقضاء التابع لجامعة الإمام محمد بن سعود الإسلامية بالرياض في المملكة العربية السعودية.

- أثر السنة النبوية في اختلاف الفقهاء: الحديث المرسل نموذجًا، للباحث عبد الشكور عبد الله عبده، وقد نال الباحث به درجة الماجستير في أصول الفقه من جامعة أفريقيا العالمية بالتعاون مع جامعة بنادر في الصومال.

- صيغ التكليف عند الأصوليين دراسة أصولية تطبيقية على آيات الأحكام في سورتي البقرة والإسراء، للباحث محمد عبد الله عبد فارح، وهي رسالة نال بها الباحث درجة الماجستير في أصول الفقه من جامعة أفريقيا العالمية في السودان.

- الاجتهاد مفهومه وشروطه عند الأصوليين، للباحث إبراهيم عبد الرحمن علي، وقد أنجز السيد إبراهيم بحثه هذا لنيل درجة الماجستير في أصول الفقه من جامعة البطانة في السودان.

- التخصيص عند الأصوليين – مفهومه – وأقسامه – وشروطه، للباحث حسن داؤود مودي، وقد قام الباحث بدراسة أصولية وصفية لنيل درجة الماجستير في أصول الفقه من جامعة البطانة في السودان.

- مفهوم المخالفة عند الأصوليين من خلال كتاب جمع الجوامع لابن السبكي، للباحث محمد حسن أبشر، ونال به الباحث درجة الماجستير في أصول الفقه، من جامعة أفريقيا العالمية بالتعاون بكلية الشريعة من جامعة بنادر الصومالية.

- حجية الإجماع في الشريعة الإسلامية، لفضيلة الدكتور أحمد حاج محمد شيخ ماح، وهو كتاب نفيس يدور حول حجية الإجماع وبيان آراء المختصين في علم الأصول. والكتاب يضم عدة أبواب فقهية تناول المؤلف فيها حقيقة الإجماع وتعريفه وأركانه وما يتحقق به. كما بيّن المؤلف حقيقة المجتهد. وهذا الكتاب عبارة عن رسالة علمية نال المؤلف بها درجة الماجستير في الفقه وأصوله من كلية الشريعة بجامعة عبد العزيز، فرع مكة المكرمة.

- دلالة الفكر على العموم والمطلق عند الأصوليين، للباحث محمد حسن طحلو، وقد استطاع الباحث جمع النصوص والأقوال التي لها علاقة بالموضوع، ثم قارنها وناقشها مناقشة علمية. ونال به درجة الماجستير في تخصص أصول الفقه من جامعة البطانة في السودان.

- الاستصحاب حقيقته وأثره في الأحكام الفقهية (دراسة تطبيقية)، للباحث عبد الرحمن سياد محمد، ونال به الباحث درجة الماجستير الفقه من جامعة البطانة في السودان، قسم الدراسات الإسلامية، كلية الدراسات العليا والبحث العلمي، في عام ١٤٣٨هـ/ ٢٠١٧م.

- شرح الورقات في أصول الفقه، تحقيق ودراسة الدكتور حسن معلم داود حاج محمد، وأصل الكتاب للإمام العلامة المحقق الشيخ جلال الدين محمد بن أحمد المحلي الشافعي ت ٨٦٤هـ، وكان دور الكاتب حسن معلم بأن قام بتحقيق الكتاب والتعليق عليه. وقد قدم للكتاب فضيلة الدكتور أحمد حاج محمد عثمان المشهور بـ "شيخ أحمد إمام"، كما قام فضيلته بمراجعة الكتاب مراجعة علمية. ويمتاز الكتاب بأن محققه استخدم أثناء تحقيقه للكتاب على ست عشرة مخطوطة قديمة. والكتاب طبع الطبعة الأولى بدار الحديث والسنة في مقديشو – الصومال، عام ١٤٣٩هـ/ ٢٠١٨م.

- أثر تعارض لفظ المكلف وقصده في العقود (دراسة أصولية تطبيقية)، للأستاذ محمد حسين عبدي، ونال الكاتب من خلال هذا البحث درجة الماجستير في أصول الفقه من جامعة مقديشو – الصومال.

- النسخ والتخصيص في سورة البقرة (دراسة أصولية تطبيقية)، للباحث فارح عمر معلم عثمان، ونال به درجة الماجستير في أصول الفقه، من جامعة مقديشو – الصومال.

- المصالح المرسلة والاستحسان وأوجه التشابه والاختلاف بينهما، للباحث علي عبدله دافيد، ونال به درجة الماجستير في أصول الفقه، من جامعة مقديشو – الصومال.

- اختيارات ابن حزم الأصولية التي خالف فيها الجمهور، للأستاذ أحمد عبد الكريم عمر. وهي دراسة علمية استقرائية نقدية قَدِم الباحث بها لنيل درجة الماجستير في أصول الفقه من جامعة أفريقيا العالمية في السودان، وهي رسالة كبيرة.

- مقدمة في أصول الفقه، للشيخ أبي يحيى رشيد معلم محمود عجة. والرسالة من منشورات مركز أبي هريرة للطباعة والنشر في هرغيسا –أرض الصومال، دون ذكر التاريخ.
- تصرفات القاصرين بين الحكم التكليفي والوضعي، للباحث مختار بشير جيدي. ونال به الباحث درجة الماجستير من قسم أصول الفقه بكلية الشريعة في جامعة أفريقيا العالمية السودان بالتعاون مع جامعة راف العالمية بكينيا.
- تلخيص المعالم في أصول الفقه عند أهل السنة والجماعة، للدكتور حسن معلم داود حاج محمد، وهي رسالة ذات حجم صغيرة وقد لخص المؤلف من كتاب " معالم أصول الفقه عند أهل السنة والجماعة " للشيخ محمد بن الحسين الجيزاني. وهذه الرسالة منشورة بالخزانة الصومالية.
- الإجماعات الفقهية المنقوضة لابن حجر العسقلاني، للباحث عثمان علي فارح. وقد تناول الباحث في هذا البحث الإجماعات الفقهية المنقوضة للعلامة ابن حجر العسقلاني من خلال كتابه (فتح الباري) والذي هو شرح لكتاب (صحيح البخاري). والكتاب عبارة عن بحث نال به صاحبه درجة الدكتوراه في فقه السنة من قسم الحديث وعلومه بجامعة المدينة العالمية في ماليزيا.
- كفاية المتعلمين من شرح منظومة ابن عثيمين في أصول الفقه وقواعد، للدكتور حسن معلم داود حاج محمد. وقد درس الدكتور شرحي المنظومة ثم رأي اختصارهما في نحو من ثلث مجموعهما دون إخلال بالفوائد العلمية الأساسية للشرح، مع ذكر أهم الفوائد الإضافية الواردة في الشرحين، بالإضافة إلى حلّ ألفاظ أبيات المنظومة، كل ذلك عمله المؤلف لتعم الفائدة، وتسهل على طلبة العلم.
- الواضح المعين على حل ألفاظ منظومة ابن عثيمين في أصول الفقه وقواعده، للدكتور حسن معلم داود حاج محمد، والرسالة منشورة بالخزانة الصومالية في الشبكة العنكبوتية.
- البناء الفقهي في الصومال، الأبعاد والمشاكل والحلول، للكاتب محمد بري علي، وهي رسالة صغيرة الحجم ومنشورة بالخزانة الصومالية.

- المطلق وحمله على المقيد عند الأصوليين من خلال كتاب بلوغ المرام من أدلة الأحكام – دراسة أصولية تطبيقية، للباحث عبد الله إبراهيم ويرر، وقد نال الباحث عبر بحثه هذا درجة الماجستير في أصول الفقه من جامعة أفريقيا العالمية في السودان، بالتعاون جامعة راف العالمية بكينيا.

- القواعد الفقهية الميسرة، للشيخ رشيد محمود عجة، من إصدارات مركز أبي هريرة للنشر والتوزيع في هرغيسا، د.ت.

- ١٥٠ حديثًا في العبادات، للشيخ أبي يحيى رشيد معلم محمود عجة، رسالة صغيرة ومنشورة في الخزانة الصومالية.

- التعليقات السّنيّة على قاعدة شيخ الإسلام ابن تيمية في الألفة ونبذ الفرقة، لفضيلة الشيخ عبد الله علي جيلة. وهذا الكتاب مطبوع وقد أهدانيه المؤلف ونحن في هرغيسا عام ٢٠٠٩م، وقد طبع في مطابع التفوق للطباعة والنشر والتوزيع بصنعاء في اليمن، في طبعته الأولى عام ١٤٢١هـ. والقاعدة المذكورة لشيخ الإسلام ابن تيمية قاعدة نفيسة محكمة تتضمن وصفًا دقيقًا للآثار السّيئة الناتجة من الاختلاف الذي أصيبت به الأمة الإسلامية، وشمل نواحي كثيرة منها العبادات، ويقدم علاجًا ناجعًا يزيل تلك المفاسد، مما يقي الأمة غوائل الشقاق. وقد عرض شيخ الإسلام فيها العبادات التي حصل في صفاتها تنازع بين الأمة، مثل الأذان والإقامة، والجهر بالبسملة، والقنوت في الفجر، والتسليم في الصلاة، ومثل التمتع والإفراد والقران في الحج ونحو ذلك. وكان للشيخ عبد الله علي جيلة إسهام كبير في إخراج هذه الرسالة حيث إن له تعليقات مفيدة وتوضيحات عجيبة عليها، وقد رأى أن ينشر هذه القاعدة لتعم بها الفائدة، ولينتفع بها طلبة العلم، ويتجنبوا الوقوع في المفاسد الناشئة من الاختلاف، ويحافظوا على المودة والألفة والأخوة الإسلامية. ويمتاز الكتاب بأن المؤلف وضع للقاعدة المذكورة مقدمة نفيسة في غاية الروعة والجمال بحيث تحدث فيها عن الاختلاف وأنواعه وأقوال العلماء فيه . كما تحدث عن التعصب والبغي على المخالف، ثم ترجم لمؤلف القاعدة وهو شيخ الإسلام ابن تيمية ترجمة وافية،

وهذه المقدمة طويلة حوت فوائدة جمة. وقد بيّن الشيخ عبد الله جيلة أنه اعتمد في نشر القاعدة على ثلاثة مطبوعات، ولو كان الشارح أو المعلق اعتمد على مخطوطات القاعدة لكان أحسن، ولعل بعض الظروف منعته من ذلك . ومهما كان فإن الشيخ عبد الله علي جيلة عمل عملًا جليلًا حيث قام بنسخ المطبوعات الأولى ثم قابلها بأخرى. كما عزا الآيات إلى سورها، والأحاديث إلى مظانها ومخارجها من مصادرها الأصلية. والقارئ لهذه الرسالة يظهر له أن المؤلف علق عليها لتوضيح وإكمال ما أشار إليه شيخ الإسلام ابن تيمية في المتن، كما أنه ترجم للأعلام الواردة في القاعدة ترجمة مفيدة وموجزة، وعرَّف بالفرق المذكورة في القاعدة. وعلى العموم فإن الرسالة تقع في ١٣٢ صفحة.

- الاجتهاد مفهومه وشروطه عند الأصوليين، لإبرهيم عبد الرحمن علي، ونال الباحث به درجة الماجستير في تخصص الفقه وأصوله من قسم الدراسات الإسلامية بجامعة البطانة في السودان.

- عمل أهل المدينة وأثره في الفقه الإسلامي، لأحمد هيبي عثمان، ونال الباحث به درجة الماجستير في تخصص الفقه وأصوله من قسم الدراسات الإسلامية بجامعة البطانة في السودان.

مقاصد الشريعة:

موضوع المقاصد جزء من مواضيع أصول الفقه، وقد أوردنا من قبل بعض الكتب والرسائل العلمية في مقاصد الشريعة، ونقتصر هنا على بعض الجهود العلمية التي قدمها بعض الكُتّاب والباحثين فيما يتعلق بالمقاصد ومسائلها، مثل تأصيل المقاصد، والمقاصد الجزئية، وربط الأبواب الفقهية بالمقاصد، والمصالح والمفاسد، وتعليل الأحكام وغير ذلك، كالتالي:

مقاصد الشريعة الإسلامية وأثرها في رعاية حقوق الإنسان، دراسة تأصيلية مقارنة، لفضيلة الدكتور محمد شيخ أحمد محمد، المشهور بـ (محمد حاج). وقد طبع الكتاب ضمن سلسلة يصدرها مجمع الفقه الإسلامي بالسودان في عام ٢٠١٢م.

وفضيلة الدكتور محمد شيخ أحمد محمد له أيضًا كتاب (مقاصد الشريعة العامة عند الإمامين: العز بن عبد السلام والشاطبي دراسة مقارنة)، وهذه الدراسة استهدفت موضوع المقاصد والمصالح والمفاسد بصفة عامة، والمقاصد العامة بصفة خاصة، وذلك إيمانًا من الباحث بأنَّ الدور الإصلاحي والتجديدي الذي اضطلع به كل من الإمامين العز بن عبد السلام والشاطبي كان من ورائه تفطنهما للمقاصد الشرعية، وتفوقهما فيها، إضافةً إلى ما اتسما به من صدقٍ، واستقامةٍ، ووضوح، وتحرر في التفكير والمواقف، وتحرير للمسائل والقضايا، مما جعلهما يغزوان هذا العصر، ويُشكِّلان حضورًا قويًا في الكتابات المعاصرة في الفكر الإسلامي بصفة عامة، وفي الفقه وأصوله ومقاصد التشريع الإسلامي بصفة خاصة؛ ولذلك هدفت الدراسة إلى استلهام العبر والدروس من منهج الرجلين التجديدي والإصلاحي في الفكر والتشريع في هذه المرحلة. وأصل الدراسة كانت رسالة علمية نال بها المؤلف درجة الماجستير في أصول الفقه من قسم الشريعة والقانون بكلية الشريعة والقانون بجامعة أفريقيا العالمية بالسودان عام ٢٠٠٢م.

- مقاصد الشريعة من العقوبات، لسعادة الدكتور محمود شيخ عثمان محمد الملقب بديبشي وهو كتاب يتناول مقاصد الشريعة الإسلامية ولا سيما ما يخص أحكام العقوبات، وقد نال المؤلف بكتابه هذا درجة علمية في الفقه وأصوله من جامعة القرآن الكريم والعلوم الإسلامية بالسودان.

- مقاصد الشريعة وأثرها في وحدة المسلمين، دراسة تطبيقية على الصومال، للباحث عبد الله عبد الرحمن محمد، وهي دراسة في مرحلة الماجستير في الشريعة الإسلامية من جامعة أفريقيا العالمية بالخرطوم في السودان.

- أحكام الأهلية وعوارضها عند الأصوليين، للأستاذ محمد آدم إبراهيم المعروف بـ"بولو"، وطبع الكتاب بدار طنبل في مقديشو - الصومال، عام ١٤٣٦هـ/ ٢٠١٥م.

- الاستصحاب، تعريفه - أنواعه - حجيته، للباحث أحمد محمد يوسف، بحث علمي في أصول الفقه من كلية الشريعة التابعة لجامعة الإيمان في اليمن.

- طرق الكشف عن المقاصد عند الإمامين الغزالي والعز بن عبد السلام، للباحثة أنيسة صلاد عبد شيخ أحمد، وقد نالت الباحثة من خلال بحثها درجة الماجستير في

أصول الفقه، من جامعة أفريقيا العالمية بالتعاون مع كلية الشريعة بجامعة بنادر الصومالية.

- مقاصد الشريعة الإسلامية في بناء الأسرة تطبيقًا على حفظ النسل في الأسرة الصومالية، للباحثة كوثر علي كاهية، ونالت به درجة الماجستير في تخصص أصول الفقه من جامعة أفريقيا العالمية بالتعاون مع كلية الشريعة بجامعة بنادر الصومالية.
- المقاصد الكلية وتطبيقاتها في المؤسسات التعليمية بالصومال (دراسة تطبيقية على مؤسسة الإمام الشافعي)، للباحث محمد آدم إبراهيم علمي. وهذه الدراسة تتناول المقاصد الكلية في الشريعة الإسلامية، وتكمن أهميتها في أنها مطبقة على المؤسسات التعليمية بالصومال، وتحمل هذه الدراسة في طياتها كثيرًا من المعلومات. ومن خلال هذا البحث نال الباحث درجة الماجستير في أصول الفقه من جامعة أفريقيا العالمية في الخرطوم، بالسودان.
- الأربعون النبوية في المقاصد الشرعية، للأستاذ إبراهيم بن حسن أبو عبد الله، وقد اختار الأستاذ أربعين حديثًا في حفظ الضرورات الخمس، منتقاة من صحيحي البخاري ومسلم. وقد قام فضيلة الأستاذ الدكتور الشيخ فضل بن عبد الله مراد بتقديم الكتاب.
- أثر المصلحة الشرعية في تنظيم النسل دراسة مقاصدية فقهية، للباحث مختار راجي حسن، ونال به درجة الماجستير في الفقه الإسلامي من الجامعة الإسلامية في الصومال.
- عناية مقاصد الشريعة في الحفاظ على حقوق الطفل، لفضيلة الأستاذ الدكتور يونس عبدلي موسى، وهو بحث منشور في مجلة جامعة السميط بزنجبار، وهي مجلة علمية نصفية محكمة، من إصدار مركز البحوث والنشر بجامعة السميط، العدد الرابع فبراير ٢٠١٧م.
- فلسفة التشريع الجنائي الإسلامي وأثرها في مقاصد الشريعة الإسلامية، لفضيلة الأستاذ الدكتور يونس عبدلي موسى، بحث يقع في ٣٩ صفحة. نشر في مجلة علمية محكمة لمركز البحوث والنشر بجامعة السميط، العدد الأول فبراير ٢٠١٦م.
- الانتخابات العصرية على ضوء المقاصد الشرعية، للباحث مختار بشير جيدي.

السياسة الشرعية:

السياسة الشرعية تعني تدبير شؤون الدولة الإسلامية بما لم يرد في النص، أو في ما يتغير أو يتبدل في سبيل مصلحة الأمة، وبما يكون متفقًا مع أصول الشريعة الإسلامية العامة وأحكامها، وقيل في معناها أيضًا أنها ما يصدره الحاكم أو ذو السلطان من القرارات زجرًا لواقع فاسد، أو علاجًا لوضع خاص، أو وقاية من فساد متوقع، والهدف منها تحقيق مصالح الأمة، استنادا إلى قواعد الشريعة الإسلامية العامة وأصولها، كالمصالح المرسلة، وسد الذرائع، والعرف، وما إلى ذلك.

وههنا نموذج من الجهود التي حققها أهل الصومال في هذا المجال، كالتالي:

- التحكيم في الشريعة الإسلامية ضوابطه وتطبيقاته، الصومال نموذجًا، للباحث حمزة يوسف نور، وقد نال به الباحث درجة الماجستير في الفقه من المعهد العالي للدعوة والدراسات الإسلامية في أرض الصومال.
- الرقابة المتبادلة بين السلطتين التشريعية والتنفيذية وتطبيقاتها في الدستور الصومالي، للباحث عبد السلام معلم عبدي، ونال به الباحث درجة الماجستير في القانون العام من جامعة أفريقيا العالمية بالتعاون مع جامعة بنادر في الصومال.
- أهل الحل والعقد صفاتهم وسلطتهم، دراسة فقهية مقارنة، للباحث محمد عبده محمد، ونال به درجة الماجستير في الفقه الإسلامي من الجامعة الإسلامية في الصومال.
- العلاقة بين السلطتين التشريعية والتنفيذية في الدستور الصومالي لسنة ٢٠١٢م، للباحث عبد الرزاق علي يوسف، بحث نال الباحث به درجة الماجستير في القانون العام، من جامعة أفريقيا العالمية بالتعاون بجامعة نبادر في الصومال.
- العلاقات الدّولية في عهد عمر بن الخطاب ﵁ للأستاذ إبراهيم عبد القادر محمد. وهذا البحث يتكون من مقدمة وثلاثة فصول وخاتمة، أما المقدمة فتشتمل على التقديم، والمشكلة التي تتلخص في: غياب مفاهيم العدل والمساواة في العلاقات الدّولية من تعاملات كثير من الدّول الإسلامية اليوم في الداخل والخارج،

وانطلاقًا من تلك المشكلة يحاول الباحث تسليط الضوء على العلاقات الدولية التي اعتمدها عمر بن الخطاب ﷺ والمبادئ التي اختطّها نهجًا لتعامله مع الدّول الأخرى، وأهل الذمّة، والمستأمنين، وكذلك الحربيين من تجار البلاد الحربية والذين يدخلون بلاد الإسلام بشكل دوري نظرًا لضرورة التجارة، كما تشتمل على أسباب الاختيار، وأهمية البحث، وأهدافه، وحدوده، ومنهجه، وأسئلته، والدراسات السابقة، وهيكل البحث. أما الفصل الأول فقد تناول الباحث فيه مفهوم العلاقات الدولية، ونشأتها في الإسلام، وكيف تطوّرت في عهد عمر بن الخطاب ﷺ، كما تناول شخصية عمر بن الخطاب ﷺ في جوانب كثيرة منها الجانب الإداري، والاجتماعي، والسياسي، والعسكري. وفي الفصل الثاني تناول الباحث العلاقات الإسلامية مع دول الجوار في عهد عمر بن الخطاب ﷺ، والأشكال التي اتخذتها ما بين علاقات سلمية وأخرى حربية، كما تناول الأحكام الفقهية في العلاقات الدولية في عهد عمر مع الدول الأخرى. وتناول الباحث في الفصل الثالث أسس العلاقات الدولية في عهد عمر ﷺ، وكيف طبّقها على أرض الواقع، والنتائج والآثار التي تولّدت عن ذلك. ومن أبرز توصيات الباحث: أن تسعى الدّول الإسلامية اليوم إلى تطبيق مفاهيم العدل والحرية والوفاء بالعهود والتي هي من أبرز الأسس التي وضعها الإسلام للعلاقات مع الآخرين سواء كانوا خارج الدّولة الإسلامية أم داخلها، كما يدعو الباحث المهتمين بالتاريخ إلى إبراز دور العلاقات الدولية في عهد الخلفاء الراشدين في نشر الإسلام وترسيخه بين الناس، من خلال التمسك بالمبادئ السامية التي وضعها الإسلام للعلاقات الدولية. وأخيرا وضع الباحث فهارس للآيات القرآنية والأحاديث النبوية والآثار الواردة في البحث، وكذا الأعلام المترجم لهم، ثم قائمة المصادر والمراجع.

الخاتمة

ومن خلال دراستنا الماضية يجدر بنا أن نختتم البحث ببعض النتائج المهمة التي ينبغي أن نتوقف عندها كالتالي:

١- وصل المذهب الشافعي إلى بلاد الصومال عبر بوابة اليمن، ولعلماء اليمن فضل كبير في نشره، وبالتالي صارت بلاد الصومال رافدًا رئيسيًّا من روافد المذهب إلى سواحل أفريقيا الشرقية.

٢- أبدع أهلُ الصومال نظام الحلقات لتدريس المذهب الشافعي وغيره من الفنون العلمية، مما أدى إلى ظهور مراكز علمية وفقهية كان لها دور كبير في نشر ورسوخ المذهب الشافعي وعموم الثقافة الإسلامية والعربية في أوساط المجتمع.

٣- لأهل الصومال جهود جبارة في خدمة المذهب الشافعي عبر قوالب وأساليب مختلفة كالتأليف، وشرح المتون أو التعليق عليها، وتحقيق تراث الشافعية، وإخراجه إخراجًا علميًا يليق بمستواه العلمي.

٤- هيمنة المذهب الشافعي على جميع القطر الصومالي وعموم منطقة القرن الأفريقي.

٥- ولا شك أن عموم الدراسة إضافة علمية جديدة تثرى المكتبة العربية حول الطرق والوسائل التي ترسخ الإسلام من خلالها في سواحل أفريقيا الشرقية ومنطقة القرن الأفريقي.

التوصية:

إذا كانت دراستنا رصدت الجهود العلمية التي قدمها أهل الصومال تجاه المذهب الشافعي سواء من حيث التأليف وتحقيق تراث الشافعية أو من خلال الحلقات العلمية التي تخصصت في نشر المذهب، فليس معنى ذلك أنّ الدراسة استوعبت جميع نواحي خدمة أهل الصومال للمذهب، ومن هنا ينبغي أن تتكاتف الجهود والدراسات في ميدان البحث العلمي حتى نصل إلى مستوى يليق بتلك الخدمة العلمية التي بذلها علماء الصومال في خدمة المذهب ليس على مستوى الصومال فحسب، وإنما على مستوى عموم منطقة شرق أفريقيا التي كانت - ولا تزال - تدين بالمذهب الشافعي.

المصادر والمراجع

المراجع العربية:

- أحمد، محمد معلم: اختيارات الإمام النووي الفقهية في العبادات من خلال كتابه "المجموع" دراسة مقارنة، بمطابع دار العلم بمصر في طبعته الأولى عام ١٤٣٤هـ الموافق ٢٠١٣م.

- الأكوع، إسماعيل علي: هجر العلم والمعاقله في اليمن، دار الفكر المعاصر، بيروت، ط/ ١ ١٩٩٥م.

- با علوي، محمد بن أبي بكر الشلبي باعلوي: المشرع الروي في مناقب السادة الكرام آل أبي علوي، صنعاء، بدون التاريخ.

- با مخرمة، أبو عبد الله الطيب: ثغر عدن، دار التنوير للطباعة، بيروت، الطبعة الثانية، ١٩٨٦م.

- باشا، أحمد تيمور: نظرة تاريخية في حدوث المذاهب الفقهية الأربعة، وانتشارها عند جمهور المسلمين، دار القادري، ط/ ١، ١٤١١هـ/ ١٩٩٠م.

- ابن بطوطة، أبو عبد الله محمد بن عبد الله بن إبراهيم اللواتي الطنجي: رحلة ابن بطوطة المسمّاة (تحفة النظار في غرائب الأمصار وعجائب الأسفار)، بتحقيق الشيخ محمد عبد المنعم العربي، دار إحياء العلوم، بيروت -لبنان.

- البغدادي، أبو بكر أحمد بن علي بن ثابت المعروف بالخطيب البغدادي: صحيح الفقيه والمتفقه، دار الوطن، الرياض، ط/ ١، عام ١٤١٨هـ/ ١٩٩٧م.

- الجعدي، عمر بن علي بن سمرة (كان حيًا في سنة ٥٨٦هـ): طبقات فقهاء اليمن، بتحقيق فؤاد سيّد، دار الكتب العلمية ، بيروت - لبنان الطبعة الأولى ١٩٥٧م، القاهرة، ط/ ٢ ،١٤٠١هـ-١٩٨١م، لبنان .

- الجيلاني، عبد الله عبد القادر: القاضي فضيلة الشيخ موجه درر سمتر، دوره ورحلاته في دعم القضاء الشرعي ونشر الدعوة الإسلامية بجمهورية جيبوتي، مطبعة مصطفى البابي الحلبي وأولاده، القاهرة –مصر.

- حاجي خليفة، مصطفى بن عبد الله (١٠٧٦هـ): كشف الظنون عن أسامي الكتب والفنون، بيروت، دار العلوم الحديثة.

- خضر حسن أحمد الإسحاقي الصومالي الشافعي: الفوائد الرضية على الأرجوزة الميئية في نظم القواعد الفقهية على مذهب السادة الشافعية، من منشورات مركز القرن للبحوث والدراسات والاستشارات الشرعية، حقوق الطبع والنشر لمكتب الكرم للخدمات المتنوعة، هرغيسا –أرض الصومال.

- الدارمي، أبو محمد عبد الله بن عبد الرحمن بن الفضل بن عبد الصمد : المسند الجامع سنن الدارمي، دار البشائر الإسلامية، ط/ ٢، ١٤٣٤هـ/ ٢٠١٣م.

- السبكي، تاج الدين أبو نصر عبدالوهاب بن علي بن عبد الكافي (ت٧٧١هـ): طبقات الشافعية الكبرى ،الطبعة الثانية، دار المعرفة للطباعة، بيروت –لبنان.

- الشربجي: عبد الغني غالب قاسم: الإمام الشوكاني حياته وفكره، مؤسسة الرسالة، بيروت ١٩٨٨م.

- الشريف عيدروس بن الشريف علي العيدروس النضيري العلوي: بغية الآمال في تاريخ الصومال، مطبعة الإدارة الوصية علي صوماليا، مقديشو، الطبعة الأولى، سنة ١٣٧٤هـ - ١٩٥٤م.

- شريف صالح محمد علي: المعجم الكشّاف عن جذور اللغة الصومالية في العربية، مكتبة النهضة المصرية، القاهرة، ط١، عام ١٩٩٦م.

- ابن الصلاح، أبو عمرو، عثمان الشهرزوري ت ٦٤٣هـ: أدب المفتي والمستفتي، دراسة وتحقيق دكتور موفق بن عبد الله بن عبد القادر، مكتبة علوم الحكم، عالم الكتب، ط/ ١عام ١٤٠٧م/ ١٩٨٦م.

- الشيخ عبد القادر آدم عبد إبراهيم: تنبيه المرام على مستثنيات الجديد للقديم، وطبع الكتاب في طبعته الأولى مقديشو –الصومال في عام ١٤٣٨هـ/ ٢٠١٧م.
- الشيخ عبد القادر آدم عبد إبراهيم: نظم اللوامع مما انفرد به الشافعي "المسمى تبصرة الطلاب بما انفرد الشافعي عن الثلاثة أصحاب المذاهب"، الطبعة الأولى عام ١٤٤١هـ/ ٢٠٢٠م.
- عماد الدين أبو الفداء إسماعيل بن عمر بن كثير الشافعي (ت ٧٧٤هـ): المسائل الفقهية التي انفرد بها الإمام الشافعي من دون إخوانه من الأئمة. دراسة وتحقيق، الدكتور إبراهيم بن علي صديقي.
- العربي، هشام يسري: جغرافية المذاهب الفقهية، ٢٠٠٥م، دار البصائر بالقاهرة.
- العيدروسي، شمس الشموس محي الدين عبد القادر بن شيخ بن عبد الله: تاريخ النور السافر، تحقيق محمد رشيد الصفار، بغداد، ١٩٣٤م.
- محمد أبو زهرة: الجريمة والعقوبة في الفقه الإسلامي: الجريمة، دار الفكر العربي، القاهرة، عام ١٩٨٨م.
- الشيخ محمد بن علي بن محمد باعطية الدوعني: الدرة اليتيمة شرح السبحة الثمينة نظم السفينة، ط/٣، عام ٣٥هـ/ ٢٠١٤هـ.
- معلم علي، محمد حسين: الثقافة العربية وروادها في الصومال - دراسة تاريخية حضارية، دار الفكر العربي، القاهرة، ٢٠١١م.
- معلم علي، محمد حسين: معجم المؤلفين الصوماليين في العربية – قديمًا وحديثًا، دار الفكر العربي، القاهرة، ٢٠١٧م.
- مسلم بن الحجاج القشيري النيسابوري أبو الحسين (ت ٢٦١ هـ): صحيح مسلم، دار الكتب العلمية – بيروت - لبنان، اعتنى محمد فؤاد عبد الباقي، دار الإحياء الكتب العربية، القاهرة، ودار الكتب العلمية، بيروت، ط١/ ١٣١٢هـ/ ١٩٩١م.
- النجار، عبدالرحمن محمد: الرحلة الدينية في أفريقيا، الدار النهضة، القاهرة، ١٩٨٠م.

- النسائي؛ أحمد بن علي بن شعيب بن علي بن سنان بن بحر بن دينار، أبو عبد الرحمن : سنن النسائي الكبرى، مؤسسة الرسالة، ط/ ١، تحقيق: حسن عبد المنعم شلبي، عام ١٤٢١هـ/ ٢٠٠١م.
- النووي، يحيى بن شرف محي الدين أبو زكريا (ت ٦٧٦هـ/ ١٢٧٧م): منهاج الطالبين وعمدة المفتين، تحقيق سعبان محمد محمد طاهر، دار المنهاج ،ط/ ١، ١٤٢٦/ ٢٠٠٥م، بيروت - لبنان.
- النووي، أبو زكريا يحيى بن شرف الدمشقي (ت ٦٧٦هـ): آداب الفتوى والمفتي والمستفتي، عناية بسام الوهاب الجابي، ط/ ١، عام ١٤٠٨هـ/ ١٩٨٨م.دار الفكر، دمشق –سوريا.

رسائل علمية:

- أحمد شيخ حسن أحمد قطبي: طرق تدريس القرآن الكريم والعلوم الإسلامية واللغة العربية في الصومال، السودان، الخرطوم ، جامعة أم درمان الإسلامية ،كلية التربية، إبريل ٢٠٠٠م . رسالة مقدمة لنيل درجة الدكتوراه في التربية.
- أزيوف عبد الغفور بن بشير: منهج الإفتاء عند الإمام النووي، بحث دكتوراه في أصول الفقه، من كلية معارف الوحي والعلوم الإنسانية، بالجامعة العالمية الإسلامية بماليزيا عام ٢٠٠٨م.

المقالات والبحوث:

- الشيخ عبد الله إساق (Sheekh Abdulow issak): نماذج من شعره حول العقيدة والفقه باللهجة الرحنوينية

https://www.youtube.com/watch?v=2lel2584uz0

- فضيلة الشيخ عبد الله بن بيه: الصومال دليل على انحراف الفتوى

http://binbayyah.net/arabic/archives/438

- عبد الله كدير أحمد: الهجرة وأثرها في انتشار الإسلام بأفريقيا -الحبشة نموذجا، مجلة جامعة أوندوكوز مايبس، كلية اللاهوت - تركيا، العدد ٣٨، عام ٢٠١٥م.

- الدكتور محمد بن عمر الكاف،: انتشار المذهب الشافعي في العالم الإسلامي مع خريطة توضيحية " وهو منشور في الموقع الفقهي:

http://www.feqhweb.com/vb/t3368.html

الشيخ محمد علي جامع: الملخص المفيد فيما يحتاج إليه طلبة مذهب الشافعي.

https://www.facebook.com/424557660984188/posts/424661687640452/

- Alessandra Vianello; Mohamed M. Kassim: Servants of the Sharia- The Civil Register of the Qadis`Court of Brava 1893-1900 (African Sources for African History), Edited by Alessandra Vianello and, 2005.

رقم الإيداع	٢٠٢٠/ ١٧٢١٨
I.S.B.N الترقيم الدولي	978-82-693484-1-5